교실 밖 지식 체험학교 생생한 교실 밖 현장을 들여다보며 살아 있는 지식을 다각도로 체험하는 시리즈입니다.

도구와 기계 250 백과

2012년 8월 20일 초판 1쇄 발행 | 2020년 10월 1일 초판 5쇄 발행

글 조엘 르봄, 클레망 르봄 | **그림** 디디에 발리세빅 외 | **번역** 권지현, 조은미 | **감수** 유정열
편집 윤경란, 안정현 | **디자인** 김진성 | **마케팅** 배현석 | **제작** 김현권, 김병철
펴낸이 박홍균 | **펴낸곳** ㈜미세기 | **출판등록** 1994년 7월 7일 (제21-623호) | **주소** 서울시 강남구 논현로 164(도곡동) 유니북스빌딩
전화 02-560-0900 | **팩스** 02-560-0901 | **홈페이지** www.miseghy.com | **제조국** 대한민국

값 22,000원 | ISBN 978-89-8071-291-5 74080

이 도서의 국립중앙도서관 출판시도서목록(CIP)은 e-CIP홈페이지(http://www.nl.go.kr/cip.php)에서 이용하실 수 있습니다.(CIP제어번호 : CIP2012003386)

DOKEO COMPRENDRE COMMENT CA MARCHE
Copyright ⓒ 2009 by Editions Nathan, Paris-France
Édition originale : DOKÉO - COMPRENDRE COMMENT CA MARCHE
Korean Translation copyright ⓒ 2012 by Miseghy Children's Press
This Korean edition was published by arrangement with Editions Nathan through Sibylle Books Literary Agency, Seoul

이 책의 한국어판 저작권은 시빌에이전시를 통해 프랑스 Nathan사와 독점 계약한 ㈜미세기에 있습니다.
저작권법에 의해 한국 내에서 보호를 받는 저작물이므로 무단 전재 및 무단 복제를 금합니다.

잘못 만들어진 책은 구입처에서 바꿔 드립니다.

도구와 기계
250
백과

글 조엘 르봄, 클레망 르봄

조엘 르봄은 대학교에서 학생들을 가르치는 교수예요. 기술과 과학 교육 전문가로서 어린이들을 위한 책을 많이 썼어요. 클레망 르봄은 카를스루에대학교를 졸업한 기술공예 엔지니어예요. 두 작가는 일상생활에서 흔히 접할 수 있는 기계와 도구가 어떻게 만들어져 있는지, 또 어떻게 작동하는지에 관심이 많아요. 두 작가가 힘을 합친 덕분에 이 책을 통해 우리 주변에서 쉽게 볼 수 있는 도구, 기계, 전자 장비, 디지털 장비 등을 훤히 들여다볼 수 있어요.

그림 디디에 발리세빅, 그레고리 블로, 뷔스테르 본, 브뤼노 리앙스, 자지, 티노

번역 권지현

한국외국어대학교 통역번역대학원 한불과, 파리 통역번역대학원(ESIT) 번역부 특별과정을 졸업했어요. 동 대학원 박사과정을 졸업하고 현재 이화여자대학교 통역번역대학원에서 학생들을 가르치고 있어요. 옮긴 책으로는 〈직업 옆에 직업 옆에 직업〉, 〈1초마다 세계는〉, 〈인생을 숫자로 말할 수 있나요?〉, 〈르몽드 세계사〉, 〈세계는 누가 지배할 것인가〉, 〈검열에 관한 검은 책〉 등이 있어요.

번역 조은미

서울대 불어불문학과 및 같은 대학원, 이화여자대학교 통역번역대학원을 졸업했어요. 현재 통역과 번역을 하면서 이화여대 통역번역대학원에서 학생들을 가르치고 있지요. 옮긴 책으로는 〈세상의 아이야, 너희가 희망이야〉, 〈청소년을 위한 경제학 교실〉, 〈프랑스 문헌학자 모리스 쿠랑이 본 한국의 역사와 문학〉 등이 있어요.

감수 유정열

서울대학교 기계공학과와 미국 University of Minnesota 대학원을 졸업했어요. 유체공학을 전공했으며, 서울대학교 기계항공공학부에서 학생들에게 공학수학, 유체역학, 유체기계, 기계공학실험, 생체유동 등을 가르쳤어요. 서울대학교 공과대학 교무부학장, 서울대학교 교무부처장과 평의원, 한국학술진흥재단 사무총장과 이사로 활동했으며, 대한기계학회 회장, 한국가시화정보학회 회장, 한국순환기의공학회 회장, 미국기계학회 석좌회원 등을 맡아 활발한 학술 활동을 했어요. 대한기계학회 학술상, 서울대학교 공과대학 훌륭한 공대교수상 연구상 등을 수상하였으며, 녹조근정훈장을 받았어요.

추천사

'도구와 기계를 다룬 백과사전'을 생각하면 대부분 어렵고 딱딱한 책을 떠올릴 것이다. 하지만 이 책은 그림으로 쉽게 원리를 설명하기 때문에 전혀 어렵지 않다. 기계 대부분이 우리 주변에서 쉽게 볼 수 있는 것들이라 실생활에도 많은 도움이 된다. 예를 들어, 자동차의 내부 구조를 보며 자동차가 움직이는 원리를 알게 된 후에는 차는 기름을 넣으면 굴러가는 것이라는 일차원적인 생각은 더는 하지 않을 것이다. 최근 발전하고 있는 스마트 기계들을 보는 것도 꽤 흥미롭다. 책 내용이 너무 재미있어서 아이들에게는 물론이고, 청소년들이나 어른들이 보아도 매우 유익할 것 같다. 아이들이 이 책을 읽고 기계를 이해하고 이 분야에 많은 흥미를 느끼게 된다면, 21세기를 보다 지혜롭게 살아갈 수 있을 뿐 아니라 우리나라 산업의 지속가능한 발전에도 크게 이바지할 수 있을 것이다. - 유정열 명예교수 (서울대학교 기계항공공학부)

그림으로 만나는 생활 속 과학 원리

도구와 기계
250
백과

글 조엘 르봄, 클레망 르봄 | 그림 디디에 발리세빅 외 | 번역 권지현, 조은미 | 감수 유정열

미세기

도구와 기계 250 백과

이렇게 보세요

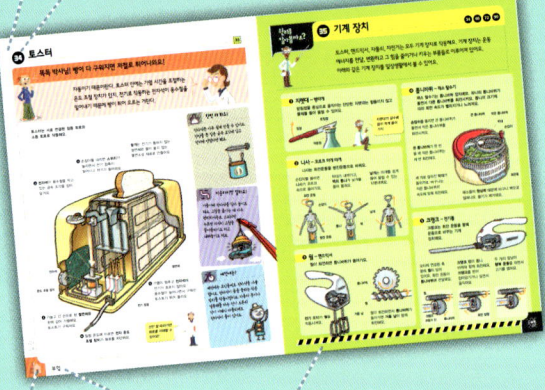

기계나 도구를 설명하는 쪽은 흰 바탕이에요.

기계나 도구의 번호

장

장소

중요한 과학 기술 원리를 설명하는 쪽은 연두색 바탕이에요.

참고할 수 있는 원리, 도구, 기계의 번호를 표시했어요.
책의 위편에 적힌 번호를 찾아 읽어 보세요.
원리를 이해하는데 더욱 도움이 될거에요.

7 참고할 원리

40 참고할 도구나 기계

책 뒤편에는 어려운 용어를 풀이한 용어 설명이 있어요.

집 안에서 쓰는 도구와 기계

1 스마트 홈
2 자동문
3 자동 기계
4 전기
　원리를 알아볼까요? - 전도
5 자물쇠
6 경보기
7 진공청소기
8 전기 모터
9 조명 기구
10 PLC 모뎀
11 텔레비전 방송
12 평면 디스플레이

40 기계나 도구의 번호 **3** 참고할 원리 원리를 알아볼까요?

- **13** CD 재생기와 DVD 재생기
- **14** 빛과 레이저
- **15** 스피커와 마이크
- **16** 홈 시어터
- **16** 디지털카메라
- **18** 메모리
- **19** 컴퓨터
- **20** 마이크로프로세서
- **21** 마우스와 스피커
- **22** 프린터
- **23** 스캐너
- **24** 디지털화
- **25** 인터넷
- **26** 시계
- **27** 전지와 배터리
- **28** 게임기와 컨트롤러
- **29** 증강 현실
- **30** 무선 장난감
- **31** 전자파
- **32** 압력솥

- **33** 커피 메이커
- **34** 토스터
- **35** 기계 장치
- **36** 전자레인지
- **37** 인덕션 레인지
- **38** 식기세척기
- **39** 냉장고

원리를 알아볼까요? - 물질의 상태 변화

- **40** 수도꼭지, 트랩, 전기 온수기
- **41** 변기
- **42** 중앙난방
- **43** 라디에이터
- **44** 전자식 체중계
- **45** 드라이어, 전동 칫솔, 에어로졸 캔

집 밖에서 쓰는 도구와 기계

- **46** 휴대 전화와 무선 통신망
- **47** MP3
- **48** 자동판매기
- **49** 건물 철거
- **50** 쓰레기 수거차
- **51** 중장비
- **52** 소방차와 소방 장비
- **53** 에스컬레이터
- **54** 엘리베이터
- **55** 자동 계산대와 바코드 판독기
- **56** 전자 카드
- **57** 현금 자동 지급기
- **58** 전자책
- **59** 전자 칠판
- **60** 청진기, 검이경, 혈압계
- **61** 수술 로봇
- **62** 안경과 보청기
- **63** 현미경
- **64** 의학 영상
- **65** 발전소
  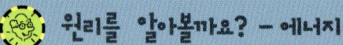 원리를 알아볼까요? - 에너지
- **66** 정수 처리장

여가를 위한 도구와 기계

- ❻❼ 인라인스케이트와 스케이트보드
- ❻❽ 공과 구슬
- ❻❾ 시간 측정
- ❼⓪ 전자 심판
- ❼❶ 놀이공원
- ❼❷ 공기총
- ❼❸ 시뮬레이터
    - 원리를 알아볼까요? – 유압실린더
- ❼❹ 현악기
- ❼❺ 관악기
- ❼❻ 신시사이저
- ⌐❼❼¬ 소리
- ❼❽ 연
- ❼❾ 돛단배
    - 원리를 알아볼까요? – 겹도르래

- ❽⓪ 수중 호흡기
- ❽❶ 스키와 고정 장치
- ❽❷ 제설기와 스노캣
- ❽❸ 케이블카와 체어리프트
- ❽❹ 콤바인
- ❽❺ 온실 재배
- ❽❻ 자동 착유기
- ⌐❽❼¬ 무선 인식
- ❽❽ 망원경
- ⌐❽❾¬ 렌즈, 프리즘, 거울

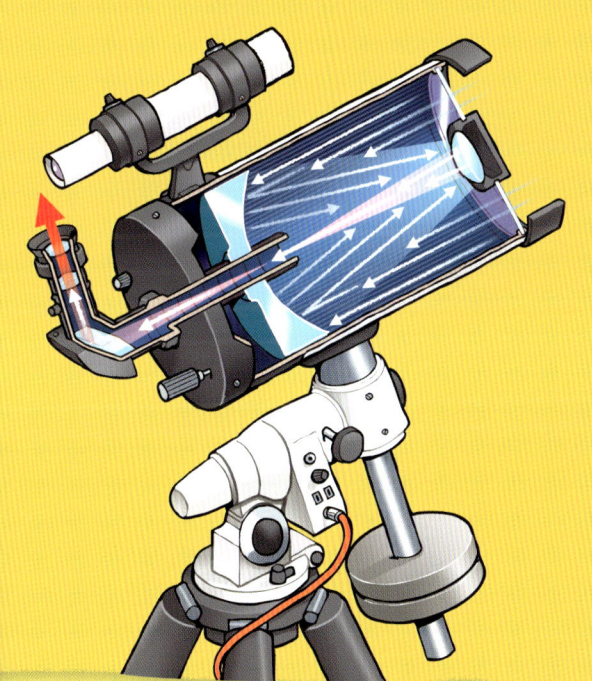

도구와 기계 250 백과

이동 수단에 필요한 도구와 기계

- **90** 산악자전거
    - 원리를 알아볼까요? – 움직이면서 균형 잡기
- **91** 자동차
- **92** 에어백과 장애물 감지기
- **93** 하이브리드 자동차
- **94** GPS
- **95** 레이더
- **96** 교통 관리 시스템
- **97** 주유소
- **98** 기차
- **99** 선로와 선로 전환기
- **100** 열차 시간표 음성 안내

- **101** 모터보트
    - 원리를 알아볼까요? – 프로펠러
- **102** 핵 잠수함
    - 원리를 알아볼까요? – 아르키메데스의 부력
- **103** 전자 여권
- **104** 보안 검색
- **105** 관측 레이더
- **106** 공항
- **107** 비행기와 글라이더
    - 원리를 알아볼까요? – 공기역학
- **108** 여객기 조종실
- **109** 사출 좌석
- **110** 열기구와 비행선
- **111** 헬리콥터
- **112** 로켓
- **113** 우주 왕복선

찾아보기

ㄱ

가스레인지 37
거리 측정 망원경 95
거울 89
검이경 60
게임기 28
겹도르래 79
경보기 6
계산기 20
공기역학 107
공기 착암기 51
공기총 72
공항 106
관측 레이더 105
광섬유 11
광센서 23
괘종시계 26
교통 관리 시스템 96
굴삭기 51
글라이더 107
기계식 체중계 44
기중기 51
기차 98

ㄴ

나사 35
내장 메모리 18
냉장고 39

ㄷ

다이너모 90
대관람차 71

대류식 난방기 43
도난 방지 검색대 55
동작 감지기 6
돛단배 79
드라이어 45
디스크 18
디젤 전기 기관차 98
디지털 엑스레이 64
디지털 카메라 17
디지털화 24
디코더 47

ㄹ

라디에이터 43
레이더 95
레이저 광선 14
레이저 프린터 22
레이콘 51
렌즈 89
로봇 청소기 7
로켓 112
롤러코스터 71
리바운드 68

ㅁ

마그누스 효과 68
마우스 21
마이크 15
마이크로프로세서 20
망간 건전지 27
망원경 88
메모리 18
메인 보드 20

메일 25
모카 포트 33
무빙워크 53
무선 인식 87
무선 장난감 30
무선 장난감 자동차 8
무선 헬리콥터 30
미끄럼 방지 장치(ABS) 91

ㅂ

바코드 판독기 55
발광 다이오드(LED) 6
배터리 27
백열전구 9
범퍼카 71
변기 41
병따개 35
보안 검색대 104
보청기 62
블루투스 10
비데 41
비올린 74
비행 상태 표시창 108
비행기 107
비행선 110

ㅅ

사출 좌석 109
산악자전거 90
색소폰 75
선로 99
선로 전환기 99
세탁기 3

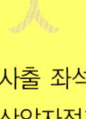

소리 77
소방차 52
소형 모터보트 101
소화기 52
손전등 27
쇄석기 49
수도꼭지 40
수력 발전 65
수술 로봇 61
수중 호흡기 80
수중익선 101
수하물 검색대 104
순항 여객선 101
스노캣 82
스마트 홈 1
스캐너 23
스케이트보드 67
스키 81
스타일러스 펜 59
스테핑 모터 8
스팸 메시지 25
스피커 15
시계 26
시동 잠금장치 92
시뮬레이터 73
식기세척기 38
신시사이저 76
신티그래피 64
쌍안경 89
쓰레기 수거차 50

ㅇ

아르키메데스의 부력 102
아코디언 75
안경 62
압력솥 32
양력 111
에너지 65
에스컬레이터 53
에어로졸 캔 45
에어백 92
엑스선 64
엔진 91
엔진 조작 표시기 108
엘리베이터 54
연 78
열기구 110
열전사 프린터 22
영구 자석 모터 8
온도 조절 수도꼭지 40
온실 85
와이파이 10
외장 메모리 18
욕실용 라디에이터 43
우주 망원경 88
우주 왕복선 113
원격 시간 측정 69
원격 조종 30
원자력 발전소 65
원자로 102
원적외선 레인지 37
웜 35
웹캠 29
위젯 25
유압실린더 73
음파 탐지기 102
음향 24
이동 무선 통신망 46
인덕션 레인지 37
인라인스케이트 67
인터넷 25

ㅈ

자기 부상 열차 98
자동 계산대 55
자동 도어 개폐 장치 2
자동 세차기 38
자동 조명 장치 3
자동 착유기 86
자동차 91
자동차 배터리 27
자동판매기 48
자물쇠 5
잠망경 102
장애물 감지기 92
전구형 형광등 9
전기 기타 74
전기 드릴 8
전기 모터 8
전기 설비 4
전기 자물쇠 5
전기레인지 37
전기온수기 40
전기톱 35
전도 4
전동 칫솔 45
전력망 4
전자 심판기 70
전자 여권 103
전자 청진기 60
전자 칠판 59
전자 카드 56
전자 현미경 63
전자기 스펙트럼 31
전자레인지 36
전자석 34
전자석 모터 8
전자책 58
전자파 31

전지 27
전파 31
전화 응답기 100
정수 처리장 66
제설기 82
제트 스키 101
주사 전자 현미경 63
주유소 97
중앙난방 42
증강 현실 29
지레식 저울 44
지렛대 35
지열 난방 42
진공청소기 7

ㅊ

채소 탈수기 35
체어리프트 83
체중계 44
초음파 검사 77
초음파 세척기 38

ㅋ

카이트 서핑 78
카트리지 22
커피 메이커 33
컨트롤러 28
컴퓨터 19
컴퓨터 시간 측정 69
케이블카 83
코르크 마개 따개 35
코인형 전지 27
콘덴싱 보일러 42
콤바인 84

크랭크 35
키보드 21

ㅌ

태양 전지판 4
태양열 난방 42
터보제트 엔진 107
터치스크린 19
텔레비전 방송 11
토스터 34
톱니바퀴 35
트랜지스터 20
트랩 40
트럼펫 75

ㅍ

풍력 발전소 65
프렌치 프레스 33
프로펠러 101
프리즘 89
프리킥 68
프린터 22
플라스마 디스플레이 12
플루트 75
피스톤 75
피아노 74

ㅎ

하드 디스크 18
하이브리드 자동차 93
항법 계산기 108
핵 잠수함 102

핸드믹서 35
헬리콥터 111
현금 자동 지급기 57
현미경 63
혈압계 60
홈 시어터 16
화력 발전소 65
화소 24
회전 그네 71
휴대 전화 46

A~Z

CD 재생기 13
DVD 재생기 13
GPS 94
LCD 디스플레이 12
LED 전구 9
MP3 47
MRI 64
PLC 모뎀 10
RAM 18
ROM 18
USB 메모리 18
USIM카드 46

제1장

집 안에서 쓰는

집과 도구

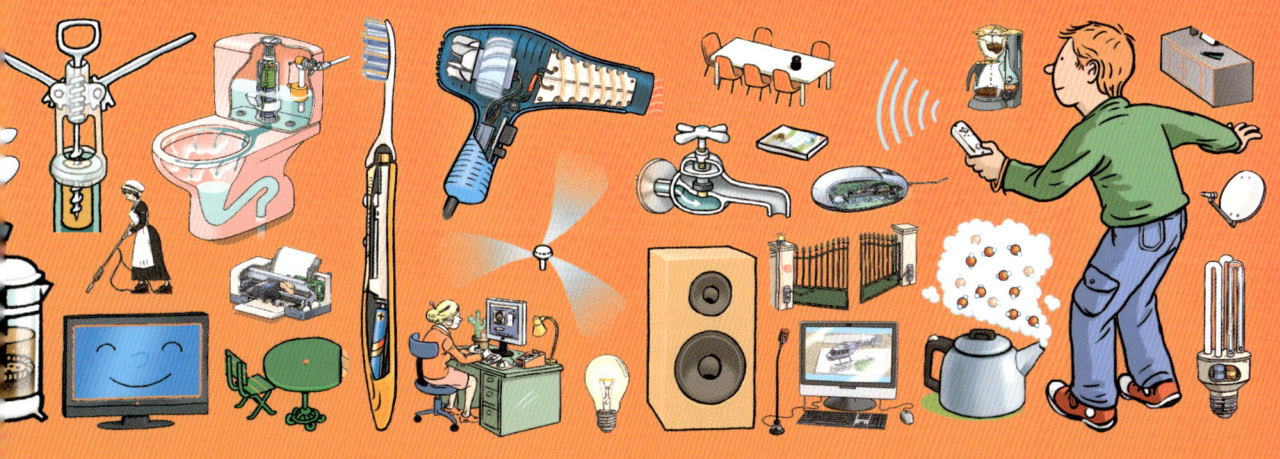

1 스마트 홈

척척 박사님, 스마트 홈에서는 누가 불을 켜고 창문을 여나요?

그건 바로 컴퓨터란다. 스마트 홈에서는 집 안에 있는 모든 전자 장비를 컴퓨터로 조정할 수 있지. 문, 블라인드, 전등, 텔레비전, 난방 장치가 자동으로 작동된단다.

보안 시스템이 집을 지켜 줘요. 집 안에 누군가 침입하면 경비 회사에 신호가 자동으로 보내져요. 감시 카메라에 찍힌 영상을 인터넷으로 보면서 먼 곳에서도 집을 감시할 수 있어요.

자동차가 가까이 다가가면 **차고 문**이 자동으로 열렸다가 닫혀요.

밤이 되면 정원에 있는 **스프링클러**가 자동으로 물을 뿌리기 시작해요.

스마트 홈은 집에 사는 사람이 편리하도록 컴퓨터가 대신 일을 해 주는 거예요.

집 안 곳곳에 설치된 **터치스크린**으로 무엇이든 명령하고 제어할 수 있어요.

난방 장치는 시간과 온도를 설정할 수 있어요. 집에 돌아왔을 때 따뜻한 온기를 느끼고 싶으면 밖에서 휴대 전화나 인터넷으로 난방 장치를 미리 켜 놓아요.

입구

원터치 프로그램
상황에 따라 버튼 하나만 누르면 자동으로 여러 기계가 움직여요.

햇볕이 많이 들면 **블라인드**가 저절로 내려와요. 리모컨으로 직접 조정할 수도 있어요.

스마트 홈은 인텔리전트 하우스라고도 해요. 집에 사는 사람들과 기계가 소통을 하지요.

① **기상**
커피 머신이 커피를 내리기 시작하고, 블라인드가 올라가며, 라디오가 켜져요.

자동 조명 장치가 있어서 사람이 있을 때에만 방에 불이 켜져요. 새벽에는 은은한 조명이 비추고, 오랫동안 집을 비워 둘 때도 잠깐씩 켜져서 꼭 사람이 있는 것처럼 보이게 해요.

② **외출**
난방 장치의 온도를 조절하고, 전등을 끄며, 식기 세척기를 작동 시키고, 문을 열어요.

③ **영화 관람**
스크린과 영사기를 내리고, 방의 조명을 어둡게 조절해요.

척척 박사님의 보너스

스마트 홈은 오래전부터 영화에 등장했어요. 하지만 사람을 집의 노예로 묘사했지요. 걱정과는 달리 자동화된 기계들이 인간의 삶을 편리하게 만들고 있어요.

중앙 컴퓨터가 스마트 홈 전체를 조정해요. 리모컨, 센서, 인터넷에서 정보를 받아서 집안을 돌보지요.

미래는 어떨까요?

자동화 시스템이 갖춰진 인텔리전트 하우스이자 환경을 보호하는 집이 될 거예요. 친환경 주택은 에너지 낭비를 줄이고 필요한 전기를 직접 만들어 낼 수도 있어요.

식품마다 전자 태그가 붙어 있어서 **냉장고**에 무엇이 들어 있는지, 다 떨어진 재료는 무엇인지 컴퓨터가 알 수 있어요. 컴퓨터에 저장된 요리 데이터베이스는 재료를 가지고 만들 수 있는 요리를 제안해요.

2 자동문

똑똑 박사님, 문이 저절로 열렸다가 닫혀요! 어떻게 그럴 수 있죠?

문이 혼자서 열렸다가 닫히는 건 아니란다.
자동 도어 개폐 장치가 달려서 가능한 거야.
리모컨을 누르면 저장된 프로그램이 작동하는 거지.

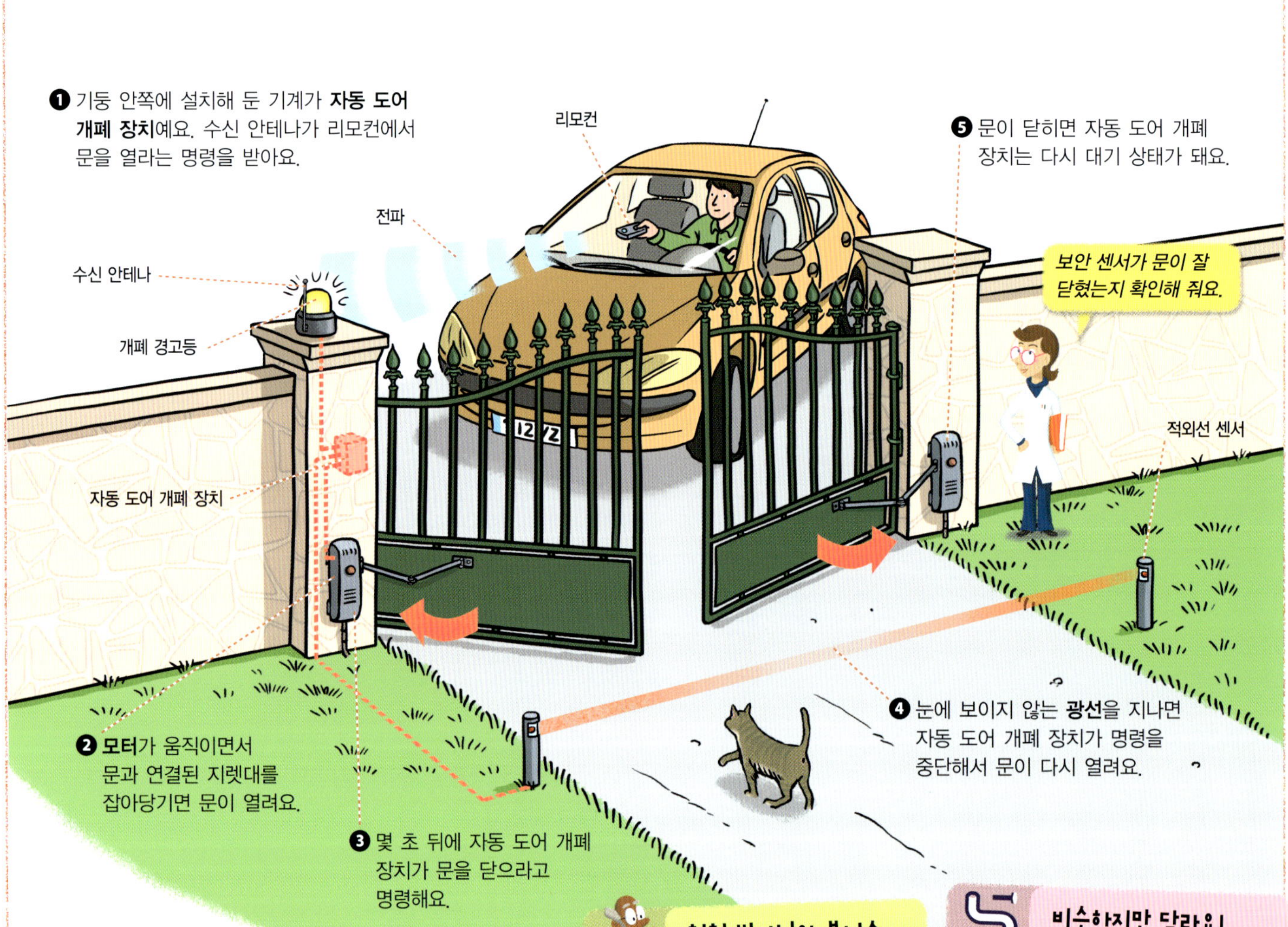

❶ 기둥 안쪽에 설치해 둔 기계가 **자동 도어 개폐 장치**예요. 수신 안테나가 리모컨에서 문을 열라는 명령을 받아요.

- 리모컨
- 전파
- 수신 안테나
- 개폐 경고등
- 자동 도어 개폐 장치

❺ 문이 닫히면 자동 도어 개폐 장치는 다시 대기 상태가 돼요.

보안 센서가 문이 잘 닫혔는지 확인해 줘요.

- 적외선 센서

❷ **모터**가 움직이면서 문과 연결된 지렛대를 잡아당기면 문이 열려요.

❸ 몇 초 뒤에 자동 도어 개폐 장치가 문을 닫으라고 명령해요.

❹ 눈에 보이지 않는 **광선**을 지나면 자동 도어 개폐 장치가 명령을 중단해서 문이 다시 열려요.

자동 도어 개폐 장치는 사람처럼 생각하고 행동하나요?

그런 건 아니란다. 자동 도어 개폐 장치는 미리 설정한 프로그램을 실행하지. 예를 들어 '문이 닫혀 있을 때는 문을 열라는 지시를 기다린다.' 혹은 '문이 닫힐 동안 누가 광선을 넘어오면 문을 연다.'라고 말이지.

척척 박사님의 보너스

롤업 도어, 오버헤드 도어, 슬라이딩 도어 등 자동문의 종류는 많단다. 하지만 작동되는 방식은 똑같지. 문이 위로 열리는지, 옆으로 열리는지 등 열리고 닫히는 모양만 다른 거야.

비슷하지만 달라요!

자동 도어 개폐 장치로 차양을 조작할 수도 있어요. 햇빛이 얼마나 많이 들어오는지, 바람이 얼마나 많이 부는지 자동 도어 개폐 장치가 먼저 확인을 해요. 그런 다음에 자동으로 차양을 올리거나 내려요.

입구

원리를 알아볼까요?

3 자동 기계

자동 기계는 명령 장치, 센서, 작동 장치 등 세 가지로 구성되어 있어요.
컴퓨터가 센서에서 정보를 받아 모터나 램프를 작동시켜요.
마치 우리의 뇌가 눈이나 피부에서 정보를 받아 근육을 움직이는 것과 같은 원리예요.

❶ 산업 로봇

로봇들이 나란히 서서 초콜릿을 상자에 담고 있어요. 각 로봇이 한 줄씩 맡고 있지요. 움직이는 벨트 위에 놓인 초콜릿을 팔을 굽혀 들어 올린 후 상자의 빈칸에 내려놓아요.

로봇의 동작을 입력한 프로그램은 **컴퓨터**로 제어하거나 수정해요.

`1` 센서　　`2` 명령　　`3` 작동

컨베이어 벨트

로봇들은 24시간 쉬지 않고 일해요. 1분에 상자 20개를 채우지요.

`1` 컨베이어 벨트 위에서 이동하는 초콜릿을 로봇에 장착된 **카메라**가 찍어요. 이 카메라가 센서예요.

`2` **컴퓨터**는 영상을 분석해요. 각 로봇이 초콜릿을 집기 위해 어떻게 팔을 움직여야 하는지 동선을 계산해요.

`3` 지정한 동선에 따라 팔이 움직이도록 컴퓨터가 로봇의 **모터**에 명령해요. 로봇은 명령을 실행해요.

❷ 세탁기

빨래를 넣고 버튼을 누르기만 하면 세탁기가 돌아가요.

`1` **뚜껑 개폐 센서**는 뚜껑이 열렸는지 닫혔는지 확인하고, **압력 센서**는 빨래가 많은지 적은지 확인해요.

`2` 세제통에 세제를 넣고 세탁기 버튼을 누르면 저장된 프로그램이 세탁을 시작해요.

`3` 빨래통에 연결된 **모터**를 주동력 장치로 하여 **펌프**와 **저항기**가 작동하면서 세탁이 돼요.

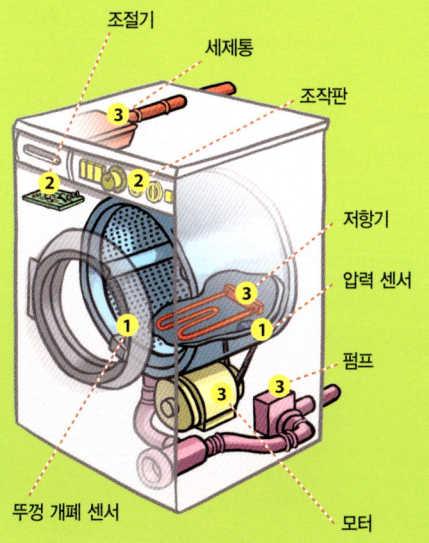

조절기, 세제통, 조작판, 저항기, 압력 센서, 펌프, 모터, 뚜껑 개폐 센서

❸ 자동 조명 장치

현관 센서등 같은 자동 조명 장치는 밤이 되거나 움직임이 감지되면 켜져요. 따로 버튼을 누르지 않아도 되죠.

`1` 밤에 사람이 있는지 없는지 **센서**가 감지해서 정보를 전자 제어 장치에 전달해요.

`2` 사람이 있으면 **전자 제어 장치**가 등을 켜고 타이머를 작동시켜요.

`3` 타이머에 저장된 시간 동안 **등**이 켜졌다가 꺼져요.

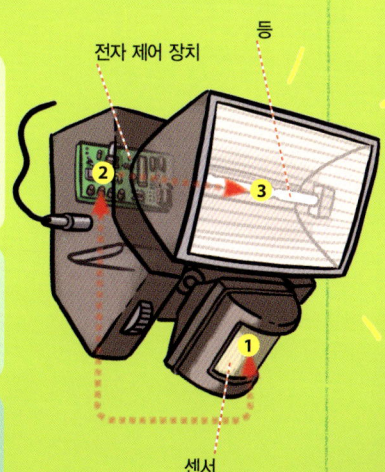

전자 제어 장치, 등, 센서

4 전기

전기는 위험하잖아요! 척척 박사님, 우리는 전기로부터 안전한가요?

조심하면 괜찮단다. 집집마다 설치된 차단기가 집 안의 전기 회로를 보호해 주거든. 전기는 발전소나 태양 전지판에서 만들어져 각 가정으로 공급되지.

❶ 전력망

전기는 집에서 수백 킬로미터 떨어진 곳에 있는 발전소에서 생산돼요. 생산된 전기는 전선을 통해 각 가정으로 보내져 다양한 용도로 쓰이지요.

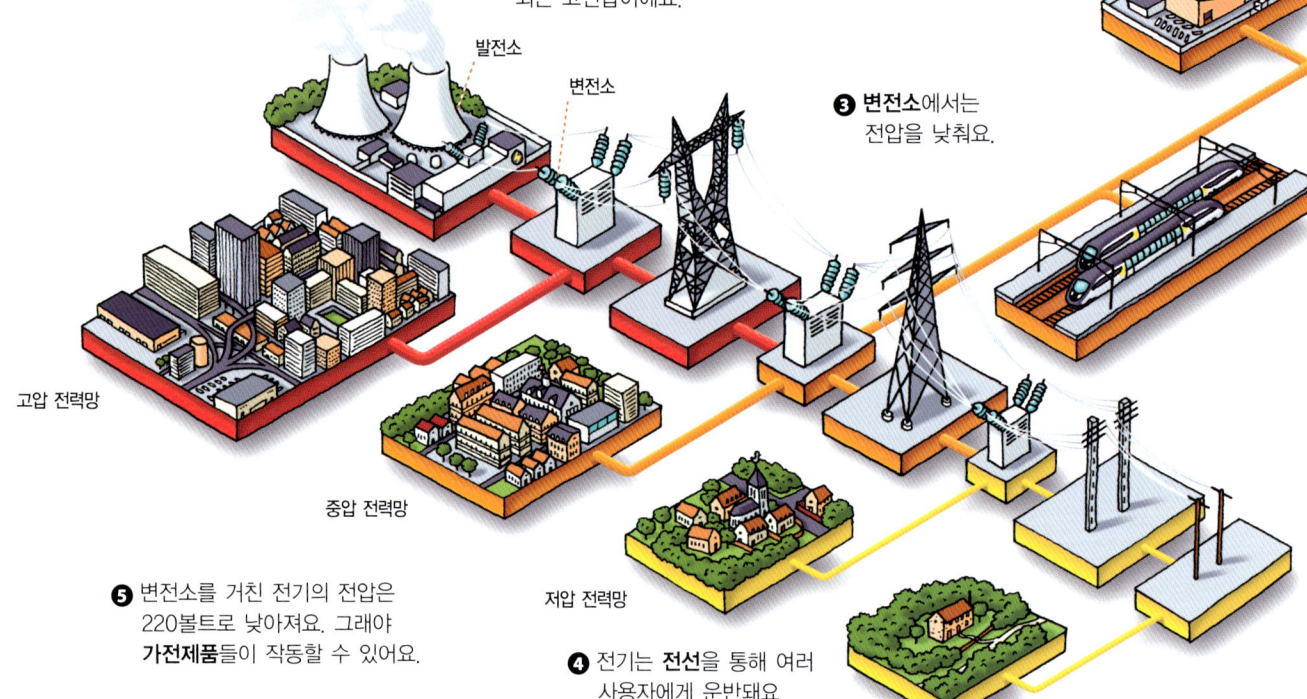

❶ **발전소**에서 나가는 전기는 40만 볼트나 되는 고전압이에요.

❷ 전력망에는 **배전소**가 있어서 각 전선으로 전기를 나누어 보내요.

❸ **변전소**에서는 전압을 낮춰요.

❹ 전기는 **전선**을 통해 여러 사용자에게 운반돼요.

❺ 변전소를 거친 전기의 전압은 220볼트로 낮아져요. 그래야 **가전제품**들이 작동할 수 있어요.

❷ 태양 전지판

태양 전지판의 수많은 태양 전지는 빛에너지를 전기에너지로 바꾸는 역할을 해요.

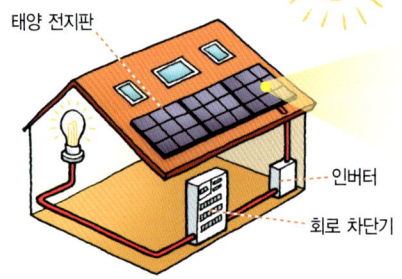

태양 전지판은 전류를 교류나 직류로 바꾸는 **인버터**에 연결되어 있어요.

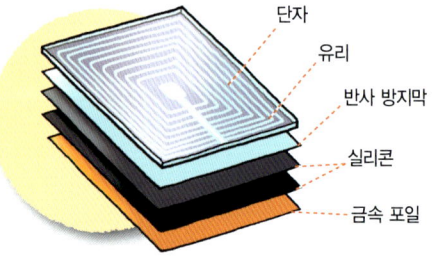

빛이 **실리콘**에 닿으면 빛에너지에 의해 전류가 만들어져요. 이렇게 해서 생긴 전류는 단자에서 금속 포일까지 이동을 반복해요.

입구

❸ 전기 설비

전기는 전선을 통해 조명, 콘센트, 보일러 등에 운반돼요.

전기 계량기는 가정에서 소비하는 전기량을 매 순간 계산해요.

전선의 종류
- 접지선
- 상
- 중성선
- 2로 연결선

배전반에는 세 종류의 전선이 연결돼요. 두 개의 전선에는 전기가 흐르고 나머지 하나는 접지선으로, 땅속에 묻은 접지봉에 연결되어 있어요.

집은 **저압 전력망**과 연결되어 있어요. 전기는 상과 중성선으로 공급돼요.

2로 스위치
2로 스위치 덕분에 방 양쪽에서 불을 켰다 껐다 할 수 있어요.

❶ 켜기
스위치를 누르면 빨간색 전선이 이어져 불이 켜져요.

❷ 끄기
스위치를 다시 누르면 회로가 열리고 불이 꺼져요.

❸ 켜기
스위치를 또 한 번 누르면 회로가 닫히고 불이 다시 켜져요.
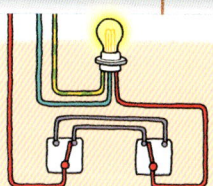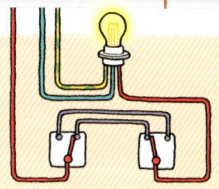

스위치에는 전선 하나가 늘 연결되어 있어요. 점화 회로는 차단되어 있어요.

주 차단기는 전류를 차단하는 역할을 해요. 전깃줄이 손상되어 전깃줄 밖으로 전기가 새는 누전이 일어나면 차단기가 자동으로 작동해요.

차단기와 **퓨즈**는 회로를 보호해요. 전기를 많이 써서 한도를 넘으면 필라멘트가 녹고 회로가 차단되지요.

똑똑 박사님, 접지선은 왜 필요한가요?

접지선은 기계에 문제가 있을 때 전류가 사람의 몸을 거치지 않고 곧바로 땅으로 흘러가게 해 주는 보호 장치란다. 전기로 인해 사람이 다치지 않게 하지.

원리를 알아볼까요?

전도

전기 전도란 전기가 물체 속을 이동하는 것을 말해요. 전선은 구리에 고무나 에나멜로 된 피복을 입혀서 만드는데, 이 피복 안에서 전기가 흐르지요.

전선 안을 살펴볼까요?

구리 원자들이 나란히 정렬하고 있어요. 전선을 전원에 연결하면 구리 원자에서 전자가 떨어져 나와 돌아다녀요. 전류는 전자들이 움직이기 때문에 흐를 수 있지요.

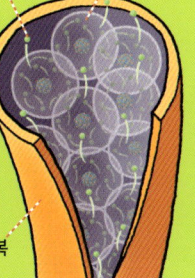

전자 / 구리 원자 / 피복

전자 기계에는 **인쇄 회로 기판**이 있어요. 전기가 통하지 않는 판 위에 구리층을 붙인 다음 필요한 배선만 남기고 불필요한 부분은 제거해요.

초소형 전기 부품에는 탄소나 금으로 만든 **나노와이어**를 사용해요.

나노와이어는 머리카락보다 1만 배나 더 가늘지.

5 자물쇠

척척 박사님, 자물쇠에 맞는 열쇠는 왜 하나밖에 없나요?

열쇠의 굴곡이 자물쇠 안에 들어 있는 여러 개의 핀에 딱 맞게 만들어졌기 때문이지. 열쇠를 돌리면 자물쇠가 열리게 된단다.

자물쇠 안통에 열쇠를 꽂고 돌리면 빗장이 움직이면서 문이 잠기거나 열려요.

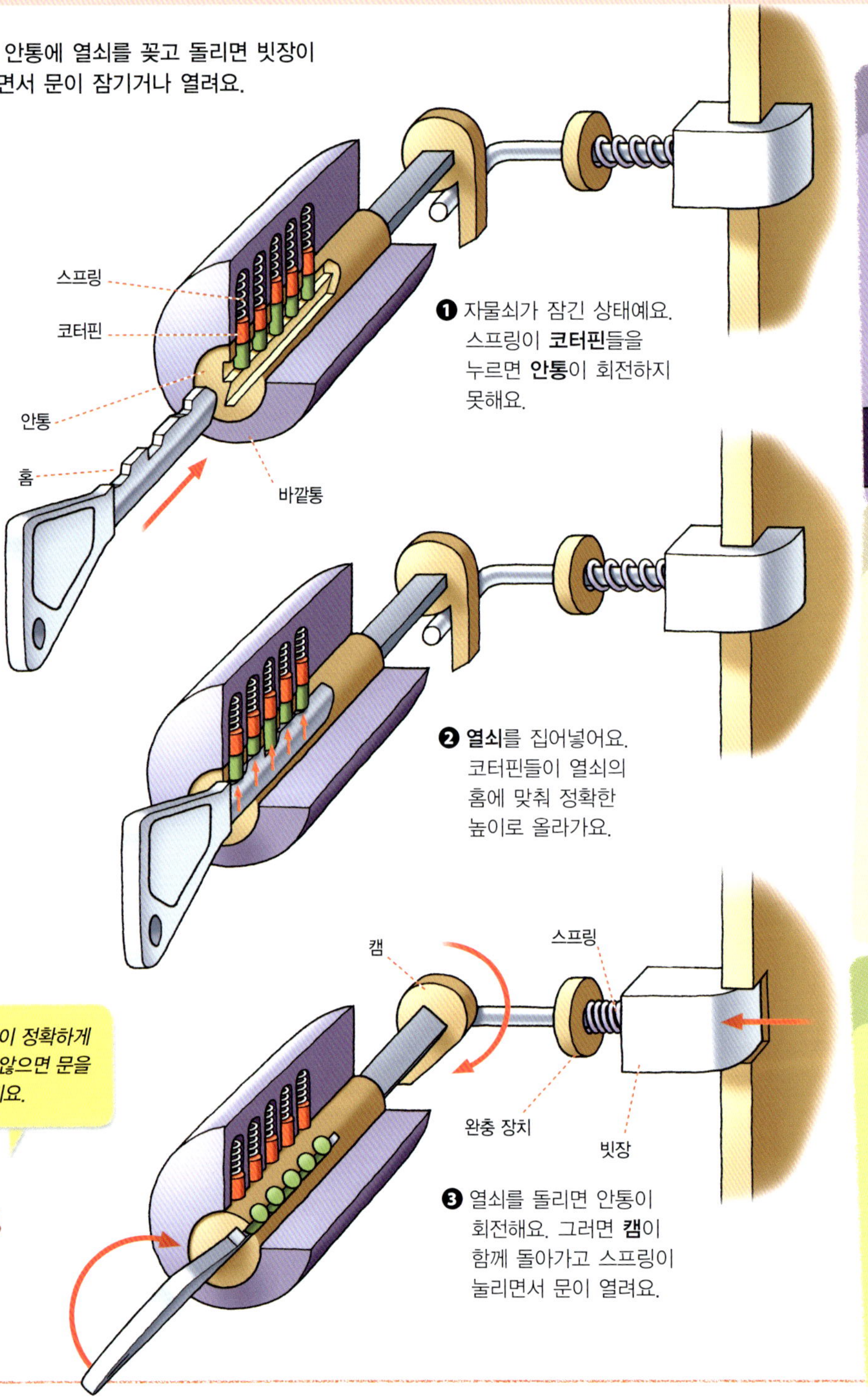

- 스프링
- 코터핀
- 안통
- 홈
- 바깥통

❶ 자물쇠가 잠긴 상태예요. 스프링이 **코터핀**들을 누르면 **안통**이 회전하지 못해요.

❷ **열쇠**를 집어넣어요. 코터핀들이 열쇠의 홈에 맞춰 정확한 높이로 올라가요.

- 캠
- 스프링
- 완충 장치
- 빗장

열쇠의 홈이 정확하게 들어맞지 않으면 문을 열 수 없지요.

❸ 열쇠를 돌리면 안통이 회전해요. 그러면 **캠**이 함께 돌아가고 스프링이 눌리면서 문이 열려요.

비슷하지만 달라요!

전기 자물쇠를 여는 열쇠는 무엇일까요? 바로 지문이에요. 전기 자물쇠는 미리 스캔한 지문을 저장해 두어요. 그리고 손가락을 댈 때마다 저장된 이미지와 비교해서 문을 열어 줘요.

이건 몰랐지요?

오븐은 문이 열리면 자동으로 전원이 차단되도록 안전장치가 되어 있어요. 이것도 일종의 열쇠인 셈이지요. 그래도 뜨거운 오븐을 만질 때는 주의해야 돼요.

똑똑 박사님의 보너스

도난 방지 자물쇠는 복잡하게 설계되어 열쇠가 없으면 절대로 열 수 없어요.

입구

6 경보기

 똑똑 박사님, 경보기는 문이나 창문을 열면 울리나요?

그렇단다. 그뿐만이 아니야. 열이나 연기, 충격, 소리에 반응하는 센서를 집에 설치할 수도 있지. 문제가 생기면 컨트롤러가 경보를 울린단다.

컨트롤러는 뇌와 같은 역할을 해요. 센서가 정보를 보내오면 경보를 울려요.

센서가 뭔가 감지하면 건물 안이나 밖에 있는 **사이렌**이 울리기 시작해요.

유리 파손 감지기는 소리에 반응해요. 유리 깨지는 소리를 인식하면 경보를 울려요.

센서 · 발광 다이오드

연기 분자

버튼이나 **리모컨**으로 경보기가 작동해요.

컨트롤러

화재 감지기에는 광전기 센서와 발광 다이오드가 들어 있어요. 연기 분자가 센서 안으로 퍼지면 발광 다이오드가 빛을 내서 센서가 작동하고 경보가 울려요.

전화 송신기가 집주인이나 경비 회사에 연락해요.

창문에 충격을 가하면 **충격 감지기**가 진동하기 시작하고 경보가 울려요.

자성체 리드

자석

문 개폐 감지기는 전기를 이었다 끊었다 하는 스위치예요. 문이 열릴 때 리드가 서로 떨어지면서 경보가 울려요.

동작 감지기

센서와 **컨트롤러**는 안테나나 전선으로 연결되어 있어요.

① **동작 감지기**는 몸에서 나오는 열 적외선을 감지해서 전기적 신호를 보내요.

② 여러 개의 **구역**으로 나누어 적외선을 감지해요.

③ 여러 구역에서 **적외선**을 동시에 인식하면 경보를 보내요. 이때 인식하는 적외선의 수는 거리에 따라 달라지요.

④ 강아지는 한 구역에만 해당하기 때문에 경보를 보내지 않아요.

7 진공청소기

똑똑 박사님, 진공청소기는 어떻게 먼지를 빨아들여요?

빨대로 빵가루를 빨아들이는 원리와 같단다. 강력한 송풍 장치인 팬이 호스를 통해 공기를 빨아들이지. 진공청소기 속으로 빨려 들어간 먼지는 안에 갇히고 공기만 빠져나가는 거란다.

❶ 일반 진공청소기

필터가 먼지만 걸러 내고 공기는 내보내요.

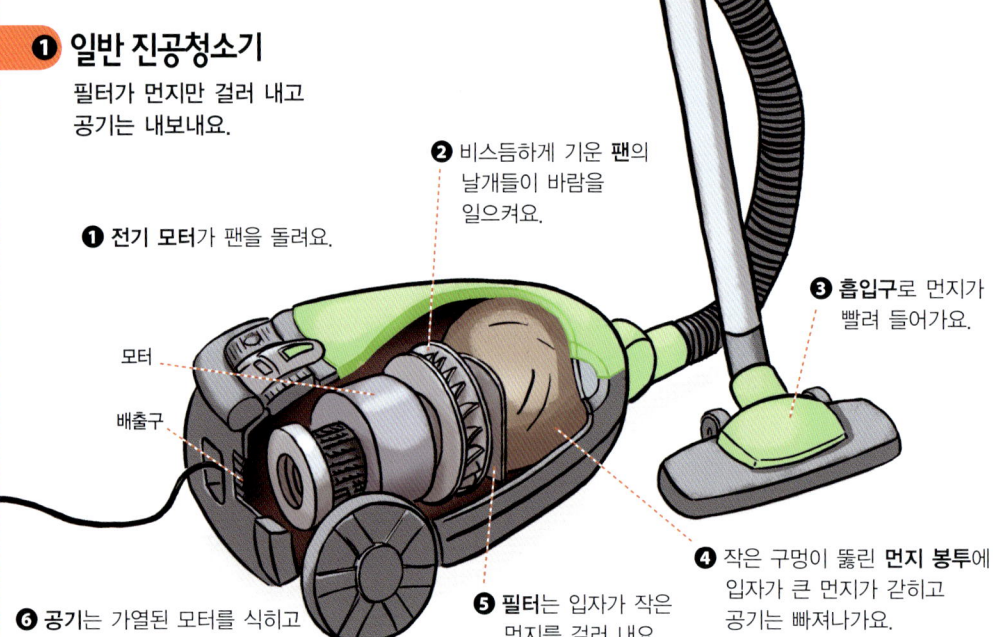

❶ 전기 모터가 팬을 돌려요.
- 모터
- 배출구

❷ 비스듬하게 기운 **팬**의 날개들이 바람을 일으켜요.

❸ **흡입구**로 먼지가 빨려 들어가요.

❹ 작은 구멍이 뚫린 **먼지 봉투**에 입자가 큰 먼지가 갇히고 공기는 빠져나가요.

❺ **필터**는 입자가 작은 먼지를 걸러 내요.

❻ 공기는 가열된 모터를 식히고 밖으로 빠져나가요.

❷ 봉투 없는 진공청소기

영국의 진공청소기 업체 다이슨은 먼지 봉투가 없는 진공청소기를 개발했어요. 아주 미세한 먼지까지 잡아내지요.

❶ 먼지가 강력한 **회오리바람**에 휩쓸려 들어가요.

❷ 원심력으로 입자가 큰 먼지와 공기를 분리해요.

❸ 입자가 큰 먼지는 **집진 장치**에 모여요.

❹ 더 작은 먼지는 **또 한 번** 회오리바람에 휩쓸려 빠져나가요.

❺ 회오리바람이 강력할수록 빠져나가는 공기가 깨끗해요.

- 흡입구
- 배출구

재미있는 이야기

최초의 진공청소기는 전기로 작동하지 않았어요. 한 걸음 옮길 때마다 사람이 발로 바람을 일으키는 풀무를 눌러서 공기와 먼지를 빨아들이고 다른 풀무를 눌러서 공기만 밖으로 내보냈답니다.

척척 박사님의 보너스

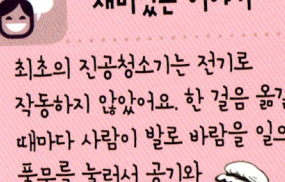

물을 빨아들이는 데에는 특수한 장치가 필요하단다. 하지만 그 원리는 진공청소기와 같지. 팬이 회전하면서 통 안의 공기를 밖으로 내보내면 반대쪽에서 물이 통 안으로 빨려 들어가는 거야.

- 빠져나간 공기
- 물
- 흡입된 더러운 물

비슷하지만 달라요!

로봇 청소기는 완전 자동이에요. 혼자 돌아다니며 청소를 하고, 배터리가 떨어지면 스스로 충전기를 찾아가지요. 먼지 통이 꽉 차면 소리를 내서 알려 주기도 해요. 로봇 청소기는 적외선 센서와 카메라로 장애물을 피해 다닐 수 있어요. 정말로 똑똑하지요?

거실

원리를 알아볼까요?

8 전기 모터

22 30 39

전기 모터는 전기에너지를 운동에너지로 바꿔요. 축이 돌면서 운동에너지를 진공청소기나 송풍기의 팬에 전달하지요. 모터의 코일은 전선과 자석으로 되어 있고 모터는 자기장 현상 때문에 작동할 수 있답니다. 모터는 여러 종류가 있어요.

❶ 영구 자석 모터

장난감 모터에 들어 있는 자석의 양극은 자기장을 일으켜요. 장난감에 건전지를 넣으면 자기장에 의해 회전자가 돌아가기 시작해요.

무선 장난감 자동차
자동차 모터와 바퀴는 톱니바퀴 장치로 연결되어 있어요. 자동차를 앞이나 뒤로 가게 하려면 리모컨만 누르면 되지요. 리모컨이 전류의 방향을 바꾸는 컨버터를 작동시켜요.

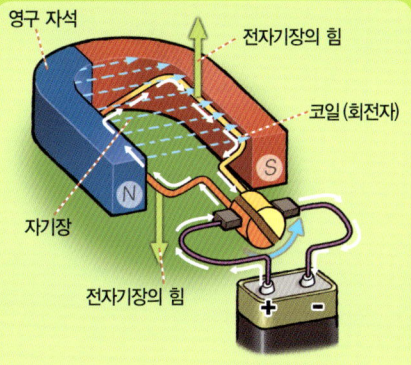

자기장 내에 위치한 코일에 전류가 흐르면 전자기장의 힘을 받아 **코일**이 회전하기 시작해요.

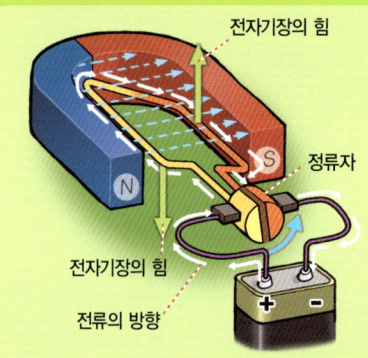

코일이 한 바퀴 돌려면 양 방향의 힘이 모두 필요해요. **정류자**는 코일이 반 바퀴 돌 때마다 전류를 반대 방향으로 바꿔 줘요.

❷ 전자석 모터

가전 제품의 모터는 전자석으로 되어 있어요. 전자석은 전류가 흐르면 자기화되고, 전류를 끊으면 원래의 상태로 돌아가는 일시적 자석이에요.

전기 드릴
모터 축의 힘이 톱니바퀴에 전달되었다가 드릴에 전달돼요.

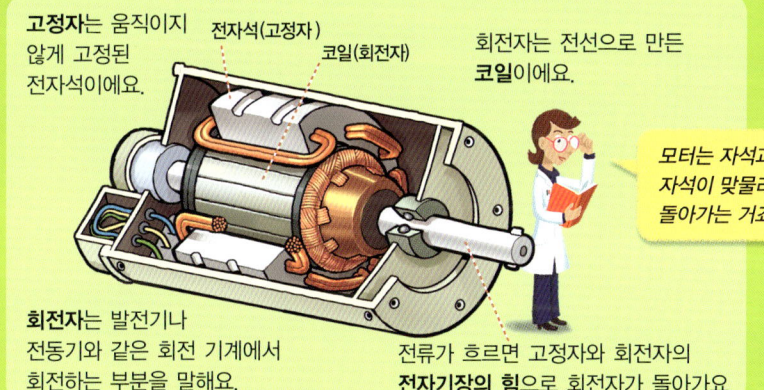

고정자는 움직이지 않게 고정된 전자석이에요.

회전자는 전선으로 만든 **코일**이에요.

모터는 자석과 자석이 맞물려 돌아가는 거죠.

회전자는 발전기나 전동기와 같은 회전 기계에서 회전하는 부분을 말해요.

전류가 흐르면 고정자와 회전자의 **전자기장의 힘**으로 회전자가 돌아가요.

❸ 스테핑 모터

스테핑 모터의 회전자는 자석이에요. 전기 코일에서 생긴 자기장이 회전자를 돌아가게 해요. 스테핑 모터는 매우 정확하답니다.

프린터
종이가 프린터 안으로 들어갔다 나올 때 사용하는 모터가 **스테핑 모터**예요. 일정한 각도로 회전하지요.

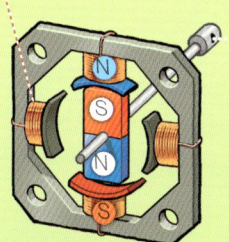
위와 **아래**에 있는 두 개의 코일에 전류가 흐르면 자석이 움직여요.

그 다음에는 **왼쪽**과 **오른쪽**에 있는 코일에 전류가 흘러요.

이렇게 코일에 전류가 흐르면서 **모터**가 돌아가게 되지요.

9 조명 기구

여러 가지 조명 기구의 차이는 뭔가요, 척척 박사님?

어떤 등이든 빛은 필라멘트, 기체, 전자 부품의 전자에서 나오는 것이란다. 전자가 자극을 받으면 작은 빛 입자가 방출되지.

1 백열전구

백열전구에서는 가열된 텅스텐에서 빛이 나와요. 하지만 빛보다 열이 9배나 더 많이 나오죠. 그래서 경제적이지 않답니다.

유리구

크립톤과 같은 비활성 기체가 없으면 필라멘트는 가열되자마자 타 버릴 거예요.

전류는 금속의 일종인 **텅스텐 필라멘트**에 흘러요.

2700℃가 되면 텅스텐 원자 안에 들어 있는 **전자**들이 자극을 받아 빛을 내보내요.

접촉부

시간이 흐를수록 텅스텐이 닳아서 전구가 검게 변하지.

2 전구형 형광등

형광관 안에 생긴 보이지 않는 빛이 모여 밝은 빛을 내요. 전기에너지 대부분이 빛으로 변하지요.

유리로 된 형광관 안에는 **수은**과 기체 상태인 **네온**이 들어 있어요.

형광관 내부에는 **형광막**이 칠해져 있어요.

① 형광관 안에 있는 두 **전극**이 **방전**을 일으키면 전자가 움직이기 시작해요.

형광 물질

② 수은 원자가 전자와 충돌하면 맨눈에는 보이지 않는 **자외선**이 나와요.

수은 원자

전자

③ **형광 물질**이 반응하면서 흰빛을 내요.

전자식 안정기가 형광등이 깜빡거리지 않고 켜지도록 전류를 조절해요.

3 LED 전구

발광 다이오드(LED)는 특수한 소재로 만든 얇은 칩으로 빛을 내요. 전기를 거의 소비하지 않아요.

본딩 와이어
반도체 칩
유리구
칩
광자 (빛)
전자가 없는 층
전자의 이동
전자가 있는 층
전도 전자
전극 막대

전압이 낮은 곳에서 LED 전구를 사용하려면 반드시 **변압기**가 있어야 해요.

LED 전구를 켜면 전기 전도를 일으키는 **전도 전자**들이 다른 층으로 이동해요. 각 **전도 전자**는 빛 형태로 에너지를 내보내요.

거실

PLC 모뎀

PLC 모뎀에 기계들이 연결되어 있어요. PLC 모뎀은 어떤 건가요?

PLC 모뎀은 멀티미디어 컨트롤러란다. 집에서 쓰는 기계들을 디지털 세상과 연결해 주는 역할을 하지. 선으로 연결하는 유선 방식과 선이 없는 무선 방식이 있어.

PLC 모뎀은 일종의 컴퓨터예요. TV 프로그램, 전자 우편, 웹페이지에서 얻은 정보를 처리하고 이동시키고 기록해요.

PLC 모뎀이 여러 컴퓨터에서 받은 인쇄 명령을 **프린터**에 보내요.

PLC 모뎀은 전화선이나 케이블 선에 연결해요. 집 안에서 사용하는 기계들을 인터넷에 연결시켜 **홈 네트워크**를 만들어요.

전화도 PLC 모뎀에 연결돼요. 컴퓨터나 와이파이 전화기로도 전화를 걸 수 있어요.

와이파이가 있으면 정보를 무선으로 전달할 수 있어요.

블루투스는 가까운 거리에서 사용할 수 있는 저속 무선 통신이에요.

PLC는 전화선이나 광케이블 등을 일일이 따로 깔지 않고 하나의 전력선으로 간편하게 사용할 수 있어요.

인터넷으로 프로그램을 방송하는 **텔레비전** 방송국이 많아요. PLC 모뎀은 프로그램의 데이터를 인터넷으로 받아 자료를 해독하는 장치인 **디코더**로 보내고, 디코더는 프로그램을 모니터에서 볼 수 있게 해 줘요.

PLC 모뎀 안에 있는 안테나는 **와이파이 방식**으로 데이터를 받거나 보내요.

우리 집 와이파이 접속 정보를 잘 지켜야 하는 이유는 뭔가요?

그렇지 않으면 아무나 우리 집 네트워크에 접속해서 개인 정보를 열어 보거나 인터넷에서 불법적인 일을 저지를 수 있기 때문이지.

여러 선으로 이루어진 **이더넷 케이블**은 여러 기계들과 정보를 교환해요.

게임기를 PLC 모뎀에 연결하면 인터넷에서 수백만 명과 함께 게임을 즐길 수 있어요.

이제 안테나가 없어도 텔레비전을 볼 수 있어요. 모든 게 전화선으로 통하거든요!

텔레비전 방송

똑똑 박사님, 우리는 어떻게 방 안에 앉아서 텔레비전을 볼 수 있는 거죠?

위성, 안테나, 케이블, 인터넷을 통해 디지털화된 방송이 각 가정에 보내지기 때문이지. 디지털화된 방송은 디코더를 거쳐야 텔레비전 수상기, 컴퓨터, 휴대전화 화면에서 볼 수 있단다.

제작

스튜디오

❶ **디지털카메라**로 프로그램을 촬영해 생방송으로 전송해요. 녹화방송은 촬영을 모두 한 뒤에 편집해서 내보내지요.

송신기

❷ 프로그램 영상은 수십억 개의 0과 1로 **암호화**되어 있어요.

제작된 프로그램은 **송신 센터**에 보내져 방송돼요.

광섬유를 이용한 전송

무선 통신 분야에서 **광섬유**의 활약은 눈부셔요. 머리카락보다 더 가는 광섬유는 중심부에 있는 빛이 굴절하면서 0과 1로 암호화된 방송 프로그램을 전송해요.

아주 가느다란 광섬유 하나가 여러 개의 프로그램을 전송할 수 있어요.

송신

위성

접시 안테나가 디지털 신호를 **위성**에 보내요. 위성은 그 신호를 다시 각 가정의 **접시 안테나**로 보내지요.

접시 안테나

안테나

방송국

케이블

❸ 프로그램은 위성 디지털 지상파 방송을 볼 수 있는 **안테나**, **케이블**을 사용해서 전파로 전송돼요.

지상파로 전송된 방송은 휴대 전화나 휴대용 컴퓨터로도 받아 볼 수 있어요.

수신

❹ **디코더**는 숫자 1과 0으로 이루어진 암호를 받아서 그것을 영상과 소리로 해독해요. 영상은 화면으로, 소리는 스피커로 보내져요.

접시 안테나 / 디코더 / 텔레비전 수상기

접시 안테나는 위성이 보내주는 유료나 무료 채널의 프로그램을 받아요. 유료 채널에 가입했다면 **디코더**에서 프로그램을 해독해요.

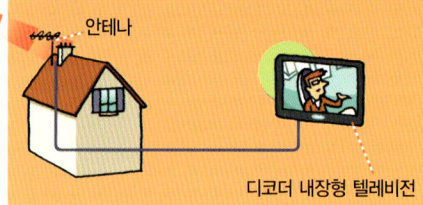
안테나 / 디코더 내장형 텔레비전

지상파 디지털 텔레비전 방송 안테나가 디지털 신호를 전송해요. 각 가정에 있는 **안테나**가 그 신호를 받아 텔레비전 안에 내장된 **디코더**로 보내요.

컴퓨터 / 텔레비전 수상기 / 모뎀 / 수신 장치

가정에서는 **케이블 방송 수신 장치**나 **전화선**으로 연결해 텔레비전을 볼 수 있어요. 컴퓨터로도 프로그램을 시청할 수 있지요.

거실

12 평면 디스플레이

척척 박사님, 플라스마 디스플레이와 LCD 디스플레이의 차이는 뭔가요?

둘 다 샌드위치를 닮았지. 두 개의 유리 기판 사이에 수백만 개의 발광 소자가 들어 있거든. 이 발광 소자들이 다양한 색으로 빛을 낸단다. 차이점은 빛을 내는 방식에 있지.

❶ 플라스마 디스플레이

플라스마 디스플레이에 들어 있는 수많은 형광 물질은 같이 들어 있는 가스가 자극을 받으면 빛을 내요. 이것이 바로 플라스마예요.

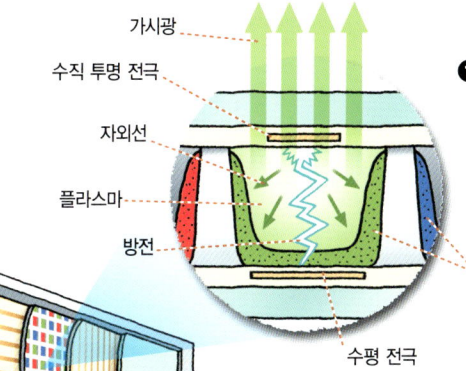

- 가시광
- 수직 투명 전극
- 자외선
- 플라스마
- 방전
- 수평 전극

❶ 하위 화소의 두 전극 사이에서 **방전**이 일어나 전류가 흐르면 가스가 자극을 받아요.

❷ 자극을 받은 가스는 눈에 보이지 않는 **자외선**을 만들어 내요.

❸ **형광 물질**이 반응하면 자외선은 눈에 보이는 빛으로 바뀌고 하위 화소가 빛을 내요.

- 수직 투명 전극
- 가스
- 화소와 하위 화소
- 수평 전극
- 유리 기판

영화의 한 장면 한 장면을 저장한 디지털 데이터는 **마이크로프로세서**에서 변환돼요. 마이크로프로세서는 각 장면에 필요한 화소들을 밝게 만들어 형태를 표현해요.

화면을 구성하는 **하위 화소**는 수직 투명 전극과 수평 전극이 교차되는 곳에 있어요.

두 개의 유리 기판 사이에 **가스**가 들어 있어요.

하위 화소가 **전기 자극**을 받으면 빛을 내요.

유리 기판

- 화소
- 하위 화소
- 전극

디스플레이는 수백만 개의 화소(화면을 나타내는 최소 단위)로 이루어져 있고, 화소 하나에는 녹색, 청색, 적색인 하위 화소 세 개가 있어요.

❷ LCD 디스플레이

LCD 디스플레이는 전기 자극에 따라 빛을 통과시키는 액정의 성질을 이용한 장치예요.

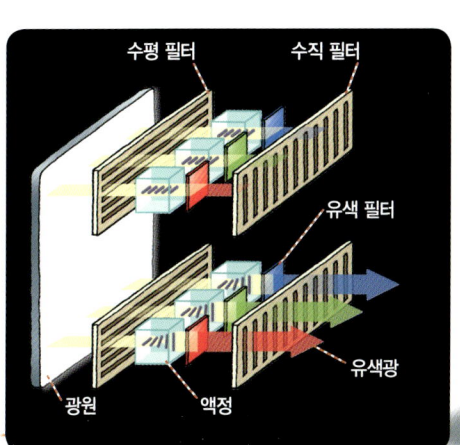

- 수평 필터
- 수직 필터
- 유색 필터
- 유색광
- 광원
- 액정

❶ **백색광**이 뒤에서 밝게 비춰요.

❷ 수평 방향의 광선만 **필터**를 통과해요.

❸ **전극망**이 전류를 필요한 곳에만 보내기 때문에 액정의 일부분에만 자극이 전해져요.

❹ **액정**이 자극을 받으면 광선이 수직 방향으로 바뀌어요.

❺ 그 광선은 **컬러 필터**를 통과해서 녹색, 적색, 청색으로 변해요.

❻ 그 다음 필터는 수직 방향의 **유색 광선**만 내보내요.

❼ 하위 화소가 빛을 내요.

CD 재생기와 DVD 재생기

척척 박사님, 어떻게 CD와 DVD를 읽을 수 있죠?

음악이나 영상이 디스크에 아주 작은 홈으로 새겨지기 때문이지. 재생기는 레이저 광선으로 그 홈을 읽는 전자 눈이란다. 그런 기계를 광학 기기라고 하지.

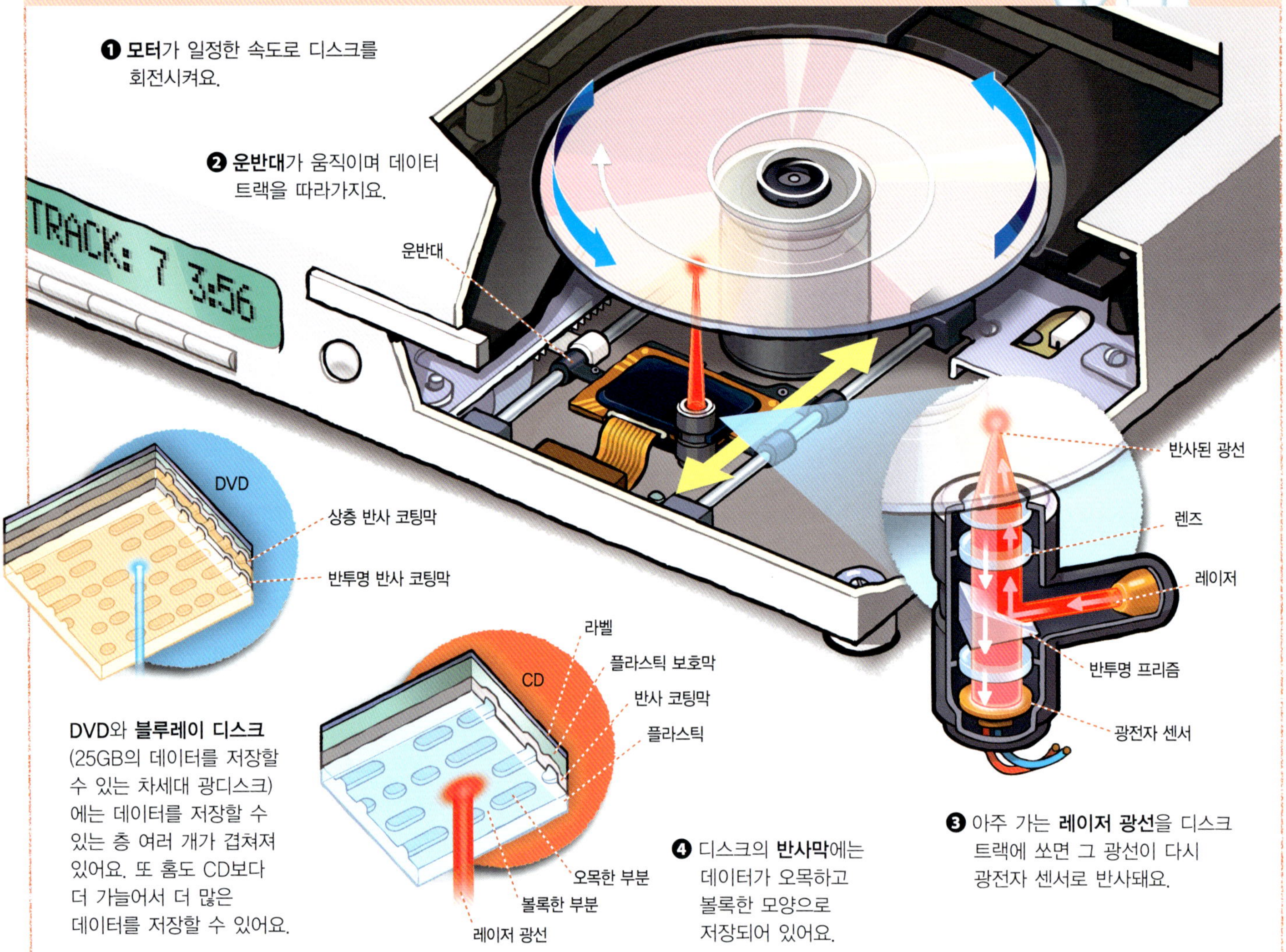

❶ **모터**가 일정한 속도로 디스크를 회전시켜요.

❷ **운반대**가 움직이며 데이터 트랙을 따라가지요.

DVD와 블루레이 디스크 (25GB의 데이터를 저장할 수 있는 차세대 광디스크)에는 데이터를 저장할 수 있는 층 여러 개가 겹쳐져 있어요. 또 홈도 CD보다 더 가늘어서 더 많은 데이터를 저장할 수 있어요.

❸ 아주 가는 **레이저 광선**을 디스크 트랙에 쏘면 그 광선이 다시 광전자 센서로 반사돼요.

❹ 디스크의 **반사막**에는 데이터가 오목하고 볼록한 모양으로 저장되어 있어요.

❺ **광전자 센서**는 볼록한 부분을 감지해서 그것을 **전자 신호**로 바꿔요.

❻ 변환된 신호는 컴퓨터, 텔레비전, 스피커로 보내져요.

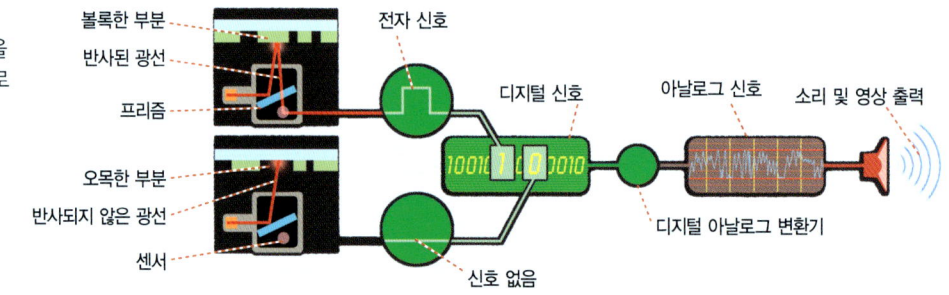

거실

원리를 알아볼까요?

14 빛과 레이저

눈으로 볼 수 있는 백색광은 태양이나 조명에서 나와요. 수많은 유색광이 섞여 있는 빛이지요. 레이저에서 나오는 광선은 백색광과는 아주 다른 빛이에요. 한 가지 색을 띠고 아주 가늘어서 정밀한 분야에 많이 쓰이고 있어요.

❶ 백색광

백색광은 7가지 무지개색이 섞여 있는 빛이에요.

유리로 된 프리즘이나 물방울, 매끈한 쟁반이나 CD 표면에 **백색광**을 쏘이면 빛이 분해돼요. 백색광 속에 있는 **유색광**들이 저마다 다르게 굴절하기 때문이에요.

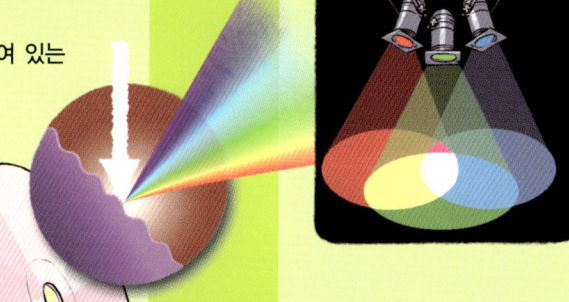

빛의 삼원색인 빨강, 초록, 파랑을 합치면 백색광을 포함해서 모든 색깔의 빛을 만들 수 있어요.

텔레비전 화면과 카메라의 수백만 가지 색깔은 **삼원색**을 이리저리 혼합해서 나온 것이에요.

❷ 레이저 광선

양쪽 끝에 거울이 있는 튜브 안에서 기체나 액체가 반사되면서 고에너지인 레이저 광선이 만들어져요.

불투명 거울은 빛을 반사하고 반대쪽에 있는 반투명 거울은 빛을 통과시켜요.

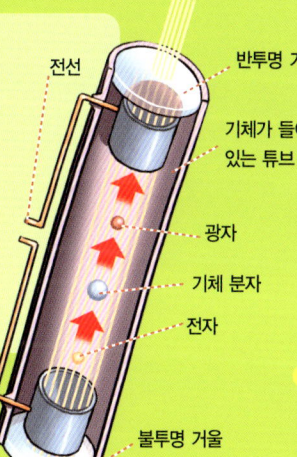

- 전선
- 반투명 거울
- 기체가 들어 있는 튜브
- 광자
- 기체 분자
- 전자
- 불투명 거울

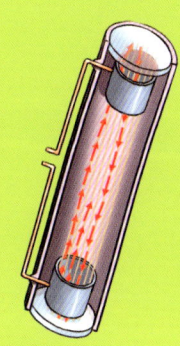

광자

1 전류가 **기체 분자**를 자극하면 빛(광자)이 발생해요.

2 전자가 **반사체**에 부딪혀 되돌아오면서 빛이 세져요.

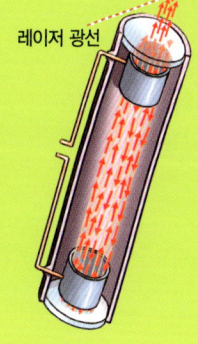

레이저 광선

3 빛의 세기가 거울을 통과할 만큼 커지면 **광선**이 만들어져요.

어디에 쓸까요?

레이저 광선은 거울과 렌즈를 사용해 조절해요.

CD 재생기와 같은 가정용 기계, 강철 절단기와 같은 산업용 기계, 의학용 기계 등에 쓰여요.

광섬유 안에서 돌아다니는 레이저 광선은 통신 데이터를 운반해요.

레이저 쇼
레이저 광선을 멀리서 쏘아서 선, 문자, 형상을 만들어 낼 수 있어요. 주변을 어둡게 해야지 레이저 빛을 볼 수 있지요.

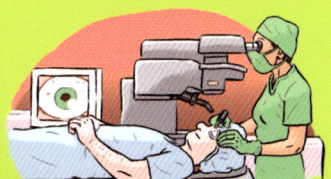

눈 수술
가는 레이저 광선으로 각막을 조금 깎아 내면 근시를 교정할 수 있어요. 눈에 치료가 필요한 부분을 레이저로 정확히 조준하면 주변 부위가 상하지 않아요.

거리 측정
인공위성이 지구에서 얼마나 떨어져 있는지 알고 싶다면 레이저 광선을 쏜 다음 다시 돌아올 때까지 걸리는 시간을 계산하면 돼요. 이 기술은 군사적인 목적으로 사용하기도 해요.

15 스피커와 마이크

똑똑 박사님, 음악이 나올 때 스피커가 진동하는 이유는 뭐예요?

소리를 내려면 공기를 진동시켜야 하기 때문이란다.
소리가 매우 커지면 스피커 전체가 진동하지.
마이크는 스피커와 정반대의 원리로 작동한단다.

❶ 스피커

스피커는 전기 신호를 진동으로 바꿔서 소리를 내요.

- ❶ **증폭기**가 전류를 스피커로 보내요.
- ❷ 전류가 **코일**을 따라 흐르면 코일이 움직이며 진동해요.
- 움직이는 코일과 고정된 자석이 만나면서 **전자석**이 만들어져요.
- ❸ 코일의 움직임이 **진동판**에 전달돼요.
- ❹ 진동판이 주변 공기를 진동시키면 **소리**가 들려요.

진동판 / 코일 / 자석

척척 박사님, 증폭기가 뭔가요?

마이크, 라디오 안테나, CD 재생기가 내보낸 약한 전기 신호를 크게 만들어서 스피커로 보내는 장치란다.

공기의 진동에 따라 고음과 저음이 나요. 크기가 작은 스피커에서는 고음이 나고 큰 스피커에서는 저음인 베이스음이 나지요.

❷ 마이크

마이크는 스피커와 정반대예요.
공기 진동을 전기 신호로 바꾸니까요.

- ❶ 목소리가 공기를 진동시키면 **진동판**과 **코일**에 진동이 전달돼요.
- ❷ 코일이 자석을 따라 움직이면서 **전류**가 발생해요.
- ❸ 마이크에 연결된 **증폭기**가 전기 신호를 크게 만들면 소리가 들려요.

진동판 / 코일 / 자석

무선 마이크 안에는 무선 송신기가 들어 있어서 전선이 필요 없어요.

거실

16 홈 시어터

홈 시어터로 영화를 보면 꼭 영화관에 온 것 같아요. 어떻게 그럴 수 있죠?

아주 간단해. 여러 개의 스피커에서 소리가 몇 초의 차이를 두고 나오기 때문이지. 소리도 아주 크고. 영화관에서처럼 말이다.

홈 시어터는 해독기인 디코더와 영화관의 분위기를 내는 여러 개의 스피커로 구성되어 있어요.

센터 스피커는 주로 대사를 내보내요.

❶ DVD 재생기와 연결된 **디코더**는 DVD에 저장된 영화의 모든 소리를 해독해요.

리모컨이 있으면 멀리 떨어져 있어도 작동시킬 수 있어요.

❷ 각 **스피커**는 디코더가 나눠서 보내는 소리를 정확한 순간에 전달받아요.

센터 스피커
서브 우퍼
DVD재생기
디코더

① 버튼을 누르면 전기 회로가 적외선 LED를 켜요.

② 보이지 않는 광선은 음량, 색상 등 지정된 명령에 따라 암호화되어 있어요.

③ 기기가 암호를 받아 명령을 **실행**해요.

서브 우퍼는 낮은음을 재생해요.

곳곳에 놓인 **스피커**가 서로 소리를 내보내면서 실제와 같은 음향 효과를 만들어 내요.

❸ 리모컨의 볼륨 버튼을 누르거나 스피커의 위치를 바꾸면 음향 효과를 조절할 수 있어요.

디코더에도 암호를 받아 들이고 명령을 읽어 내는 장치가 있지요.

똑똑 박사님의 보너스

와이드 스크린의 화면은 가로와 세로의 비율이 16대 9예요. 영화관의 스크린과 같은 비율이지요. 보통 텔레비전 화면의 비율은 4대 3이어서 영화를 보면 화면이 잘려 나가요.

이건 몰랐지요?

텔레비전 리모컨과 비디오 게임 컨트롤러의 차이점은 무엇일까요?

둘 다 빛으로 된 신호를 보내요. 하지만 비디오 게임 컨트롤러는 화면을 자유롭게 컨트롤할 수 있어요.

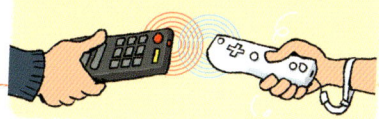

한번 해 봐요!

캄캄한 방에서 리모컨을 디지털카메라 렌즈 앞에 놓아 보세요. 리모컨 버튼을 누르면 평소에는 보이지 않던 적외선이 카메라 스크린에 나타나요. 그걸로 그림을 그려 봐요!

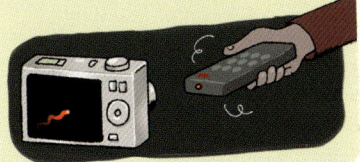

17 디지털카메라

똑똑 박사님, 디지털카메라 안은 복잡한가요?

별것 없단다. 검은 상자에 구멍이 뚫려 있고 그 구멍으로 빛이 통과한다고 생각하면 되지. 사진은 빛으로 그림을 그리는 것과 같아. 센서 때문에 빛이 이미지로 바뀐단다.

디지털카메라는 조리개와 센서의 노출 시간을 자동으로 조절해요.

격자 모양을 한 빨강, 초록, 파랑의 **필터**가 빛을 걸러 내요.

❷ 센서에 있는 **포토사이트**는 빛에 반응하고 전자 회로에 전기 신호를 보내요.

사진에 찍힌 물체의 색에 따라 각 **포토사이트**는 서로 다른 양의 세 가지 색을 감지해요. 그리고 서로 다른 전류를 내보내요.

버튼을 누르면 센서 앞에 커튼처럼 쳐진 **셔터**가 열렸다가 닫혀요.

배터리는 에너지를 공급해요.

파인더

플래시

각 전류는 **디지털 신호**로 바뀌어요. 이미지의 각 점(화소)은 위치와 색에 따라 디지털 신호가 되지요.

밝기에 따라 적당한 양의 빛이 들어올 만큼 **조리개**가 열려요.

❶ 빛과 이미지가 **렌즈**를 통해 센서로 전달돼요.

❸ 사진은 0과 1의 연속으로 **메모리 카드**에 저장돼요.

❹ 디지털 사진이 **화면**에 나타나요.

대물렌즈

전자 회로가 이미지의 방향을 바로 잡아 화면에 표시해요.

연결선으로 사진을 컴퓨터나 텔레비전 스크린으로 보낼 수 있어요.

카메라의 **렌즈**는 센서에 이미지를 만들어 내요.

줌을 해서 렌즈가 이동하면 이미지의 각도와 크기가 달라져요.

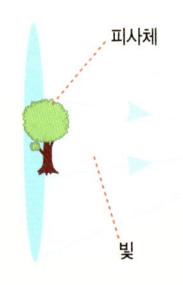
피사체
빛

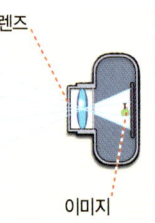
렌즈
이미지

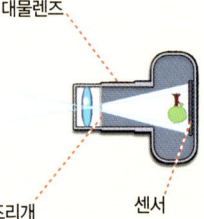
대물렌즈
조리개
센서

줌 버튼을 누르면 전기 모터가 렌즈를 이동시켜요.

서재

18 메모리

컴퓨터는 기억 장치가 있어서 데이터를 저장하기도 하고 읽기도 해요. ROM과 RAM은 컴퓨터의 주 기억장치예요. CD나 USB와 같은 휴대용 메모리에 데이터를 저장했다가 읽을 수도 있지요.

❶ 내장 메모리

데이터는 마더 보드라고도 하는 메인 보드나 하드 디스크에 저장돼요.

1 ROM
컴퓨터 작동에 필요한 데이터와 프로그램은 ROM이라는 **읽기 전용 기억 장치**에 저장돼요. 컴퓨터를 꺼도 지워지지 않아요.

2 RAM
RAM에는 데이터가 임시로 저장돼요. 컴퓨터를 끄면 내용이 사라지고 기록을 삭제하거나 변경할 수도 있어요.

3 하드 디스크
하드 디스크는 **내장형**과 **외장형**이 있어요. 하드 디스크에는 CD와 비슷하게 생긴 **플래터**가 여러 장 들어가 있어요. 이 플래터에서 데이터를 기억해요. 플래터 앞뒤에는 **액추에이터 암** (작동 팔)이 붙어 있고 액추에이터 암 끝에 붙은 **헤드**가 플래터의 표면을 이동하며 데이터를 읽거나 쓰지요.

전자석이 지나가면서 아주 작은 크기의 **자성체의 배열**에 영향을 줘요. 두 개의 자성체가 같은 방향으로 배열되면 0을, 반대 방향으로 배열되면 1이 돼요.

❷ 외장 메모리

데이터를 들고 다닐 수 있는 휴대용 메모리에 기록할 수 있어요. 전자식, 자석식, 광학식으로 저장돼요. 공인인증서와 같은 개인 **자료**를 저장하거나 문서, 동영상, 사진 등의 자료를 저장해 들고 다닐 수 있어요.

4 디스크(CD, DVD 등)
디스크는 **광학식 메모리**예요. 0과 1로 표기된 데이터가 홈에 작은 요철로 저장돼요. 요철이 있는 부분은 1, 요철이 없는 부분은 0으로 읽혀요.

5 USB 메모리
전자식 기억 장치인 USB 메모리는 전기를 계속 공급해 주지 않아도 데이터를 저장해요.

컴퓨터에 **USB 커넥터**를 꽂으면 USB가 켜져요. 꽂는 포터가 컴퓨터에 따로 있어요.

컨트롤러가 플래시 메모리와 컴퓨터의 대화를 조절해요.

플래시 메모리는 0과 1을 저장한 수백만 개의 셀을 갖고 있는 전자장치예요.

수정 진동자는 1초에 수천 번 진동해요. 플래시 메모리가 읽고 쓰는 속도를 나타내요.

- 커넥터
- 컨트롤러
- 플래시 메모리
- 수정 진동자
- 표시등

LED 표시등은 데이터 전송을 표시해요.

19 컴퓨터

똑똑 박사님, 마우스가 없으면 어떻게 노트북을 쓰죠?

손가락을 사용하면 된단다. 터치패드를 이용하거나 터치스크린을 쓰면 돼. 손가락으로 화면을 누르면 컴퓨터가 움직임을 감지하고 읽어 내지. 나머지는 컴퓨터의 전자 부품들이 다 알아서 해 준단다.

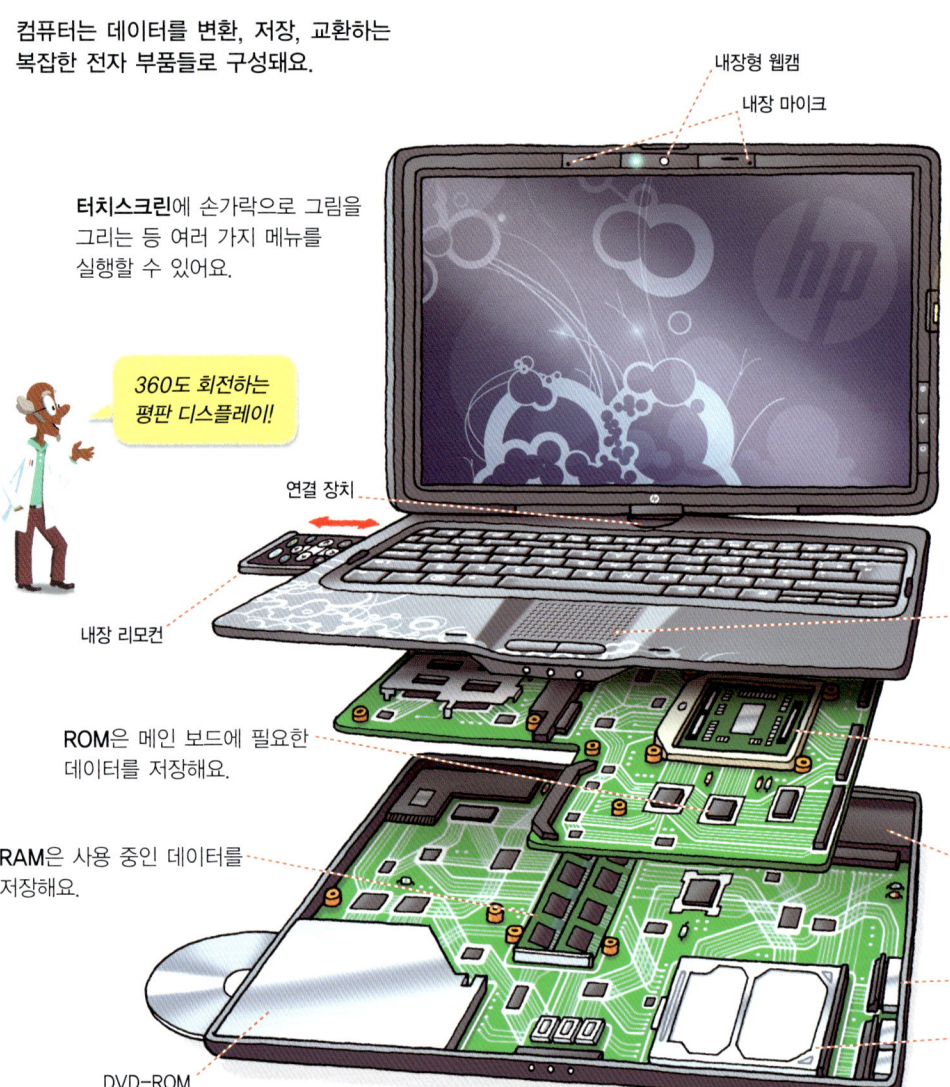

컴퓨터는 데이터를 변환, 저장, 교환하는 복잡한 전자 부품들로 구성돼요.

- 내장형 웹캠
- 내장 마이크
- **터치스크린**에 손가락으로 그림을 그리는 등 여러 가지 메뉴를 실행할 수 있어요.
- 360도 회전하는 평판 디스플레이!
- 연결 장치
- 내장 리모컨
- **생체 인식 기술**을 사용한 잠금장치가 된 노트북도 있어요. 지문이 일치하는 주인만 노트북을 쓸 수 있지요.
- **터치패드**는 터치스크린과 동일한 원리로 작동해요.
- **ROM**은 메인 보드에 필요한 데이터를 저장해요.
- **마이크로프로세서**는 데이터 전체를 처리해요.
- **RAM**은 사용 중인 데이터를 저장해요.
- **배터리**는 정보 처리에 필요한 전력을 공급해요.
- 입력 및 출력 포트
- **하드 디스크**는 프로그램과 데이터를 저장해요.
- DVD-ROM

- 전자 카드에 연결된 전극
- 전류가 흐르는 전극
- 전류

터치스크린은 쌍을 이루는 전극들이 만든 얇은 격자 막이에요. 한 전극에는 전류가 흐르고 다른 전극은 전자 카드에 연결되어 있어요. 손가락이 지나가면 전류가 한 전극에서 다른 전극으로 흘러요. 전자 카드가 움직임을 감지하고 스크린에 반영해서 화면 바뀜, 확대, 축소, 회전 등이 일어나요.

장갑을 끼고 만지면 피부의 정전기가 전달되지 않아서 소용없어요!

서재

20 마이크로프로세서

마이크로프로세서는 컴퓨터뿐만 아니라 디지털카메라, 휴대 전화, 게임기에 가장 중요한 부품이에요. 눈 깜짝할 사이에 수백만 개의 명령과 데이터를 처리하지요.

❶ 메인 보드

마이크로프로세서는 메인 보드의 집적 회로예요. 집적 회로란 두 개 이상의 소자가 기판 하나에 결합한 전자 회로예요.

마이크로프로세서가 사용하는 전기에너지는 열로 바뀌어요. 열을 식히기 위해 항상 **냉각 팬**과 함께 조립해요.

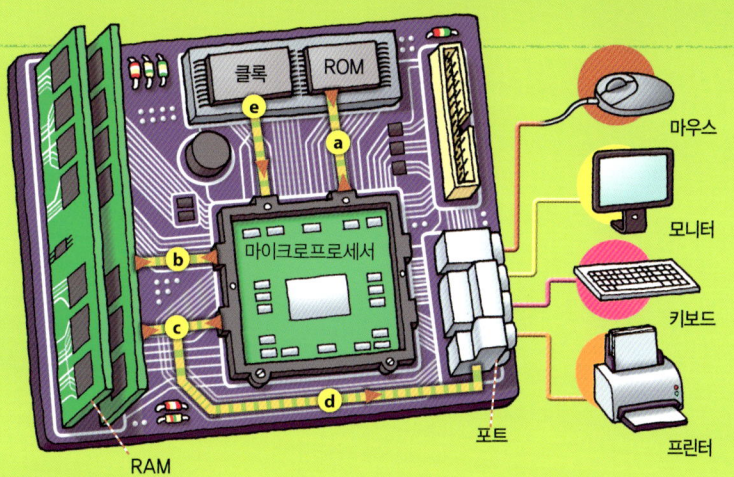

ⓔ **클록**은 '시간'이라는 뜻으로 컴퓨터의 처리 간격을 설정해 줘요. 사람으로 치면 심장과 같지요.

ⓐ **마이크로프로세서**는 ROM에서 프로그램 명령을 읽고 실행해요.

ⓑ 진행 중인 연산이나 RAM에 임시 저장된 데이터를 보관하거나 회수해요.

ⓒ **입력 장치**에서 정보를 받고 메모리에 저장된 데이터와 비교한 다음 ROM에 있는 프로그램이 지시한 명령을 실행해요.

ⓓ 화면에 있는 이미지 수정, 소리 조정, 프린트 출력 등 **출력 장치**에 명령을 보내요.

❷ 트랜지스터

마이크로프로세서 하나에는 수억 개의 트랜지스터가 들어 있어요.

트랜지스터는 전류나 전압 흐름을 조절 감수하여 증폭시키는 역할을 하는 반도체 부품이에요. 트랜지스터에는 **컬렉터**와 **이미터**라고 하는 전극이 있어요. 이미터를 통해 양전하가 들어오고, 전류가 컬렉터에 모이면 증폭이 되지요.

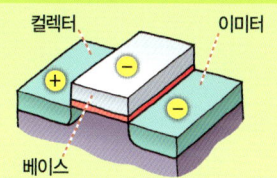

베이스에 전기가 들어오지 않을 때에는 전류가 흐르지 않아요. 트랜지스터의 상태는 0이에요.

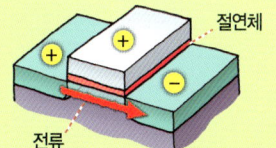

베이스에 전기가 들어오면 전류가 컬렉터와 이미터 사이에 흘러요. 트랜지스터의 상태는 1이에요.

나란히 조립된 **트랜지스터**들은 서로 연결되어 산수(덧셈, 뺄셈, 곱셈, 나눗셈)와 논리(A와 B는 같다, A는 B보다 크다, A는 B보다 작다 등) 작업을 할 수 있어요.

연산 결과는 항상 0과 1로 표시되지요.

어디에 쓸까요?

모든 자동 기계에는 프로그램의 명령을 실행하는 마이크로프로세서가 들어 있어요.

휴대 전화의 수신 지역 찾기, 통화 신호, 메시지 보내기, 알람 기능도 모두 마이크로프로세서가 해요.

계산기
숫자를 누르면 마이크로프로세서가 그 정보를 0과 1로 바꿔요. 프로그램에 있는 계산 법칙을 적용하면 결과가 화면에 나와요.

체스 게임
마이크로프로세서가 말의 움직임과 그 결과를 계산해요. 말을 옮길 수 있는 경우의 수를 살핀 다음 가장 유리한 수를 선택해요.

움직이는 로봇
걷고, 뛰고, 계단을 오르고, 춤을 추는 로봇 안에도 마이크로프로세서가 있어요. 로봇의 자세와 균형을 감지하는 수많은 센서에서 정보를 받아 모터를 작동시켜요.

21 마우스와 스피커

마우스와 키보드를 움직이거나 누를 때 컴퓨터가 어떻게 그걸 알 수 있나요?

간단하단다. 마우스가 움직임을 컴퓨터에 전하지. 키보드를 누르면 디지털 신호로 바뀌어서 컴퓨터로 전해진단다.

❶ 마우스

작은 카메라가 들어 있어서 광마우스가 움직이는 방향과 거리를 알 수 있어요.

> 마우스 패드는 화면이고 마우스는 커서라고 생각하면 돼요.

❶ 마우스 밑바닥에 있는 **표시등**이 반짝여요.

❷ 아주 작은 **카메라**가 표면을 촬영해요.

❸ **전자 칩**이 연속 촬영된 이미지를 비교해서 마우스의 움직임을 해독해요.

❹ 전자 칩이 **컴퓨터**로 정보를 보내요.

❺ 컴퓨터는 화면에 있는 **커서**에 명령을 보내요.

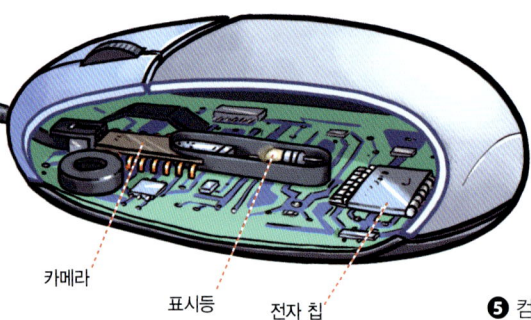

카메라 / 표시등 / 전자 칩

예전에는?

예전에는 마우스에 작은 센서 두 개가 들어가 있었어요. 센서가 공이 회전하는 것을 분석해서 마우스의 움직임을 알아냈지요.

척척 박사님의 보너스

광마우스는 카메라를 이용하기 때문에 반사가 심한 곳이나 어두운 곳에서는 잘 작동하지 않아요.

❷ 키보드

키보드의 키는 스위치예요.

❶ 키보드의 모든 **키**는 고유한 코드를 가지고 있어요. 키를 누르면 그 코드를 컴퓨터에 보내지요.

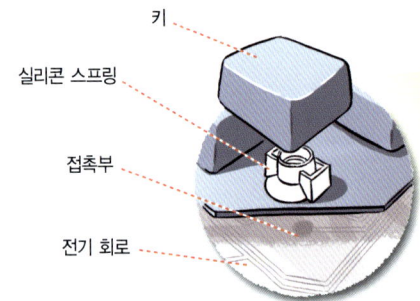

키 / 실리콘 스프링 / 접촉부 / 전기 회로

키를 누르면 **전기 접촉**이 이루어져요.

❷ 컴퓨터는 **데이터베이스**에서 코드에 해당하는 문자를 찾아요.

❸ 문자가 **화면**에 나타나요.

이건 몰랐지요?

가상 키보드를 쓰면 레이저가 책상 위에 키보드를 나타내 줘요. 적외선 센서가 손가락의 위치를 감지하고 손가락의 움직임을 컴퓨터로 보내요.

서재

22 프린터

척척 박사님, 모든 프린터는 똑같은 원리로 작동하나요?

그렇지 않단다. 종이에 잉크를 분사하는 잉크젯 프린터, 특수 잉크를 입히는 열전사 프린터, 레이저를 이용하는 레이저 프린터 등 여러 가지가 있지.

잉크젯 프린터는 액체로 된 검정 잉크나 컬러 잉크를 사용해요. 종이에 잉크를 분사시켜서 글씨나 그림을 프린트해요.

검정색과 색의 삼원색인 파랑, 빨강, 노랑 잉크를 사용해서 원하는 모든 색을 낼 수 있어요. 물감처럼 말이지요.

카트리지 / 잉크통 / 회로 / 노즐

카트리지 노즐

잉크는 전류가 흐를 때 분사됩니다.

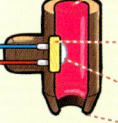
잉크통의 잉크 / 열 전도체 / 공기 방울 / 노즐

전류로 열이 발생하면 공기 방울이 부풀어요.

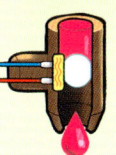
공기 방울에 밀려 잉크가 분사돼요.

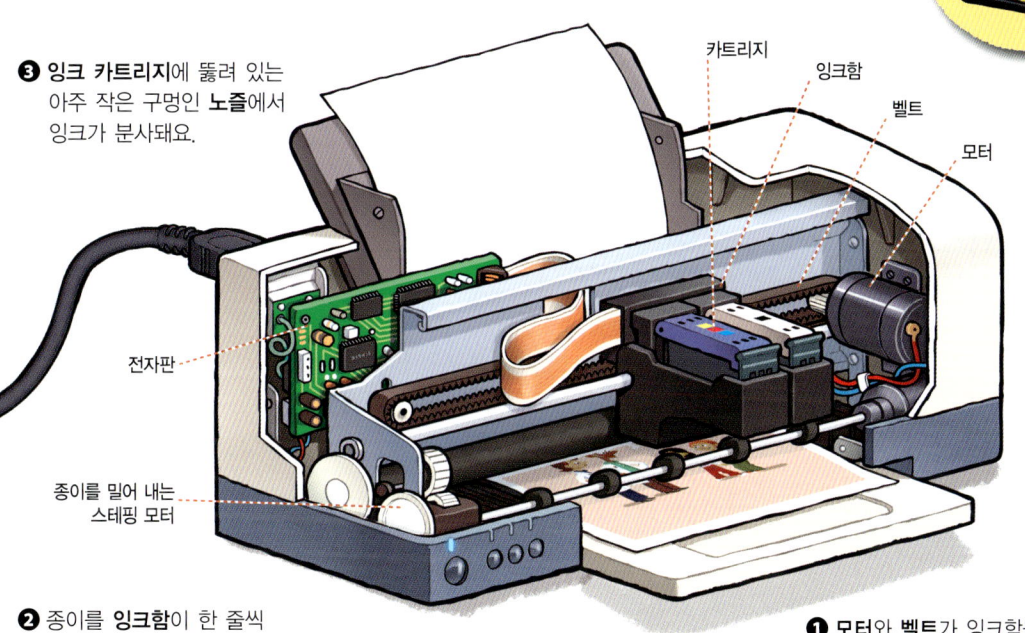

❸ 잉크 카트리지에 뚫려 있는 아주 작은 구멍인 **노즐**에서 잉크가 분사돼요.

전자판

종이를 밀어 내는 스테핑 모터

❷ 종이를 **잉크함**이 한 줄씩 훑어 내려가요.

❶ **모터**와 **벨트**가 잉크함을 움직여요.

카트리지 / 잉크함 / 벨트 / 모터

다른 종류의 프린터

열전사 프린터

열전사 프린터의 리본에는 세 가지 색깔로 된 특수 잉크가 묻어 있어요. **인쇄 헤드**가 **리본**을 아주 뜨겁게 달구면 잉크가 타면서 기체로 변해요. 세 가지 색깔이 서로 겹치면서 인쇄돼요. 코팅이 사진의 표면을 보호하지요.

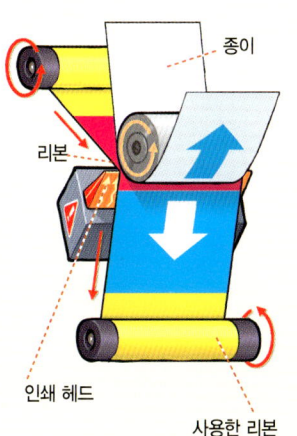
종이 / 리본 / 인쇄 헤드 / 사용한 리본

레이저 프린터

레이저 프린터의 잉크는 가루로 된 토너예요.

❶ 원통처럼 생긴 **드럼**의 표면에는 전류가 흘러요.

❷ **레이저**가 지나가면서 인쇄할 부분의 전류를 없애요. 이렇게 해서 인쇄할 서류의 정전기 이미지가 만들어져요.

❸ 드럼이 **토너** 가까이 지나가요. 토너 가루가 전류가 없어진 부분에 쌓이고 열을 받아 종이 표면에 고정돼요.

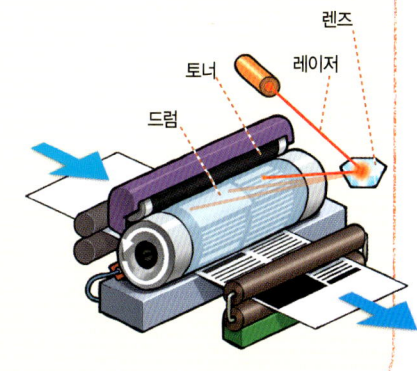
토너 / 레이저 / 렌즈 / 드럼

23 스캐너

똑똑 박사님, 스캐너는 디지털카메라 같은 건가요?

그렇단다. 스캐너와 디지털카메라 모두 디지털화 장치란다. 디지털화할 때 스캐너는 한 줄 한 줄 하지만 디지털카메라는 한꺼번에 하는 게 가장 큰 차이점이지.

스캐너는 서류의 디지털 이미지를 컴퓨터로 보내요.

❶ 서류를 **유리판** 위에 놓아요.

❷ **광선**이 움직이면서 서류를 한 줄 한 줄 훑어 내려가요.

- 디지털화할 문서
- 광원
- 유리판
- 고정 거울
- 이동 거울
- 렌즈
- 광센서

❸ 광선은 **고정 거울**과 **이동 거울**로 렌즈에 반사돼요.

스캐너가 컬러 이미지를 스캔할 때에는 단 한 번에 빨강, 초록, 파랑을 구분해요.

❹ **렌즈**는 광센서에 빛을 모아 줘요.

❺ **광센서**는 광선을 디지털 정보로 바꿔서 컴퓨터로 보내요.

❻ **컴퓨터**가 이미지를 재구성해요.

스캐너의 광센서에는 수천 개의 작은 **빛 감지기**가 들어 있어요. 각 감지기는 빛을 전기 신호로 바꾸고, 컴퓨터는 이 전기 신호를 이미지로 읽어 내요.

재미있는 이야기

자동 스캐너를 쓰면 책 페이지가 저절로 넘어가서 힘든 작업을 쉽게 할 수 있어요. 도서관에서는 그렇게 해서 많은 분량의 책을 디지털화해요.

이건 몰랐지요?

가정에서 쓰는 스캐너와 회사에서 쓰는 스캐너는 어떻게 다를까요?

서류를 디지털 정보로 바꾸는 건 똑같아요. 차이점은 광원이지요. 회사에서 쓰는 스캐너는 레이저를 쓰고, 가정에서 쓰는 스캐너는 형광등이 광원이에요.

척척 박사님의 보너스

광센서가 잡아낸 빛은 화면을 분해한 최소 단위인 '화소'로 나뉘지. 디지털 이미지에서 점 한 개라고 보면 돼요. 화소가 높을수록 이미지를 세밀하게 표현할 수 있단다.

서재

원리를 알아볼까요?

24 디지털화

컴퓨터를 비롯한 모든 디지털 기기의 소리, 음악, 이미지, 영화, 텍스트 등의 데이터는 아주 작은 단위로 쪼개져 있어요. 모든 정보는 0과 1의 연속으로 바뀌는데, 이것을 디지털화라고 불러요. 연속된 숫자들은 쉽게 처리, 저장, 전송, 복구돼요.

❶ 이미지

스캐너, 디지털카메라, 소프트웨어로 디지털 이미지를 얻을 수 있어요.

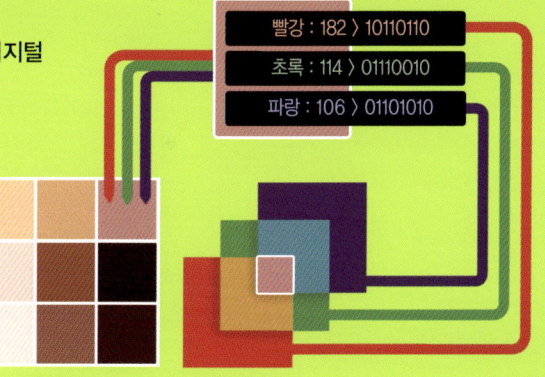

빨강 : 182 〉 10110110
초록 : 114 〉 01110010
파랑 : 106 〉 01101010

컬러 이미지의 각 화소는 **빨강, 초록, 파랑**에 해당하는 세 가지 숫자로 표시해요.
세 가지 색을 섞어서 모든 색상을 표현해요.

디지털 이미지는 아주 작은 정사각형 모양의 **화소**로 만들어져요.

화소의 색과 위치는 8, 16, 32, 64와 0이나 1을 사용해 표시해요.

척척 박사님, 해상도가 높을수록 화질도 좋은 건가요?

그렇단다. 해상도가 높을수록 이미지가 더 많이 나뉘니 더 정확해지지. 하지만 많은 저장 용량이 필요한단다. 소리도 마찬가지지.

❷ 음향

디지털 음향은 MP3, 컴퓨터, 음향 콘솔에 들어 있는 사운드 카드로 저장할 수 있어요.

샘플링은 소리를 규칙적으로 자르는 것이에요.

디지털 사운드를 암호화하는 다섯 가지 기준은 음, 음의 높이, 음의 길이, 음의 세기, 음색이에요.

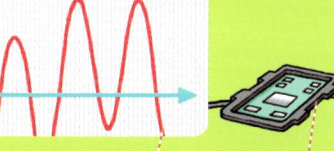
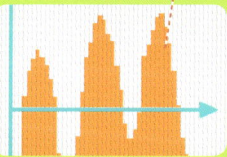

연주자 　 음파 　 마이크 　 아날로그 사운드 　 사운드 카드 　 디지털 사운드

음	11111101
음의 높이	11001001
음의 길이	00101000
음의 세기	01010101
음색	10000101

디지털화는 자른 직사각형을 암호화하는 것이에요.

어디에 쓸까요?

이미지나 소리를 디지털화하면 컴퓨터로 처리할 수 있게 돼요. 컴퓨터는 0과 1밖에 처리할 줄 모르니까요.

사진이나 동영상 같은 이미지와 소리를 디지털화하는 **소프트웨어**는 무척 다양해요.

사진 보정
이미지 소프트웨어가 있으면 사진의 화소 하나 하나를 다시 다듬을 수 있어요. 사진의 색깔과 모양을 정교하게 바꿀 수 있지요.

이미지 합성
이미지가 아주 작은 단위로 쪼개지기 때문에 입체감과 움직임까지 표현할 수 있어요. 이미지를 색다르게 만들 수도 있지요.

작곡
작곡 소프트웨어를 사용하면 악보가 디지털 파일로 저장돼요. 그렇게 하면 악보를 고쳐 쓰기 쉬워요.

인터넷

마우스 클릭 한 번이면 인터넷의 바다에서 항해를 할 수 있어요, 척척 박사님!

내 말이 그 말이다. 마우스를 한 번 클릭하면 네 컴퓨터와 인터넷 사이에서 엄청나게 빠른 속도의 커뮤니케이션이 일어나는 걸 알고 있니? 그 작용은 다른 컴퓨터들을 통해서 일어난단다.

❶ 인터넷

인터넷은 컴퓨터들이 서로 소통하며 정보를 교환하는 전 세계적인 통신망이에요. 월드 와이드 웹은 인터넷망에서 정보를 쉽게 찾을 수 있도록 해요.

컴퓨터에는 고유의 IP 주소가 있어요. 인터넷에서 사용하는 신분증이지요.

서버

컴퓨터는 **인터넷 접속 서비스 제공 업체**를 통해 인터넷에 접속해요.

PC

인터넷 접속 서비스 제공 업체는 **메일, 메신저, 사이트 검색** 등 다양한 서비스를 제공해요.

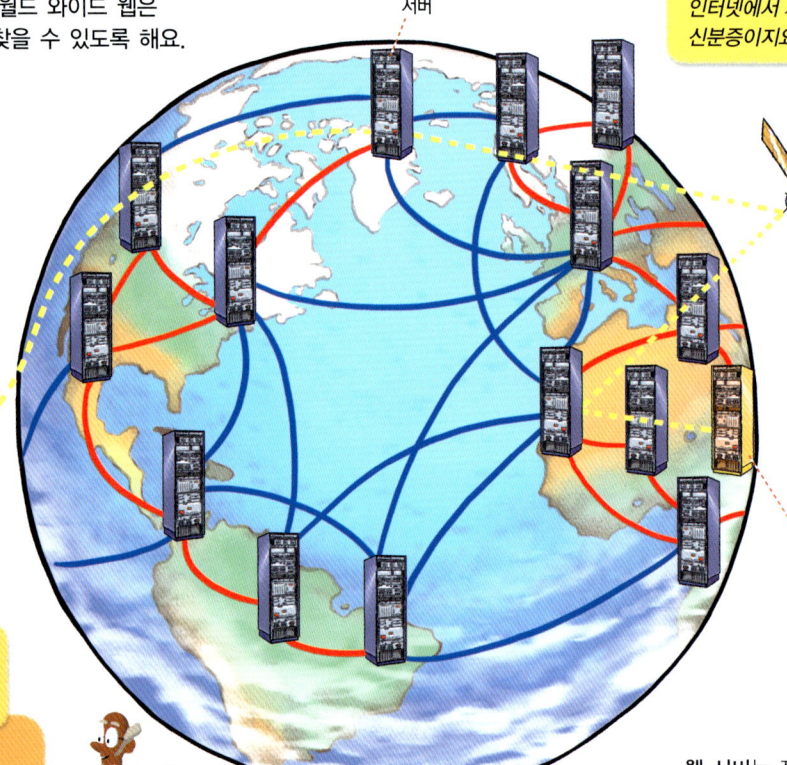

위성

컴퓨터와 서버 연결은 **케이블** 또는 **위성**을 통해 이루어져요.

웹 사이트는 전 세계에 퍼져 있는 서버에 저장돼요.

인터넷 사이트에는 어떻게 접속하나요, 척척 박사님?

사이트의 주소를 치면 된단다.
http://www.사이트 이름.co.kr
보통 이런 방식으로 구성되지.
이 주소는 정보가 저장된 컴퓨터의 IP 주소로 바뀌지.

웹 서버는 정보를 저장하고 전송할 수 있는 기계 장치예요.

❶ 컴퓨터의 **내비게이션 소프트웨어**가 인터넷에 있는 검색 엔진에서 검색을 해요.

❷ **검색 엔진**이 검색어에 맞는 문서와 주소 목록을 보내 줘요. 사용자는 원하는 정보를 찾아 클릭할 수 있어요.

❸ 문서 중 하나를 누르면 그 문서가 저장된 **서버**로 이동해요. 서버에서 정보를 제공해요.

❹ 내비게이션 소프트웨어가 문서를 화면에 띄워요. 컴퓨터 간 정보 교환에 걸린 시간은 몇 초밖에 되지 않아요.

❷ 메일

전자 우편은 인터넷의 또 다른 서비스예요. 메시지는 인터넷 접속 서비스 제공 업체를 통해 인터넷에서 오가요.

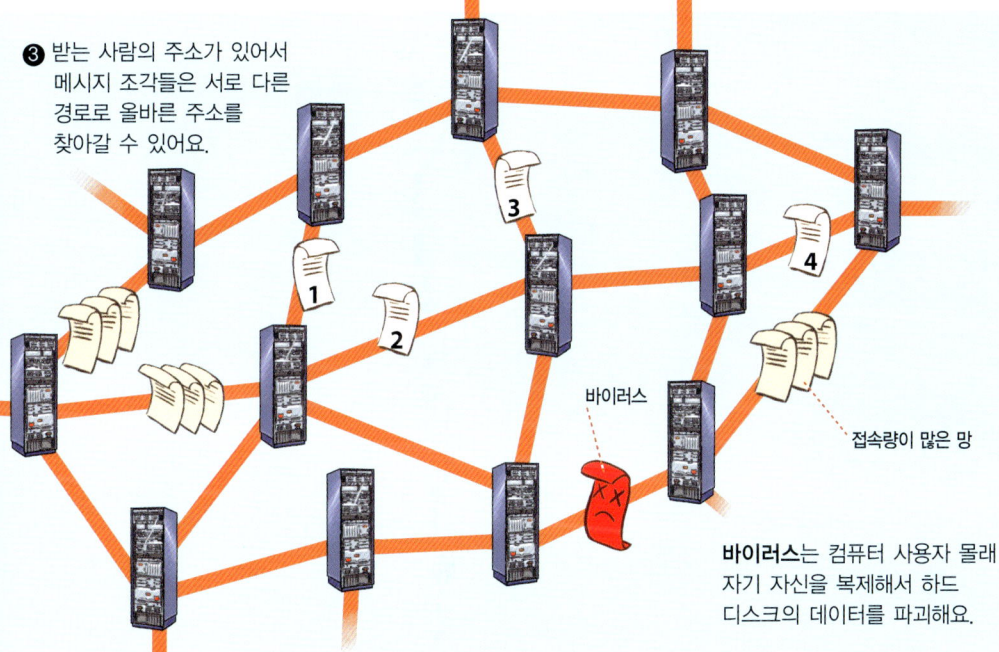

❶ **보내는 사람**이 메시지를 전송해요. 메시지는 여러 개의 **조각**으로 나뉘어요. 메시지에는 보내는 사람의 주소와 받는 사람의 주소가 있어요.

❷ 보내는 사람이 가입한 **인터넷 접속 서비스 제공 업체**의 서버가 메시지 조각을 보내요. 되도록 빠르게 전달하려고 접속량이 많은 망은 피해요.

❸ 받는 사람의 주소가 있어서 메시지 조각들은 서로 다른 경로로 올바른 주소를 찾아갈 수 있어요.

바이러스

접속량이 많은 망

바이러스는 컴퓨터 사용자 몰래 자기 자신을 복제해서 하드 디스크의 데이터를 파괴해요.

❹ 받는 사람이 가입한 **인터넷 접속 서비스 제공 업체**가 메시지 조각을 받아 저장해요.

❺ 메시지 조각에는 고유의 번호가 있어서 **받는 사람**이 볼 때는 올바른 순서대로 볼 수 있어요.

비슷하지만 달라요!

인터넷은 1960년대 초에 군사적 목적으로 개발되기 시작했어요. 핵 공격에 대비할 수 있는 소통 망을 만드는 것이 목적이었지요. 20년이 지난 뒤 IP 주소와 html 언어가 만들어지면서 웹이 탄생했답니다.

척척 박사님의 보너스

위젯은 PC, 휴대전화, 블로그, 카페 등에서 날씨, 달력, 뉴스, 게임, 주식 정보 등의 기능을 이용할 수 있도록 만든 프로그램이지. 쿠키는 방문한 사이트를 컴퓨터 하드 디스크에 저장하는 파일이란다.

재미있는 이야기

전자 우편함을 채우는 불필요한 메시지를 '스팸 메시지'라고 부르는 건 영국 코미디 그룹 '몬티 파이튼' 때문이에요. 사람들이 온통 햄 이름 "스팸, 스팸!"을 외쳐 음식을 주문하지 못하는 손님이 코미디에 등장했대요.

26 시계

똑똑 박사님, 아날로그시계와 디지털시계의 차이는 뭔가요?

시간 표시 방법만 다르단다. 모든 시계는 규칙적으로 움직이면서 시, 분, 초를 재고 에너지를 만들어 낸단다.

아래 그림은 전자시계의 한 종류인 수정시계예요. 수정을 **발진기**(일정한 전기 진동을 일으키는 장치)로 이용하여 만들었어요.

칩이 보내는 전기 자극으로 숫자가 시계 화면에 곧바로 표시되는 시계도 있어요.

예전에는?

기둥이나 벽에 거는 괘종시계를 썼어요. 시계 아랫부분에는 흔들거리는 추인 진자가 달려서 진자가 좌우로 흔들거릴 때마다 시계 안에 있는 톱니바퀴가 움직였어요.

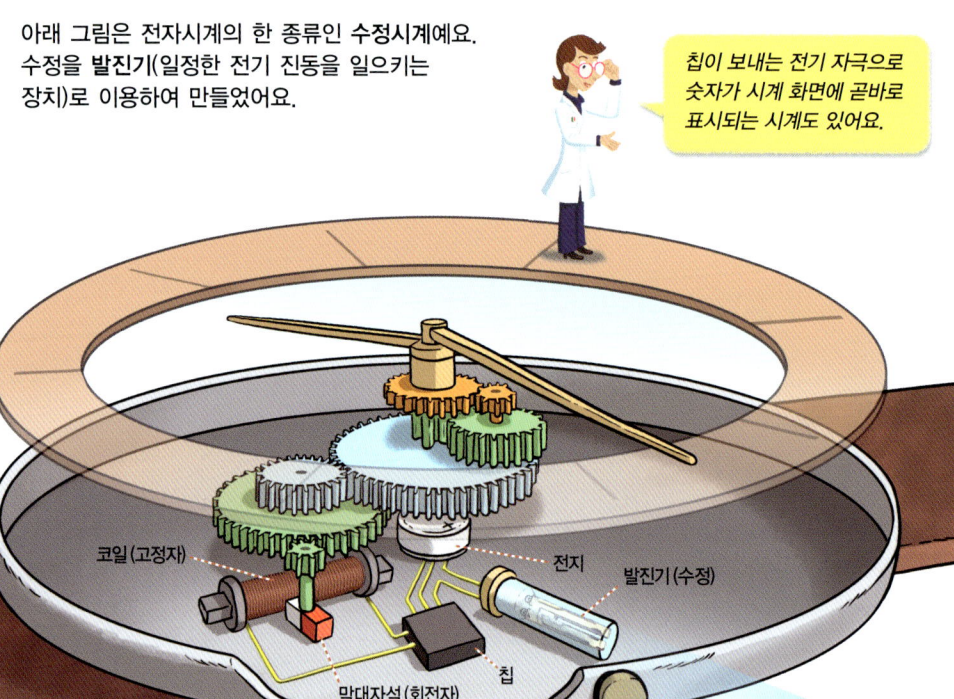

코일(고정자) / 전지 / 발진기(수정) / 막대자석(회전자) / 칩

수정은 전기 회로에 닿으면 모양이 변하는 성질이 있어요. 그래서 전류가 흐르면 수정이 진동해요.

수정 막대

코일은 금속으로, 전기 자극을 받으면 자석이 돼요. 자석과 자석이 만나 막대자석이 회전해요.

비슷하지만 달라요!

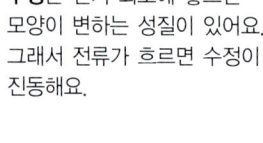

오래전부터 시간을 표시하는 다양한 시계가 있었어요. 그림자를 이용한 해시계와 물의 흐름을 이용한 물시계가 있고, 양초나 램프에 불을 붙여 그것이 탄 양을 재는 불시계도 있어요.

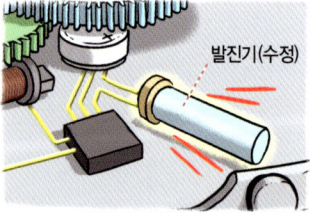

1 전지에서 나간 전류가 **수정**을 아주 빠르게 진동시켜요. 1초당 1만 6384번 진동해요.

2 **칩**은 발진기에서 온 진동의 수를 줄여서 1초에 한 번씩 코일로 전기 자극을 줘요.

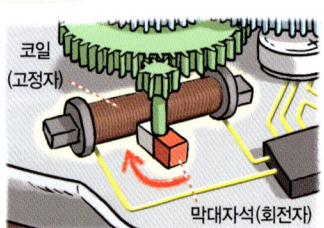

3 **코일**은 1초에 한 번씩 전기 자극을 받아 자성을 띠어요. 자석으로 만든 회전자가 조금씩 돌아가며 톱니바퀴를 움직여요.

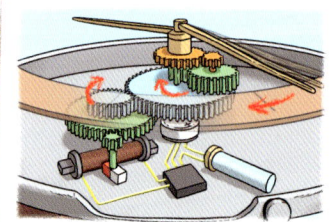

4 **톱니바퀴**들이 돌아가면서 60초에 한 번씩 분침을 움직여요. 시침은 분침보다 12배 느리게 돌아요.

27 전지와 배터리

전지와 배터리 안에 전기가 처음부터 들어 있는 것은 아니에요. 전지와 배터리가 전기를 만들어 내서 장난감이나 램프, MP3의 모터에 공급하는 것이지요. 전지와 배터리 안에서 일어나는 전기 화학 반응으로 전자와 이온이 움직이고 그렇게 해서 전기가 생산돼요.

❶ 1차 전지

전지는 양극 단자와 음극 단자에 연결된 두 개의 반전지로 구성돼요. 두 개의 반전지는 각각 양극과 음극에 해당해요. 그 안에는 여러 가지 화학 물질과 이온을 통과시키는 전해질이 들어 있어요.

전기를 띤 원자인 이온은 **전해질** 안에서 이동하고 전자는 전선 안에서 이동해요.

(그림 설명: 전류, 위 덮개(양극 단자), 아연 용기(음극), 탄소봉과 망간 산화물(양극), 격리판(전해질), 아래 덮개(음극 단자))

전지를 램프, 모터, 또는 전자 회로와 연결하면 **화학 반응**이 일어나면서 전자들이 양극과 음극 사이를 오가기 시작해요. 그렇게 해서 만들어진 전기가 기계에 공급돼요.

화학에너지가 전기에너지로 바뀌는 것이죠.

직렬연결
그림처럼 손전등에 1.5볼트짜리 건전지 세 개를 넣어 직렬로 연결하면 4.5볼트 건전지가 돼요. 전지 대부분은 직렬로 연결된 여러 개의 전지로 구성돼요.

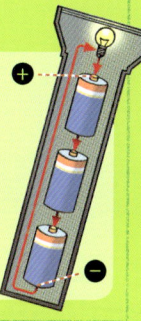

❷ 배터리

배터리는 충전 가능한 건전지가 아니에요. 배터리는 건전지와 정반대의 전기 화학 반응을 일으켜요. 전기에너지가 화학에너지로 바뀌는 것이지요.

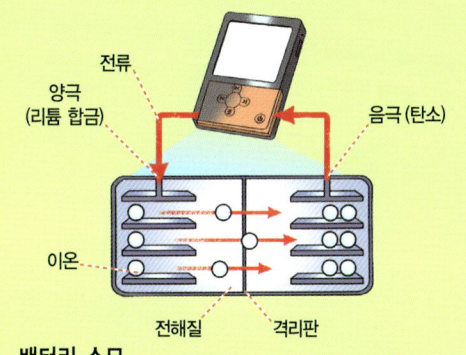

배터리 소모
MP3를 들으면 배터리가 소모돼요. 양극에 있는 리튬 이온이 모두 음극으로 이동하면 배터리가 완전히 소모된 것이에요.

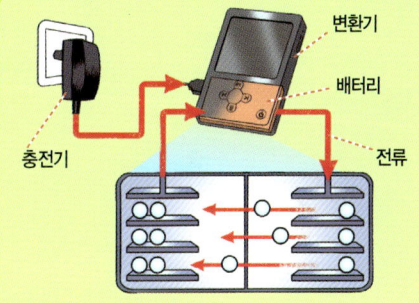

배터리 충전
MP3 충전기가 반대 방향의 전기 화학 반응을 일으키면 배터리가 충전돼요. 리튬 이온이 이동하면서 전극이 원상태로 돌아가요.

어디에 쓸까요?

전지와 배터리는 전압, 용량, 사용 시간 등에 따라 쓰임이 달라요.

기계가 얼마나 많은 전력을 소비하는가에 따라 달라지기도 해요. 예를 들어 전자시계는 게임 패드나 컴퓨터보다 전기를 적게 먹어요.

자동차 배터리
여러 개의 배터리가 연결되어 있어요. 전기를 모았다가 필요할 때마다 끌어다 쓰는 방식이에요. 시동을 걸때 배터리가 소모되고 운전을 하면 배터리가 충전돼요.

코인형 전지
코인형 전지의 장점은 크기가 작다는 것이에요. 시계와 같은 전기를 많이 먹지 않는 기계를 사용할 때 알맞아요. 재질에 따라 수명과 가격이 달라요.

망간 건전지
가장 널리 사용하는 1차 전지인 망간 건전지는 르클랑셰 전지라고도 해요. 오랜 시간 사용하기에는 좋지 않고 손전등과 같이 짧은 시간 사용할 때 써요.

28 게임기와 컨트롤러

똑똑 박사님, 게임 컨트롤러는 텔레비전 리모컨과 같은 건가요?

그렇단다. 사실 리모컨 이상이지! 게임기가 센서를 통해 컨트롤러의 위치와 움직임을 알아내고 게임 화면에 반영한단다.

무선 커넥터를 통해서 컨트롤러의 정보가 입력되고 화면과 스피커로 출력돼요.

메인 보드에 중요한 세 가지 부품인 마이크로프로세서, 메모리, 그래픽 카드가 들어가 있어요.

표시등

❹ 새로운 이미지가 **화면**에 나타나요. 소리가 나거나 컨트롤러에 달린 진동기가 진동해요.

이런 과정이 실제로는 1초에 몇 백만 번이나 일어나지요.

메인 보드
해독기

❶ **해독기**는 게임에 해당하는 디스크를 읽어요. 게임 설명이 화면에 나타나요.

블루투스 전파

❷ **버튼**을 누르거나 **컨트롤러**를 움직이면 마이크로프로세서로 정보를 보낼 수 있어요.

❸ **마이크로프로세서**가 받은 명령을 분석하고 게임 프로그램의 지시 사항에 따라 반응해요.

게임 컨트롤러는 쌍방향성이에요. 메인 보드가 있어서 게임기와 **블루투스**로 정보를 주고받아요.

전기장 / 센서 / 진자 / 가속도

가속도계가 게이머의 움직임을 해독해요. 가속도계는 센서와 진자로 구성돼요. 진자 주변에는 전기장이 흘러요.

가속이 일어나면 진자가 움직여요. 그때 일어난 전기장의 변화를 **센서**가 감지해요.

스피커와 **진동기**가 게임에서 벌어지는 일들을 소리나 진동으로 전해 줘요.

❶ **LED 표시등**에서는 눈에 보이지 않는 두 개의 빛을 계속 내보내요. 빛이 움직이지 않기 때문에 움직임을 읽는 기준이 돼요.

❷ 컨트롤러의 **센서**는 백만 개의 화소가 달린 눈과 같아요. LED 표시등에서 보내는 빛을 감지해요.

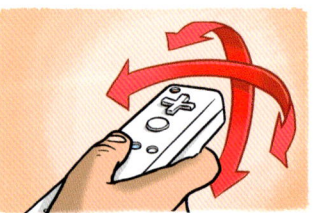

❸ **컨트롤러**가 움직이거나 화면에서 가까워지고 멀어지면 센서가 LED 표시등과 가까이 있는지, 멀리 있는지, 비슷하게 있는지 알아내요.

❹ 기준점이 있기 때문에 컨트롤러의 위치와 방향을 계산하고 **게임 콘솔**에 정보가 보내져요. 게임기는 컨트롤러의 움직임에 따라 게임을 진행해요.

29 증강 현실

척척 박사님, 증강 현실이 뭐예요?

실제처럼 보이게 하는 거란다. 컴퓨터나 휴대 전화 화면 안에서 일어나는 일이지. 증강 현실 프로그램을 이용해서 전자책을 펼쳤을 때 일어나는 일을 설명해 줄게.

❶ 컴퓨터에 웹캠을 연결하고 **증강 현실 프로그램**을 실행해요. 스마트 폰에서는 증강현실 **애플리케이션**을 다운받아요.

❷ 책을 펼쳐서 동영상으로 만들 부분을 **웹캠**이나 스마트 폰 카메라로 촬영해요.

휴대 전화의 카메라로 주변을 촬영해 저장된 프로그램으로 증강 현실을 체험할 수도 있지.

최근에는 스마트 폰으로 증강 현실을 체험할 수 있지. 게임이나 길 찾기 등 증강 현실 기술이 적용되는 분야가 점점 다양해지고 있어.

❸ 소프트웨어가 촬영한 이미지를 인식해요. 그것을 '**트래킹**'이라고 해요.

❹ 컴퓨터나 스마트 폰이 **동영상**을 재생해요.

❺ 책 속의 이미지가 3차원 입체영상으로 **화면**에 나타나요.

비디오 게임에서처럼 책 속의 이미지를 **조정**할 수 있어요. 키보드가 보낸 명령에 따라 컴퓨터의 마이크로프로세서가 이미지의 위치와 방향을 계산해요.

❶ 웹캠이 촬영한 부분이 디지털 데이터로 변환되어 컴퓨터 **비디오 캡처 보드**로 전송돼요.

❷ **3D 그래픽 카드**가 창을 만들고 웹캠에서 전송된 이미지와 실제 촬영한 듯한 헬리콥터의 3차원 입체 영상을 담아요.

❸ **증강 현실 소프트웨어**가 비디오에서 이미지를 인식해요. 이미지를 분리해서 실시간으로 헬리콥터의 위치와 방향을 계산해요.

❹ 이것으로 **3차원 입체 영상**의 배치와 헬리콥터가 보이는 각도가 결정돼요. 3차원 입체 영상이 펼쳐진 책 위에 보여요.

30 무선 장난감

똑똑 박사님, 컨트롤러가 어떻게 제가 가진 장난감만을 조정하죠?

네가 가진 컨트롤러에서 보내는 전파를 네 장난감만 해독할 수 있기 때문이란다. 무선 전파나 적외선을 이용하지. 요즘은 와이파이나 블루투스 신호를 쓰는 장난감도 나왔단다.

❶ 무선 헬리콥터

적외선 리모컨이 있어서 멀리서도 조종할 수 있어요.

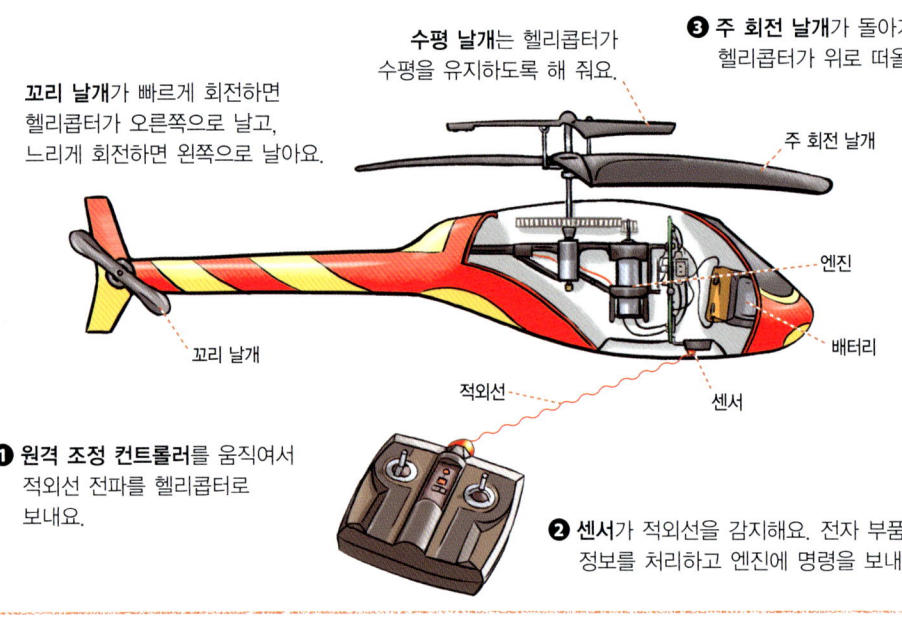

꼬리 날개가 빠르게 회전하면 헬리콥터가 오른쪽으로 날고, 느리게 회전하면 왼쪽으로 날아요.

수평 날개는 헬리콥터가 수평을 유지하도록 해 줘요.

❸ **주 회전 날개**가 돌아가면 헬리콥터가 위로 떠올라요.

- 주 회전 날개
- 엔진
- 배터리
- 적외선
- 센서
- 꼬리 날개

❶ **원격 조정 컨트롤러**를 움직여서 적외선 전파를 헬리콥터로 보내요.

❷ **센서**가 적외선을 감지해요. 전자 부품들이 정보를 처리하고 엔진에 명령을 보내요.

❷ 무선 자동차

무선 자동차에는 안테나가 달려 있어서 무선 전파를 이용해 멀리서도 조정할 수 있어요.

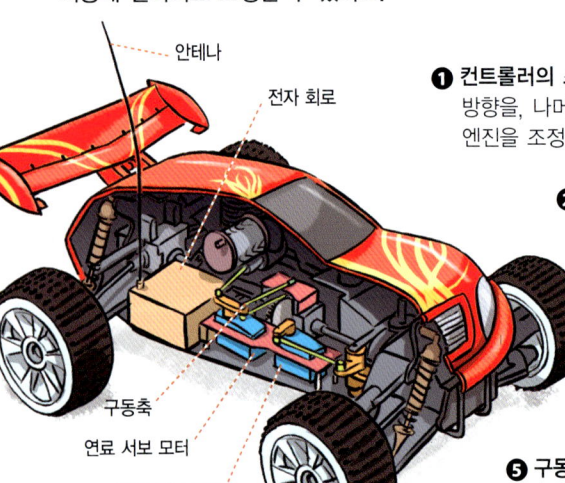

- 무선 전파
- 안테나
- 방향 스틱
- 엔진 스틱
- 안테나
- 전자 회로
- 구동축
- 연료 서보 모터
- 방향 서보 모터

❶ **컨트롤러의 스틱** 중 하나는 방향을, 나머지 하나는 엔진을 조정해요.

❷ 컨트롤러에 달린 **안테나**가 무선으로 전파를 보내요.

❸ **전자 회로**가 전파를 해독해요.

❹ 엔진인 **서보 모터**가 명령을 실행해요.

❺ **구동축**이 가속기를 작동시키거나 방향을 바꿔요.

똑똑 박사님의 보너스

원격 조정은 장난감에만 쓰이는 것이 아니에요. 무인 정찰기나 우주를 탐험하는 로봇을 조정할 때도 쓰여요.

이건 몰랐지요?

무선 자동차 경주를 할 때 왜 안테나에 깃발이 달려 있나요?

그것은 참가한 자동차의 송신기 주파수를 나타내는 깃발이에요. 한 사람이 자동차 한 대를 조정해야만 자동차들이 뒤죽박죽되지 않겠죠?

척척 박사님의 보너스

적외선 원격 조정은 무선 전파를 사용할 때보다 조정 거리가 짧아요. 몇 미터에 지나지 않지요. 태양도 적외선을 내보내기 때문에 주로 실내에서 사용해요.

방

원리를 알아볼까요?

31 전자파

전자파는 눈에 보이지 않는 파동이에요. 태양이 방출하는 전자파처럼 자연적으로 생기는 것도 있고, 전자 기계에서 인공적으로 생기는 것도 있어요.
라디오나 휴대 전화의 안테나에서 전자파를 보내고 받아요.

전자기 스펙트럼
전자기 스펙트럼은 **전자기파(전자파)**를 파장에 따라 분해하여 배열한 것이에요. 일반적인 스펙트럼은 사람의 눈으로 볼 수 있는 빛인 가시광선 영역을 다루지만, 전자기 스펙트럼은 더욱 넓은 **전자기파의 영역**을 다루지요.

가시광선의 모든 빛이 혼합되어 백색으로 보이는 **백색광**과 무지개의 **유색광**도 전자파예요.

감마선은 엑스선보다도 파장이 짧은 전자파로 큰 에너지를 가지며 강한 **투과성**을 갖고 있어요.

| 고압 전선 | 라디오 | 텔레비전 | 휴대 전화 | 레이더 | 전자레인지 | 토성 | 가시광선 | 엑스레이 | 핵폭발 |

저주파 / 라디오 주파수 / 고주파 / 마이크로파 / 적외선 / 가시광선 / 자외선 / 엑스선과 감마선

1킬로헤르츠(kHz)는 파동이 1초에 1000번 일어났다는 것을 의미해요.

저주파는 전류가 흐르는 모든 물체에서 나와요.

고주파는 항공이나 선박의 통신에 쓰여요.

사람의 몸에서도 **적외선**이 나와요.

사람의 눈에 보이지 않는 **자외선**을 볼 수 있는 곤충들도 있어요.

목소리는 전자파가 아니라 공기의 떨림으로 전달되는 기계적인 파동이지.

어디에 쓸까요?

전파 혹은 라디오파는 안테나가 만드는 전자기장이 흔들리면서 생겨요.

전파는 대기 중에서 빛의 속도로 퍼져 나가지요.

텔레비전, 전화, 라디오에서 나오는 소리나 영상을 전해 줘요.

전파가 전달되는 원리와 과정을 옆 그림으로 알아볼까요?

❶ 진행자의 목소리가 **전자 신호**로 바뀌어요. 그 신호는 전자 회로가 만든 반송파 신호와 결합해요.

❸ 산이나 건물이 나타나면 전자파가 반사돼요. 그러면 파동이 약해지기 때문에 **중계 안테나**로 파동을 키워 줘요.

❺ **라디오**의 전자 회로가 그 신호를 말이나 음악으로 변환해요.

❷ 전자 신호가 송신기 안테나의 전자를 자극해요. **전자파가** 만들어져 보내져요.

❹ 자동차나 가정의 **라디오 안테나**가 전파를 수신해요. 전자의 움직임이 송신기가 보낸 전자 신호를 재생해요.

라디오 튜너가 각 방송국에 맞는 주파수를 자동으로 찾아내요.

32 압력솥

압력솥에서 감자를 삶으면 왜 더 빨리 익어요?

감자가 천천히 익고 싶어도 그럴 수가 없단다. 압력솥 내부의 압력이 증가하면 온도도 올라가기 때문에 빨리 익을 수밖에 없지.

보통 냄비에 물을 끓이면 섭씨 100도에서 끓지만, 압력솥에서는 120도에 끓어요. 물 온도가 훨씬 높아서 요리도 빨리 되지요.

❶ 압력솥을 가열하면 물이 끓어 올라 수증기로 변해요. 그러면 압력이 올라가요.

❷ 물 온도가 섭씨 120도가 되면 압력이 높아지면서 압력 밸브를 밀어 올려요. 압력 밸브가 회전하면서 압력을 낮춰 주어 솥이 폭발하는 것을 막아 주지요.

죔쇠

고무 패킹

❸ 안전밸브는 압력 추가 막혀서 압력이 낮아지지 않을 때 작동해요.

똑똑 박사님, 압력 밸브는 왜 빙글빙글 도나요?

수증기는 압력 밸브의 여러 구멍으로 빠져나간단다. 이때 수증기 압력이 밸브를 빙글빙글 돌게 하지. 정원의 스프링클러를 바닥에 놓고 물을 틀면 스프링클러가 물의 압력 때문에 춤추듯 회전하는 것과 똑같아.

비슷하지만 달라요!

압력솥 뚜껑은 죔쇠로 고정하는데, 뚜껑을 올린 다음 죔쇠를 돌려서 잠그는 방식이 있고 뚜껑과 솥의 아귀를 맞춰 잠그는 방식이 있어요.

점쇠형

손잡이형

예전에는?

프랑스의 발명가 드니 파팽은 1679년에 압력을 이용한 찜통을 발명했어요. 압력솥의 조상격인 이 찜통은 1953년이 되어서야 압력솥으로 대량 생산되기 시작했어요.

척척 박사님의 보너스

높은 온도 때문에 압력솥으로 속옷이나 식기를 소독할 수 있어. 외과용 수술 도구 또는 통조림의 멸균 처리에도 사용되지. '가압 증기 멸균기'라고 부르는 큰 고압 용기를 사용해.

부엌

33 커피 메이커

척척 박사님, 여러 종류의 커피 메이커는 서로 어떻게 다른가요?

모든 커피 메이커는 여과한다는 점에서 같단다. 뜨거운 물이 커피를 통과하는 것이지. 하지만 뜨거운 물이 어떤 방법으로 커피에 여과되느냐에 따라서 종류가 나뉜단다.

드립식 커피 메이커 물통의 물이 끓으면 끓는 물이 관을 타고 올라가 갈아 놓은 원두커피 위에 일정한 간격으로 떨어져요. 만들어진 커피는 따뜻하게 보관돼요.

물통

❶ **밸브**는 **전열선**이 뜨겁게 가열한 관으로 물이 조금씩 들어가도록 조절해요.

밸브

전열선

❷ 가열된 물은 **수증기**로 변해 관을 타고 올라가요.

❸ 끓는 물이 갈아 놓은 **원두커피**를 통과해요.

❹ **종이 필터**로 커피 찌꺼기가 떨어지지 않게 막아요.

❺ 바닥에 있는 **전열선**으로 가열된 **보온 판**이 커피를 식지 않게 해요.

드립식 커피 메이커는 원두커피 가루에 물을 넣어 커피를 우려내지. 차를 우려내는 것과 똑같단다.

여러 종류의 커피 메이커

모카 포트

아래쪽 물통에 물을 끓여요. 수증기 부피가 커지면 물이 관을 타고 올라가요.

올라간 물은 필터와 원두커피 가루를 통과해요. **위쪽 통**에 고인 커피를 마시면 돼요.

프렌치 프레스

구멍이 뚫린 **피스톤**을 밑으로 내리면 원두커피 찌꺼기는 피스톤 아래로 분리돼요.

에스프레소 기계

펌프가 물통의 물을 올려 가열기로 보내요. 고압의 끓는 물이 필터 받침에 든 커피를 통과해요.

필터 받침
가열기
펌프

34 토스터

똑똑 박사님! 빵이 다 구워지면 저절로 튀어나와요!

자동이기 때문이란다. 토스터 안에는 가열 시간을 조절하는 온도 조절 장치가 있지. 전기로 작동하는 전자석이 용수철을 밀어내기 때문에 빵이 튀어 오르는 거란다.

토스터는 서로 연결된 점등 회로와 소등 회로로 작동해요.

❶ 손잡이를 내리면 **스위치**가 눌리면서 전기 접촉이 일어나고 전기가 들어와요.

❷ **전자석**이 용수철을 막고 있는 금속 조각을 잡아 당겨요.

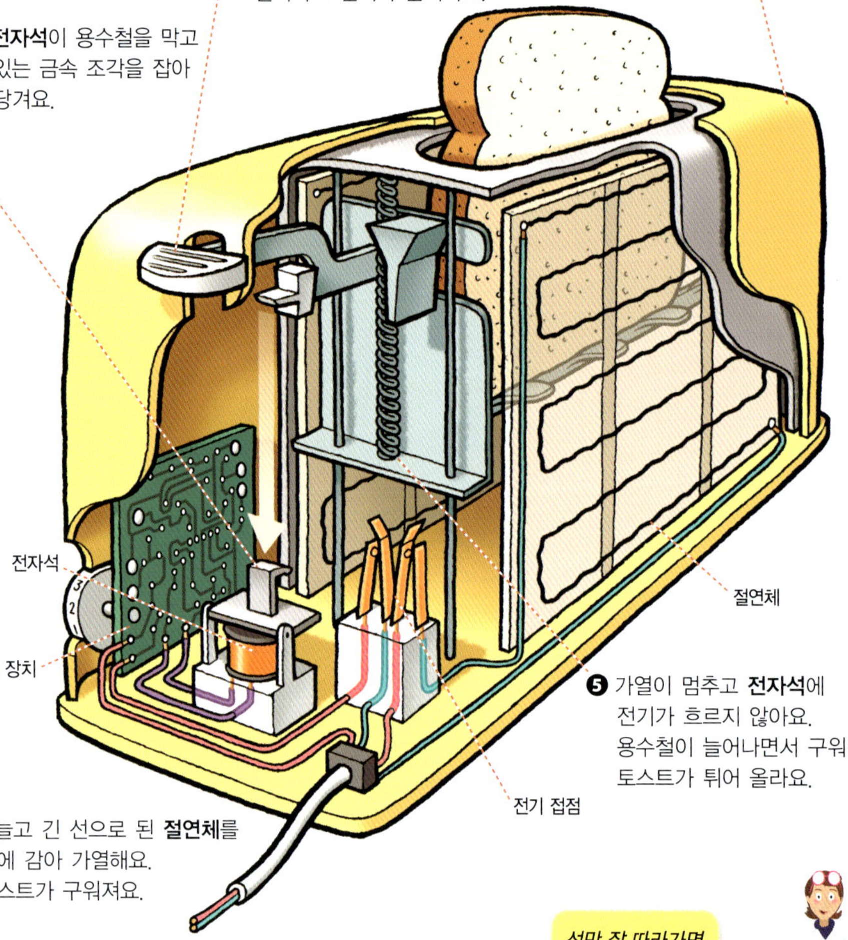

덮개는 전기가 통하지 않는 절연체와 불이 붙지 않는 불연소성 재료로 만들어요.

전자석

온도 조절 장치

절연체

전기 접점

❸ 가늘고 긴 선으로 된 **절연체**를 판에 감아 가열해요. 토스트가 구워져요.

❹ 일정 온도에 이르면 **전자 온도 조절 장치**가 회로를 차단해요.

❺ 가열이 멈추고 **전자석**에 전기가 흐르지 않아요. 용수철이 늘어나면서 구워진 토스트가 튀어 올라요.

선만 잘 따라가면 회로를 이해할 수 있어요!

한번 해 봐요!

전자석은 아주 쉽게 만들 수 있어요. 전선을 못 같은 금속 조각에 감고 전지에 연결하면 돼요.

비슷하지만 달라요!

기중기에 전자석을 달아 놓기도 해요. 고철을 옮기는 데 아주 편리하거든요. 스위치만 누르면 자석이 고철을 끌어올리기도 하고 내려놓기도 해요.

예전에는?

예전에는 초인종에도 전자석을 사용했어요. 전자석이 종을 울리는 작은 망치를 작동시켰지요. 자동차 문이나 열분해를 하는 전기 오븐의 전기 기계식 자물쇠에도 전자석이 들어 있어요.

부엌

원리를 알아볼까요?

35 기계 장치

토스터, 핸드믹서, 자물쇠, 자전거는 모두 기계 장치로 작동해요. 기계 장치는 운동 에너지를 전달, 변환하고 그 힘을 줄이거나 키우는 부품들로 이루어져 있어요. 아래와 같은 기계 장치를 일상생활에서 볼 수 있어요.

❶ 지렛대 – 병따개

받침점을 중심으로 움직이는 단단한 지렛대는 힘들이지 않고 물체를 들어 올릴 수 있어요.

지렛대가 길수록 힘이 적게 들어 가지.

❷ 나사 – 코르크 마개 따개

나사는 회전운동을 병진운동으로 바꿔요.

손잡이를 돌리면 **나사**가 코르크 속으로 들어가요.

막대가 내려가고, **랙의 톱니**가 날개를 들어 올려요.

날개는 마개를 쉽게 들어 올릴 수 있는 지렛대예요.

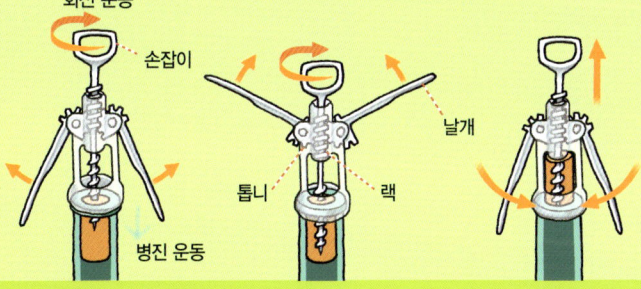

❸ 웜 – 핸드믹서

웜이 회전하면 톱니바퀴가 돌아가요.

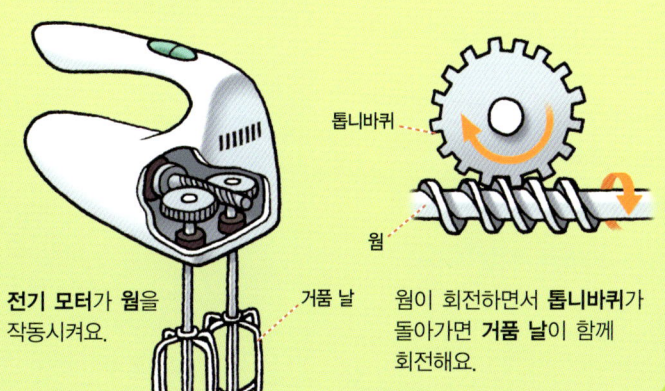

전기 모터가 **웜**을 작동시켜요.

웜이 회전하면서 **톱니바퀴**가 돌아가면 **거품 날**이 함께 회전해요.

❹ 톱니바퀴 – 채소 탈수기

채소 탈수기는 톱니바퀴 장치예요. 하나의 톱니바퀴가 돌면서 다른 톱니바퀴를 회전시켜요. 톱니의 크기에 따라 회전 속도가 빨라지거나 느려져요.

손잡이를 돌리면 큰 톱니바퀴가 돌면서 작은 톱니바퀴를 회전시켜요.

큰 톱니바퀴가 한 번 돌 때 작은 톱니바퀴는 세 번 회전해요.

세 개로 갈라진 **막대**가 돌아가요. 바구니는 작은 톱니바퀴의 속도에 맞춰 회전해요.

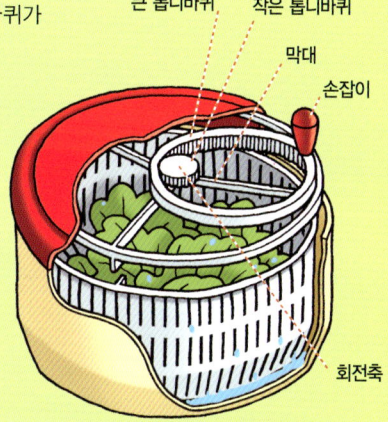

채소들이 **원심력** 때문에 바구니 벽으로 밀려나요. 물기가 제거돼요.

❺ 크랭크 – 전기톱

크랭크는 회전 운동을 왕복 운동으로 바꾸는 기계 장치예요.

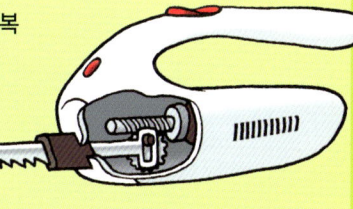

모터에 연결된 축 끝에 **웜**이 달려 있어요. 회전 운동이 **톱니바퀴**에 전달돼요.

크랭크 핀이 톱니 바퀴와 함께 회전해요. **크랭크**를 핀이 잡아당기거나 밀면서 움직여요.

두 개의 칼날이 **왕복 운동**을 하면서 고기를 썰어요.

36 전자레인지

전자레인지에서 몇 분만 돌리면 음식이 금방 데워져요. 어떻게 된 거죠?

간단해. 전자레인지가 음식에 들어 있는 분자와 물을 자극하는 거란다. 그렇게 해서 열이 발생하면 음식 온도도 올라가지.

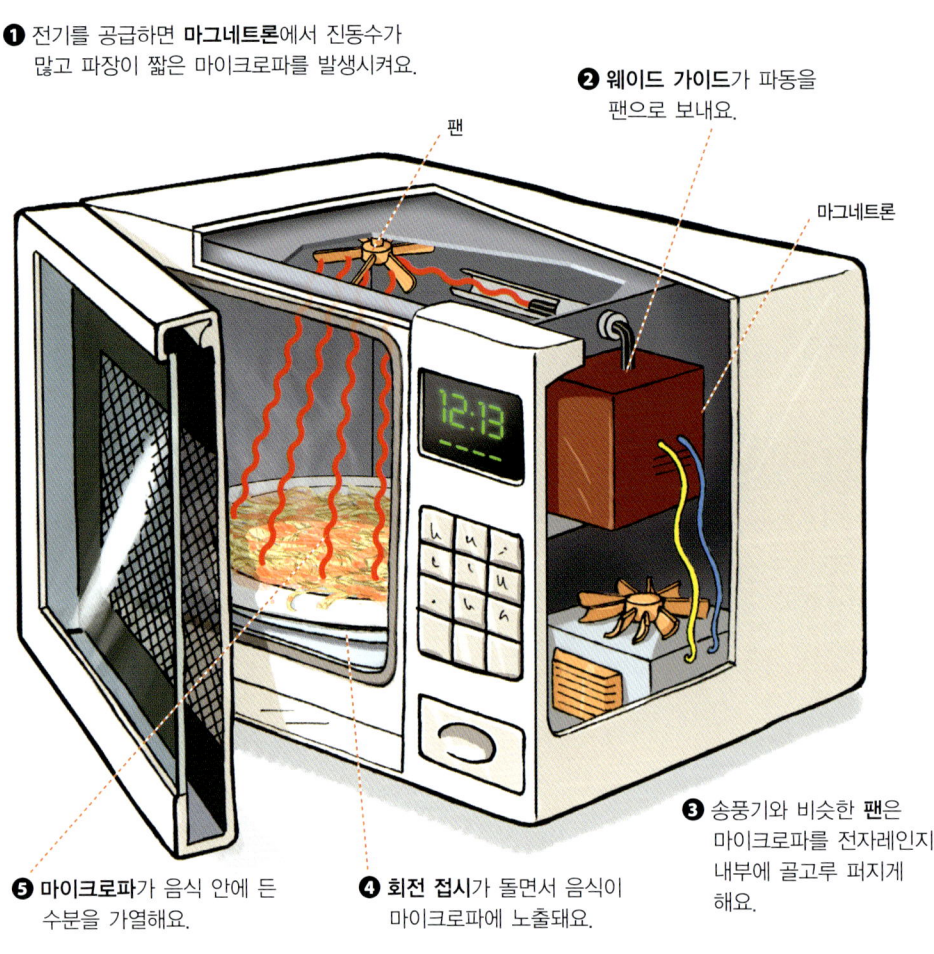

❶ 전기를 공급하면 **마그네트론**에서 진동수가 많고 파장이 짧은 마이크로파를 발생시켜요.

❷ **웨이드 가이드**가 파동을 팬으로 보내요.

❸ 송풍기와 비슷한 **팬**은 마이크로파를 전자레인지 내부에 골고루 퍼지게 해요.

❹ **회전 접시**가 돌면서 음식이 마이크로파에 노출돼요.

❺ **마이크로파**가 음식 안에 든 수분을 가열해요.

이건 몰랐지요?

전자레인지에 달걀을 넣고 돌리면 왜 달걀이 터질까요?

달걀 안의 물이 수증기로 변하면서 압력이 커지기 때문에 달걀이 터지는 거랍니다.

재미있는 이야기

1940년대에 영국인 퍼시 스펜서는 길이가 아주 짧은 전파를 이용하여 항공기를 살피는 레이더를 연구하고 있었어요. 어느 날 마이크로파 발생 장치에 가까이 다가갔더니 초콜릿이 녹고 옥수수도 금세 팝콘으로 변했어요. 그걸 이용해 전자레인지를 발명했어요.

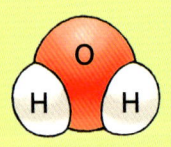

물 분자(H₂O)는 **수소**(H) 원자 두 개와 **산소**(O) 원자 하나로 이루어졌어요.

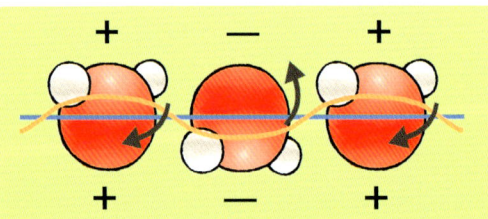

마이크로파의 영향을 받으면 **양전하(+)**와 **음전하(−)**는 서로 반대 방향으로 끌려가요. 물 분자는 1초에 30억 번 회전하면서 **가열**이 돼요. 음식안에 있는 지방, 탄수화물, 단백질도 데워져요.

왜 전자레인지에 포크를 넣으면 안 되나요?

전자레인지 내부의 벽처럼 편평한 금속판은 마이크로파를 반사하지만 포크처럼 굴곡이 있는 금속 물체는 불꽃을 일으키기 때문에 위험하단다.

부엌

37 인덕션 레인지

> 냄비가 끓고 있는데 레인지는 뜨겁지 않아요. 정말 놀라워요!

인덕션 레인지 밑에는 냄비의 쇠를 자극하는 일종의 자석이 들어 있단다. 냄비는 순식간에 가열되지. 하지만 레인지 상판은 전혀 자극을 받지 않는단다. 상판이 미지근한 이유는 냄비의 열 때문이야.

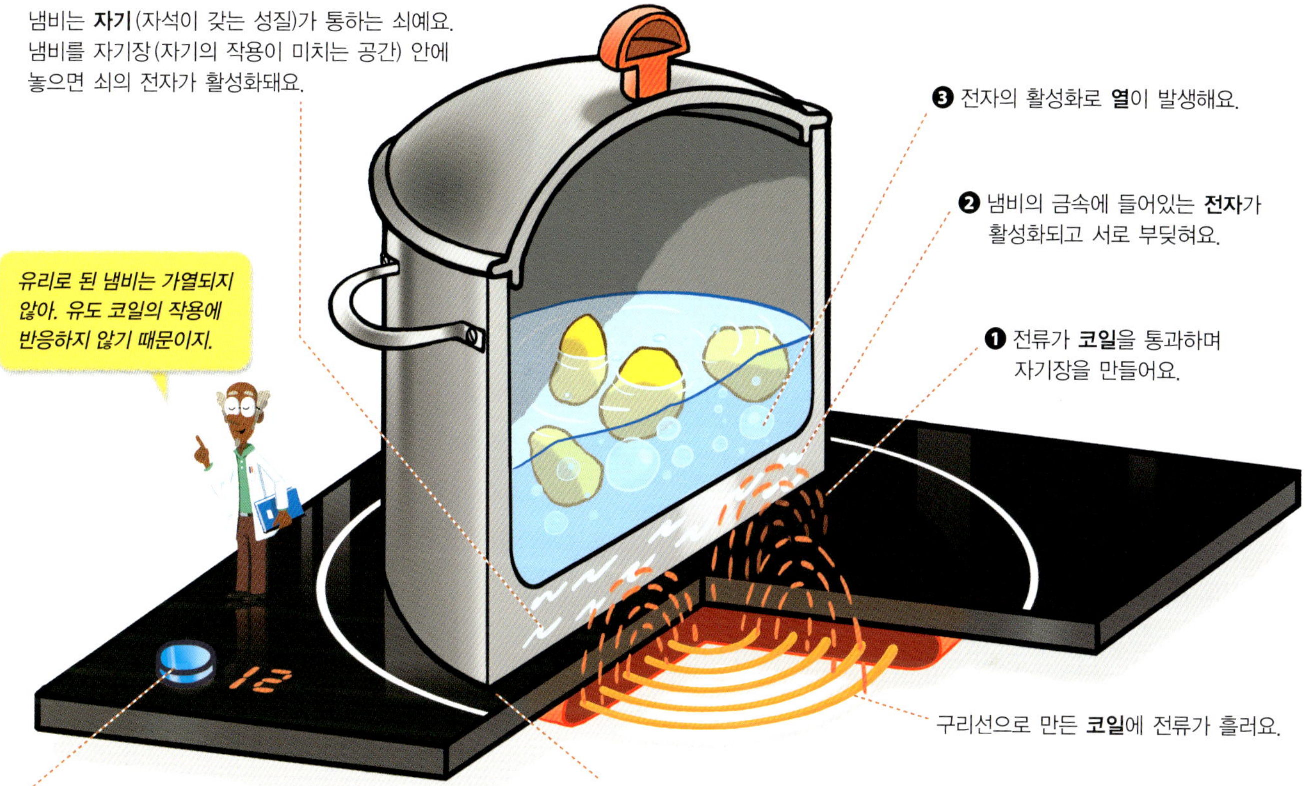

냄비는 **자기**(자석이 갖는 성질)가 통하는 쇠예요. 냄비를 자기장(자기의 작용이 미치는 공간) 안에 놓으면 쇠의 전자가 활성화돼요.

❸ 전자의 활성화로 **열**이 발생해요.

❷ 냄비의 금속에 들어있는 **전자**가 활성화되고 서로 부딪혀요.

❶ 전류가 **코일**을 통과하며 자기장을 만들어요.

유리로 된 냄비는 가열되지 않아. 유도 코일의 작용에 반응하지 않기 때문이지.

구리선으로 만든 **코일**에 전류가 흘러요.

상판은 높은 온도에도 팽창하지 않는 **특수 유리**로 되어 있어요.

자기장의 강도로 **온도**를 조절할 수 있어요. 그렇게 되면 전자들도 활성화가 더 많이 되거나 더 줄어들어요.

다른 조리기

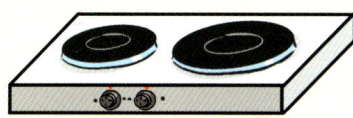

전기레인지
주철 상판이 밑에 있는 **전열선**에 의해 가열돼요. 전열선을 통과하는 전기가 전열선의 원자를 활성화시켜요. 상판이 가열되면서 빨갛게 달아오르고 그 열을 주철 상판에 전달해요.

원적외선 레인지
인덕션 레인지와 비슷하게 생겼지만, 원적외선 레인지는 훨씬 빠르게 가열돼요. 빛으로 침투해서 열을 내는 방식이에요. 수분 증발을 막아 영양소를 살릴 수 있어요.

가스레인지
가스가 연소하면서 나오는 파란 불꽃이 냄비를 가열해요. 일산화탄소와 같은 유해가스가 나오기 때문에 후드를 열고 조리하는 것이 좋아요.

38 식기세척기

똑똑 박사님, 식기세척기 안에서 이상한 소리가 들려요. 무슨 소리죠?

식기세척기 문이 투명하다면 세척, 헹굼, 건조가 자동으로 이뤄지는 과정을 다 볼 수 있을 텐데 아쉽구나. 투명한 문이 달린 식기세척기가 어떻게 설거지를 하는지 한번 들여다보렴.

❶ 식기세척기 통에 물이 가득 차면 **센서**가 물의 높이를 감지해서 물의 공급을 중단해요.

❷ **전열선**이 물을 가열해요. 온도가 어느 정도 올라가면 **온도 조절기**가 가열을 멈춰요.

❼ **전열선**이 통과 식기를 가열해요. 건조가 시작돼요.

통은 스테인리스 스틸이라서 녹이 슬지 않아요.

명령 버튼

노즐
필터
전열선
펌프

물 공급 센서
급수 밸브

❸ 세척이 시작돼요. **펌프**가 통 밑에 있는 물을 끌어올려 **노즐**로 보내요. 노즐의 구멍에서 물이 분사될 때 그 압력에 의해 노즐이 회전하면서 식기에 물이 뿌려져요.

❻ 통에 깨끗한 물이 차요. 전열선이 다시 물을 가열해요. 헹굼을 위해 노즐이 다시 빙글빙글 돌기 시작해요.

❺ **펌프**가 세척이 끝난 물을 빼내요. 그것을 배수라고 해요.

❹ **분사된 물**이 식기에 묻은 찌꺼기를 벗겨 내요. 세제가 기름때를 제거해요.

식기세척기는 생각보다 물을 많이 사용하지 않지. 세척을 위해 한 통, 헹굼을 위해 한 통을 쓸 뿐이야.

이건 몰랐지요?

식기세척기와 세차장의 자동 세차기 차이는 무엇일까요?

작동하는 원리는 같아요. 한 가지 차이점은 세차장의 자동 세차기는 세척, 헹굼, 건조가 터널 같은 기계 속에서 차례대로 이루어진다는 것이지요.

비슷하지만 달라요!

초음파 세척기는 식기세척기와 비슷해요. 초음파를 이용해서 진동을 일으켜 더러움을 제거하지요.

척척 박사님의 보너스

식기세척기는 전용 세제가 있어요. 헹굼 세제도 따로 있지요. 수돗물에 있는 염소 성분이 씻겨서 유리잔에 물 자국이 남지 않아요.

부엌

39 냉장고

냉장고 뒷면이 뜨거워요. 왜 그렇죠, 척척 박사님?

냉장고 속 음식물이 가진 열에너지를 바깥으로 내보내기 때문이란다. 온도를 낮추는 물질인 냉매가 아주 중요한 역할을 하지. 냉장고 안을 돌며 주변의 열을 흡수한단다.

냉매는 냉장고 안을 순환하면서 액체에서 기체로, 기체에서 다시 액체로 반복하며 상태가 변해요.

대류 운동이 일어나지 않으면 위에 있는 음식물은 얼고 밑에 있는 음식물은 미지근해져요.

냉장고 위쪽과 아래쪽 온도가 달라서 냉장고 내부의 공기가 순환해요. 더운 공기는 위로 올라가고 차가운 공기는 아래로 내려가요. 그것을 **대류 운동**이라고 해요.

모세관
증발기
온도조절기

냉장고 문을 열면 외부의 따뜻한 공기가 들어가 냉장고 내부 온도가 올라가요. 그러면 **온도 조절기**가 **압축기**를 작동시켜요. 냉매가 움직이기 시작해요.

음식물들의 열이 **증발기**에서 매우 차가운 **냉매**와 만나요. 액체 상태의 냉매는 열에너지를 흡수해서 기체 상태로 변해요.

냉매는 음식물을 잘 보존할 수 있는 낮은 온도가 될 때까지 긴 **배관**을 순환해요. 온도 조절기가 압축기를 멈춰요.

❶ 액체 상태의 냉매가 **증발기**에서 음식물과 접촉해서 열에너지를 흡수하면 기체 상태가 돼요.

대류 운동
응축기

❷ 기체 상태의 냉매는 **압축기**에서 압축되어 응축기로 보내져요.

❸ 바깥쪽에 있는 **응축기**의 긴 나선 모양 관에서 냉매가 식으면서 다시 액체 상태가 돼요. 그래서 냉장고 뒷면이 뜨거워지는 것이에요.

전기 조절 장치
모터
압축기

❹ **모세관**에 이르면 냉매는 압력과 온도가 낮아져 아주 차가운 액체 상태가 돼요.

원리를 알아볼까요?

물질의 상태 변화

물질은 **고체, 액체, 기체** 상태로 존재해요. 물질의 상태는 온도와 압력에 따라 변할 수 있어요.

물질의 상태는 물질을 이루고 있는 원자나 분자가 서로 얼마나 강하게 뭉쳐 있는가에 달려 있어요. 물을 예로 들어 볼까요?

얼음이 된 물 분자들은 서로 강하게 결합되어 있어요. 물은 **고체** 상태예요.

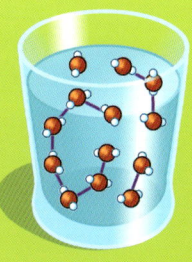

액체 상태가 된 물 분자들의 결합력은 조금 더 느슨해요.

수증기가 된 물 분자들은 흩어져서 따로 따로 놀아요.

40 수도꼭지, 트랩, 전기온수기

똑똑 박사님, 물은 어떻게 수도꼭지에서 나와요?

깨끗한 물이 두 개의 관을 타고 온단다. 하나는 따뜻한 물, 또 하나는 차가운 물을 운반하는 관이지. 대신 쓰고 버린 물이 흘러가는 하수관은 한 개란다.

❶ 수도꼭지
흘러내리는 물의 양을 조절해요.

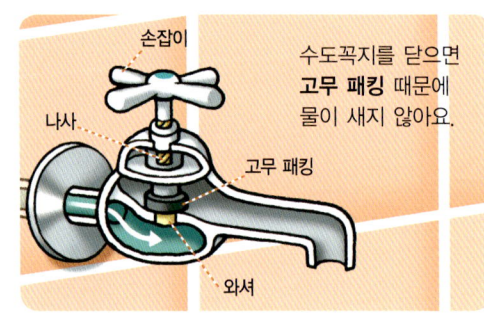

수도꼭지를 닫으면 **고무 패킹** 때문에 물이 새지 않아요.

수도꼭지를 돌리면 나사가 **와셔**를 들어 올려요. 물이 흐르기 시작해요.

❷ 트랩
누운 S자 형으로 꺾인 트랩에서 물이 마개 역할을 해 줘요.

하수관의 악취가 올라올 수 없어요.

❸ 전기온수기
온수기의 전열선이 물통의 물에 열을 전해 줘요.

❶ 차가운 물이 온수기 아래쪽에서 들어와요.

❷ 전열선이 따뜻하게 데운 물이 **대류 운동**으로 위로 올라가요.

❸ 수도꼭지에서 온수를 틀면 **뜨거운 물**이 빠져나가요. 다시 차가운 물이 물통에 채워지면서 가열돼요.

- 냉수 급수
- 온수 배수
- 대류 운동
- **전열선**이 물과 직접 닿아요.
- **온도 조절 장치**가 전열선을 작동시켜요.
- **물통**은 열이 쉽게 전달되지 않는 전열체로 되어 있어요. 열이 밖으로 빠져 나가지 않아 뜨거운 물이 보온돼요.

❹ 온도 조절 수도꼭지
카트리지식 온도 조절 수도꼭지로 원하는 물 온도를 맞출 수 있어요.

❶ **온도 조절 버튼**이 물이 나오는 곳의 위치를 정해요.

❷ 뜨거운 물과 차가운 물이 **수도관**을 통과해요.

❸ 섞인 물 온도에 따라 **고무**가 팽창하거나 수축해요.

❹ **워셔**가 이동하면서 뜨거운 물과 차가운 물이 빠져나가게 해요.

- 워셔
- 온수 급수
- 카트리지
- 냉수 급수

욕실

41 변기

변기의 버튼을 누르면 물이 내려가요. 어떻게 해서 물이 다시 채워지죠?

자동으로 채워진단다. 물이 어느 정도 채워지면 급수 밸브가 저절로 잠기지. 변기 수조에 수위 조절 장치가 있기 때문이란다.

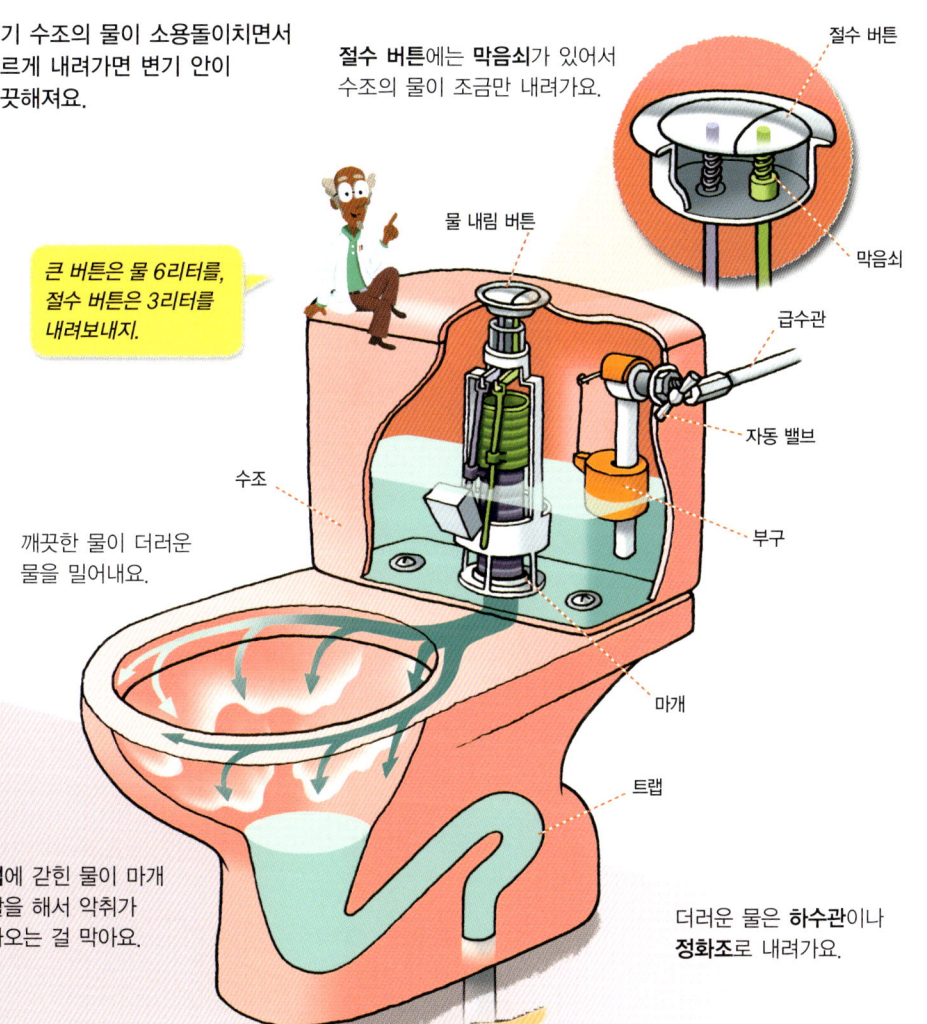

변기 수조의 물이 소용돌이치면서 빠르게 내려가면 변기 안이 깨끗해져요.

절수 버튼에는 막음쇠가 있어서 수조의 물이 조금만 내려가요.

절수 버튼 / 물 내림 버튼 / 막음쇠 / 급수관 / 자동 밸브 / 수조 / 부구 / 마개 / 트랩

큰 버튼은 물 6리터를, 절수 버튼은 3리터를 내려보내지.

깨끗한 물이 더러운 물을 밀어내요.

트랩에 갇힌 물이 마개 역할을 해서 악취가 올라오는 걸 막아요.

더러운 물은 **하수관**이나 **정화조**로 내려가요.

비슷하지만 달라요!

자연 발효식 화장실은 친환경적이고 경제적이에요. 물이 필요 없고 낙엽, 톱밥 등과 함께 섞여 변기 아래 탱크에서 분해 돼요. 자연적으로 발효돼서 비료로 사용할 수 있고 하천 오염도 없지요.

재미있는 이야기

비데는 완전 자동이에요. 사람이 다가가면 변기 뚜껑이 자동으로 열리고 변좌가 따뜻하게 데워져요. 용변을 다 보면 따뜻한 물이 나오고 건조도 시켜 줘요. 용변 분석기가 달린 최신 모델도 있어요.

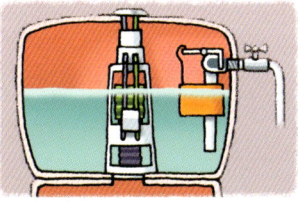

1 **수조**가 가득 찼어요. 마개가 물이 흘러 내려가는 것을 막고 있어요. **부구**가 자동 밸브를 잠금 상태로 유지해요.

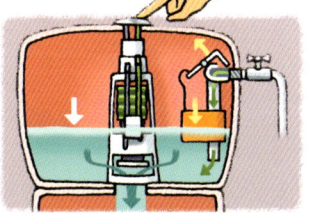

2 버튼을 누르면 **마개**가 올라가요. 물이 빠르게 내려가요. 부구가 물과 함께 아래로 내려가고 밸브가 열려요.

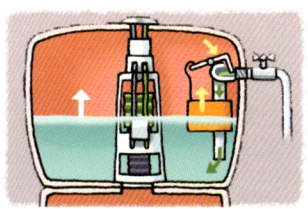

3 **마개**가 내려가요. 부구가 올라 가고 **자동 밸브**가 닫힐 때까지 물이 다시 차올라요.

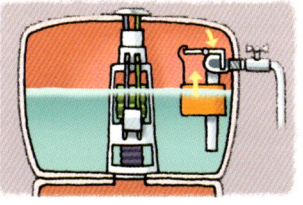

4 수조에 물이 가득 차서 다시 똑같은 과정을 반복할 수 있어요.

42 중앙난방

중앙난방은 집 중앙에 있기 때문에 중앙난방이라고 하는 건가요?

그렇지 않단다. 한 장소에서 만들어진 열이 관을 타고 이곳저곳을 덥히기 때문에 그렇게 부르는 것이지. 방마다 전기 라디에이터를 사용하는 개별난방과는 달라.

중앙난방은 한 곳에서 만들어낸 열을 각 방에 보내요.

급배수 시스템에서는 **보일러** 수조를 통과하는 회로가 물을 따뜻하게 데워요. 온수를 사용한 만큼 수조에 물이 채워져요.

난방 시스템에는 늘 같은 물이 순환해요. 보일러에서 가열된 물은 **라디에이터**를 지날 때마다 식었다가 다시 데워져요.

콘덴싱 보일러는 난방과 급배수에 사용되는 물을 동시에 가열해요.

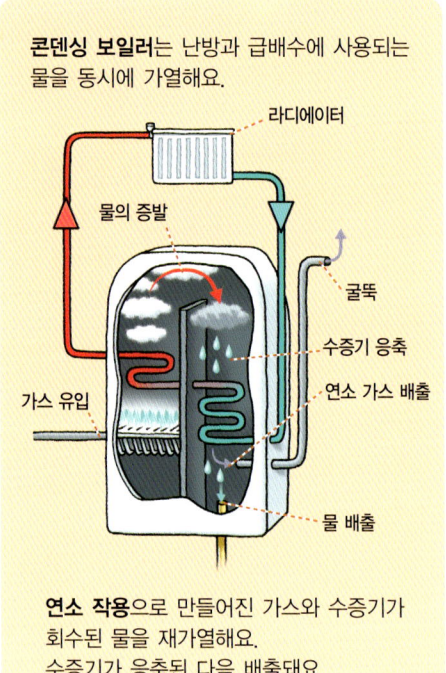

연소 작용으로 만들어진 가스와 수증기가 회수된 물을 재가열해요.
수증기가 응축된 다음 배출돼요.

라디에이터는 금속으로 만들어져요. 뜨거운 물로 데워진 라디에이터가 그 열을 **대류**와 **복사**로 실내에 전달해요.

온도 조절 밸브가 온도에 따라 자동으로 열렸다가 닫혀요.

온도 조절기가 보일러의 작동과 멈춤을 자동으로 조절해요.

다른 난방 시스템

태양열 난방

태양 전지판에는 구리로 만든 관이 구불구불 이어져 있어요. 태양열을 받아 가열된 센서의 용액이 교환기까지 이동해요. 센서 용액은 물과 부동액의 혼합물이에요.
열이 저장 수조에 있는 물에 전달돼요. 배수기가 뜨거운 물을 바닥의 발열 패널이나 라디에이터로 보내요.

지열 난방

열펌프가 땅이나 섭씨 약 10도의 지하수에 저장된 열을 추출해요. 뜨거운 물이 바닥의 발열 패널 관을 순환해요. 각 방에 열이 전달돼요.

욕실

43 라디에이터

척척 박사님, 라디에이터는 어떻게 가열되나요?

바닷가에 있을 때 더위를 느끼는 건 두 가지 열에너지원 때문이지. 햇빛과 움직이는 공기란다. 라디에이터는 열이 방출되는 현상인 복사와 열이 전달되는 현상인 대류를 이용한단다.

❶ 대류식 난방기

공기를 가열해서 대류 작용을 일으켜 주변을 따뜻하게 만들어요.

전기가 금속의 전자를 자극해요. 전자가 활성화되어 **발열체**가 가열돼요.

대류란 기체나 액체에서 물질이 이동함으로써 열이 전달되는 현상을 뜻해요.

금속으로 만든 발열체의 전자들이 자극되어 발생한 열이 공기 분자로 전달되지.

❸ **따뜻한 공기**는 차가운 공기보다 가벼워 위로 올라가요.

❷ 전기 발열체의 열이 **대류 운동**을 일으켜요.

❶ **차가운 공기**가 라디에이터 아래쪽으로 들어가요.

따뜻한 공기

차가운 공기

대류 운동 / 따뜻한 공기 / 발열체 / 차가운 공기

냉각된 공기 분자들은 잠잠해져서 서로 가까이 다가가요. 차가워진 공기는 무거워져 아래로 내려가요.

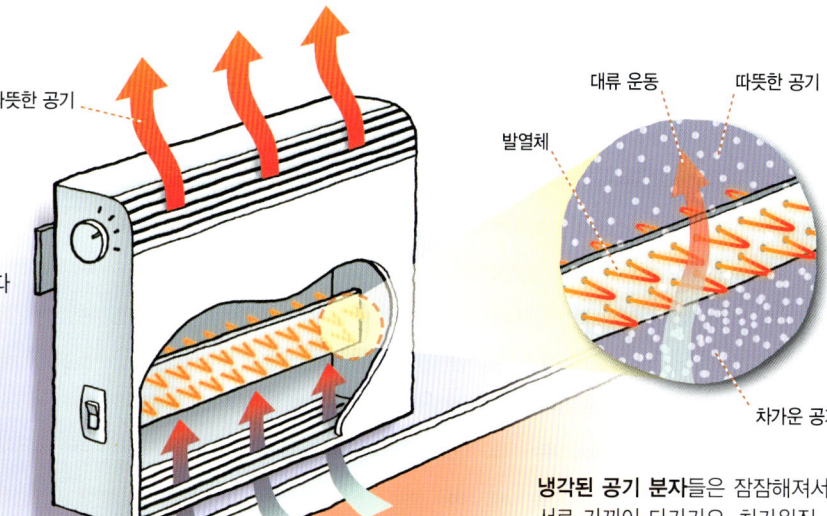

❷ 욕실용 라디에이터

적외선을 만들어 그 빛을 복사해서 열을 전달해요. 복사란 물체로부터 열이나 전자기파가 사방으로 방출되는 것을 말해요.

❶ **전기 발열체**가 라디에이터 안의 용액을 가열해요.

❷ 열이 용액의 **대류 운동**을 일으켜 용액이 라디에이터 안을 순환해요.

❸ 라디에이터가 **복사 작용**으로 라디에이터 밖으로 열을 전달해요.

❺ 수건에 있는 물기가 **수증기**로 변해요. 수건이 말라요.

수건에서 생기는 수증기는 거울을 뿌옇게 만들지요.

대류 운동 / 발열체

❹ **온도 조절기**와 **타이머**를 조절해서 샤워할 때만 라디에이터를 작동시켜요.

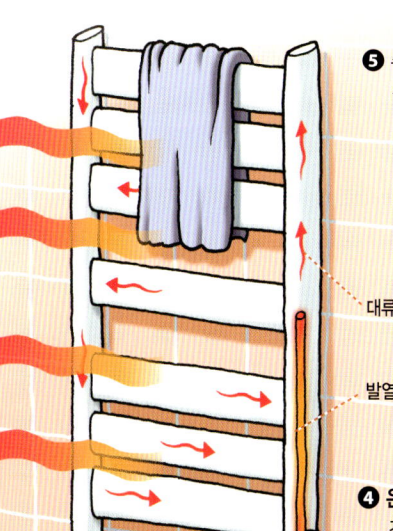

44 전자식 체중계

전자식 체중계에는 아무런 장치도 없던데요. 어떻게 작동하는 건가요?

간단하단다. 체중계에 올라서면 몸무게가 네 개의 받침대에 있는 센서를 변형시키지. 이 변형이 전기 신호로 측정되어서 화면에 나타나는 거야.

전자식 체중계는 용수철이나 지렛대를 사용하지 않아요. 센서가 몸무게를 측정하지요.

체지방 비율도 표시돼요. 저울판의 전자 접촉부가 몸에 아주 약한 전류를 흐르게 해요. 전류의 값에 따라 계산기가 지방과 근육의 양을 계산해요.

금속으로 만든 발열체의 전자들이 자극되어 발생한 열이 공기 분자로 전달돼요.

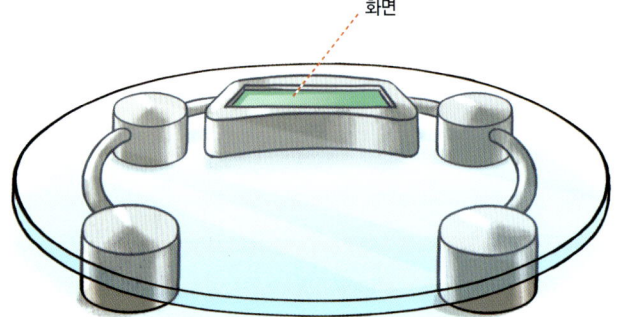

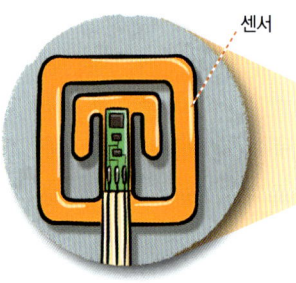

센서가 변형되면 그 안에 든 **전열체**도 변해요. 그렇게 되면 전류가 쉽게 흘러요.

❶ 받침대에 있는 금속판이 변형되면 **센서**가 늘어나요.

❷ 센서가 늘어나면 센서를 통과하는 전류가 바뀌어요. 몸무게가 **전기 신호**로 바뀌어요.

❸ 전류가 **처리 장치**에 이르러 증폭돼요.

❹ 증폭된 전기 신호가 **디지털 정보**로 바뀌어요.

❺ **해독기**가 화면을 켜도록 동작을 지시해요. 몸무게가 표시돼요.

다른 체중계들

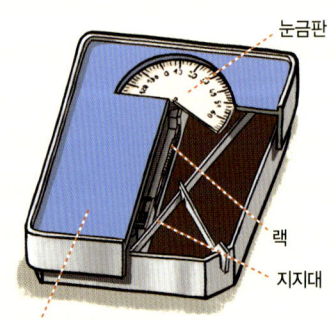

기계식 체중계
사람이 올라서면 저울판이 압력을 받아 내려가면서 **지렛대**와 **용수철**을 눌러요. 눈금판 위에 있는 바늘이 돌아가요.

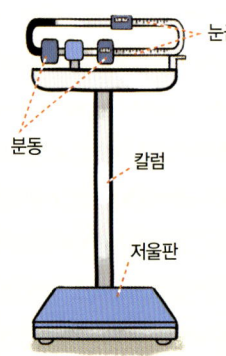

지레식 저울
지렛대의 수평으로 균형을 잡아요. 무게를 재는 추인 **분동**이 눈금을 좌우로 움직이면서 지렛대와 균형을 유지하면 그 지점이 몸무게가 돼요.

욕실

45 드라이어, 전동 칫솔, 에어로졸 캔

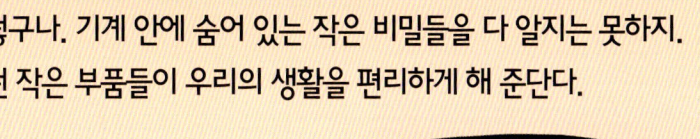

매일 사용하지만 어떻게 작동하는지는 모르겠어요, 척척 박사님.

그렇구나. 기계 안에 숨어 있는 작은 비밀들을 다 알지는 못하지. 이런 작은 부품들이 우리의 생활을 편리하게 해 준단다.

❶ 드라이어

가열된 강력한 공기 바람에 젖은 머리의 물기가 증발해요.

터빈
모터
발열체
노즐

진공 청소기와 전기 온풍기가 합쳐진 꼴이지.

❶ **모터**가 터빈을 작동시켜요.

❷ **터빈**이 회전하면서 뒤쪽 공기를 빨아 당겨요.

❸ **전기 발열체**에 닿은 공기가 가열돼요.

❹ **노즐**에서 가열된 공기가 나가요.

❷ 전동 칫솔

헤드가 1분에 2만 번 진동해서 이를 더 깨끗하게 닦아 줘요.

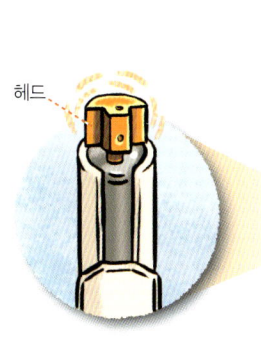

헤드

전원 스위치
모터
건전지

❶ **모터**가 금속으로 된 헤드를 회전시켜요.

❷ **헤드**는 완벽한 원을 그리며 돌지 않기 때문에 칫솔이 진동하게 돼요.

❸ 진동이 **칫솔모**에 전달돼요. 칫솔모도 같이 떨려요.

❸ 에어로졸 캔

버튼을 누르면 압축된 액체가 아주 작은 물방울이 되어 뿜어져 나와요.

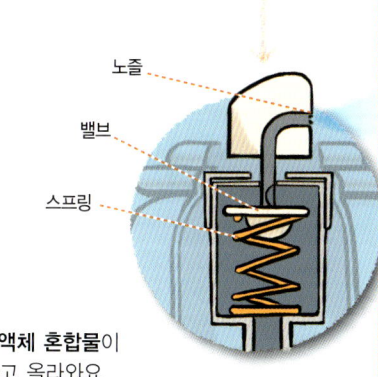

노즐
밸브
스프링

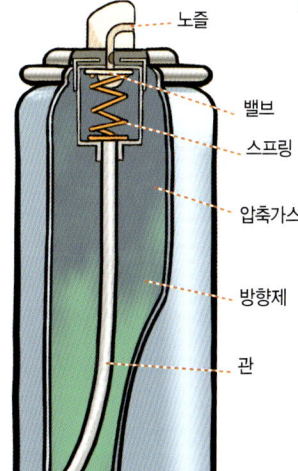

노즐
밸브
스프링
압축가스
방향제
관

❶ 버튼을 누르면 **밸브**가 열려요.

❷ 압축된 **액체 혼합물**이 관을 타고 올라와요.

❸ 아주 작은 **노즐**에서 혼합물이 미세한 물방울로 변해서 나와요.

향수 스프레이와 비슷한 건가요?

그렇지 않단다. 향수는 압축 가스가 들어 있지 않거든. 버튼을 누르면 공기가 들어가면서 향수가 분사되는 거란다.

제2장

집 밖에서 쓰는

세계

46 휴대 전화와 무선 통신망

척척 박사님, 수천 킬로미터나 떨어져 있는 사람들이 어떻게 통화를 하죠?

전화는 멀리 떨어져 있는 사람들이 서로 말할 수 있는 수단이란다. 우리가 하는 말이 0과 1의 연속으로 바뀐 다음 컴퓨터가 정해 놓은 복잡한 길을 따라 이동하지.

❶ 휴대 전화

선이 없는 휴대 전화 안에는 배터리와 안테나가 들어 있어요.

USIM카드는 비밀번호나 연락처 등 휴대 전화를 사용하는 데 필요한 정보를 저장하는 **칩**이에요. 이 카드만 있으면 다른 나라에서 휴대 전화를 빌려 자기 전화처럼 사용할 수 있어요.

- 스피커
- 터치스크린
- 전기 공급
- 초기화
- 칩
- 읽기와 쓰기

❶ **마이크**를 덮고 있는 막이 진동하면서 목소리와 말이 전기 신호로 바뀌어요.

❷ 전기 신호가 0과 1로 바뀌어 **데이터화** 돼요.

❸ **변조기**가 문장을 조금씩 끊어서 1초에 100단위로 안테나에 보내요.

벨소리나 진동음이 전화가 왔다고 알려 줘요.

- 마이크
- 배터리는 전기에너지를 공급해요.

걸으면서 통화를 하면 안테나가 자동으로 넘어가서 통화가 끊기지 않아요.

❹ **안테나**는 디지털 데이터를 송신해요.

❺ 안테나는 디지털 데이터를 수신해서 전자 장치에 전달하기도 해요.

❻ 데이터는 전기 신호로 바뀌어요. **스피커**의 진동막이 사람의 말소리를 내보내 사용자가 들을 수 있게 해요.

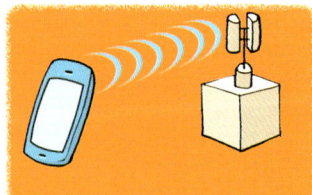

❶ 번호와 통화 버튼을 누르면 **휴대 전화 사업자**의 컴퓨터로 전파가 전달돼요.

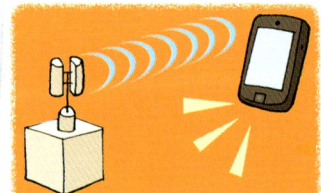

❷ 컴퓨터는 USIM 카드에 저장된 정보로 발신자가 누구인지 확인하고 통화를 전달해요.

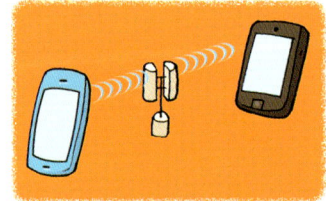

❸ 수신자가 전화를 받으면 **통화**가 시작돼요.

❹ 통화가 끝나면 컴퓨터가 초시계를 멈추고 통화 날짜, 시각, 번호를 저장해요.

❷ 이동 무선 통신망

전화는 통신 거리에 따라 전파, 광섬유, 해저 케이블, 전선 등 다양한 매체를 사용해요. 신호를 증폭시키려면 지상 안테나나 인공위성 등 중계 장치가 필요해요.

❻ 사진이 **무선 전화** 화면에 나타나요.

와, 신기하다! 몇 초 만에 사진이 도착했네.

파라볼라 안테나는 움푹한 반사경이 전파를 강하게 만들어 인공위성까지 전파를 보내요.

❺ 디지털 데이터가 **케이블**을 거쳐 **전화선**으로 전달돼요. 케이블은 지하에 묻혀 있거나 전봇대에 매달려 있지요.

인공위성

❹ 통신은 **인공위성**을 거쳐 일반 전화 통신망의 교환국 안테나로 중계돼요.

❸ 가장 빠른 전송로를 따라 데이터가 **파라볼라 안테나**로 전송돼요.

파라볼라 안테나

이동 무선 통신망은 벌집 모양으로 퍼져 있어요. 육각형 모양의 셀 안에 안테나가 하나씩 설치되어 있지요.

지상 안테나

도시는 시골보다 안테나가 더 많아요. 휴대 전화를 더 많이 사용하기 때문이에요.

구리나 광섬유로 만든 케이블

교환국

친구에게 사진을 보내야지.

❷ 데이터가 전송을 담당하는 **교환국**에 도착해요.

❶ 가장 가까운 **안테나**가 사진의 디지털 **데이터**를 수신해요.

예전에는?

일반 전화는 전봇대에 매달거나 지하에 묻은 전선으로 연결되어 있어요. 예전에는 교환원이 전화선을 손으로 연결해 주기도 했답니다.

이건 몰랐지요?

휴대 전화와 전동 칫솔의 닮은 점은 무엇일까요?

둘 다 부르르 진동한다는 것이죠. 작은 전기 모터가 금속 조각을 회전시키는데 완전히 동그랗지 않기 때문에 진동이 일어나요.

척척 박사님의 보너스

'휴대 전화'라는 장치는 1973년 모토로라사의 마틴 쿠퍼에 의해 처음 개발되었단다. 이후 IBM사가 진보된 기능을 가진 휴대 전화, 즉 스마트 폰을 발명했지. 요즘 스마트 폰은 일반 휴대 전화 기능에 더해져 내게 꼭 맞는 애플리케이션을 다운받아 나만의 컴퓨터를 만들 수 있단다.

47 MP3

이 작은 MP3 안에 어떻게 그렇게 많은 음악을 저장할 수 있는 거죠?

디지털 단말기이기 때문이란다. 귀로 들을 수 있는 소리만 저장하고, 파일 크기도 축소해서 저장하지. 파일을 압축했다고 한단다. 요즘에는 휴대 전화에도 MP3 기능이 들어가 있지.

디지털 신호를 아날로그 신호로 바꾼다는 말은 0과 1로 된 정보를 전기 신호로 바꾸는 것이지.

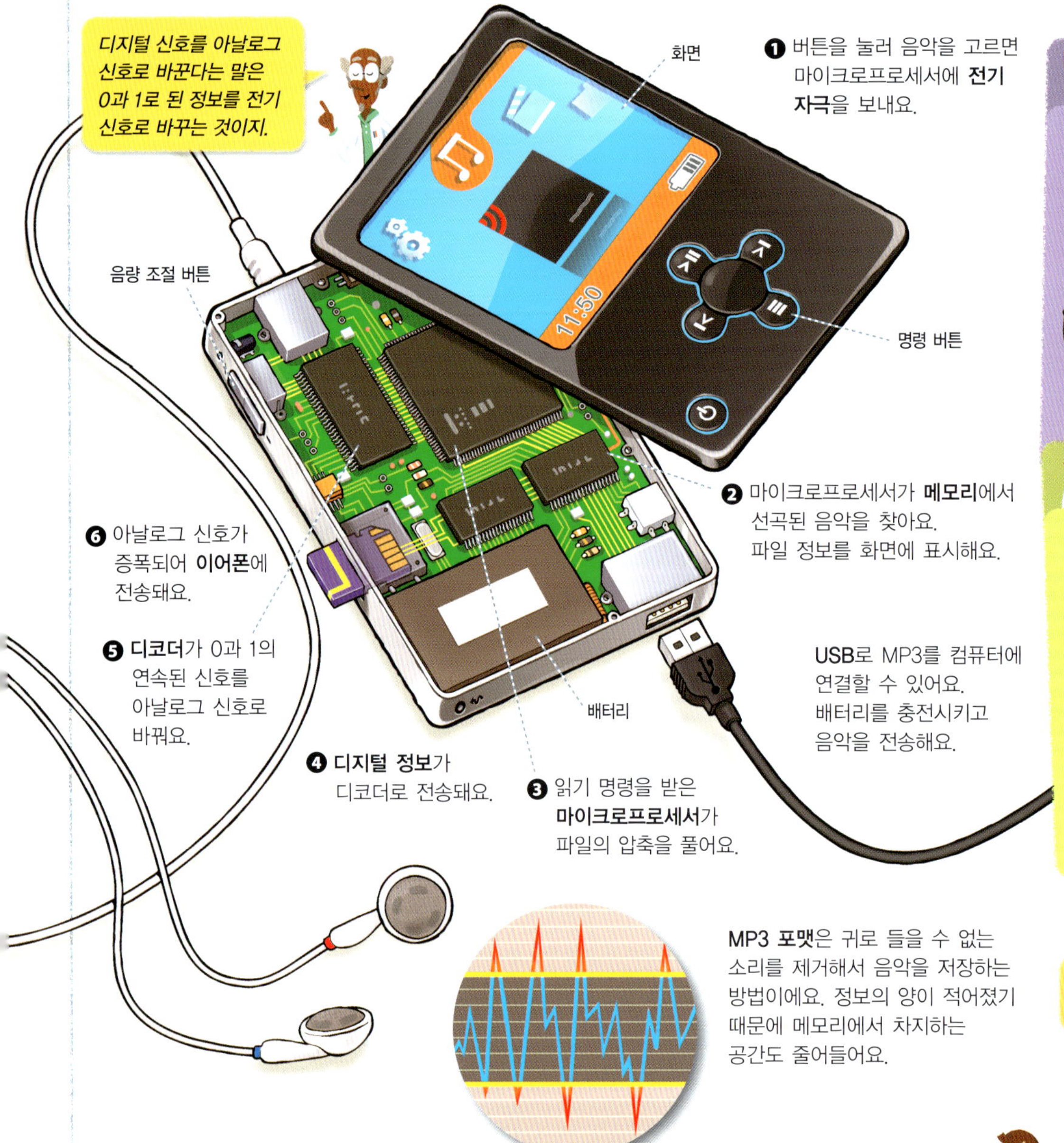

화면

❶ 버튼을 눌러 음악을 고르면 마이크로프로세서에 **전기 자극**을 보내요.

음량 조절 버튼

명령 버튼

❻ 아날로그 신호가 증폭되어 **이어폰**에 전송돼요.

❺ **디코더**가 0과 1의 연속된 신호를 아날로그 신호로 바꿔요.

❹ 디지털 정보가 디코더로 전송돼요.

배터리

❷ 마이크로프로세서가 **메모리**에서 선곡된 음악을 찾아요. 파일 정보를 화면에 표시해요.

USB로 MP3를 컴퓨터에 연결할 수 있어요. 배터리를 충전시키고 음악을 전송해요.

❸ 읽기 명령을 받은 **마이크로프로세서**가 파일의 압축을 풀어요.

비슷하지만 달라요!

크기가 아주 작은 부품을 사용하기 때문에 MP3를 패션 액세서리와 결합할 수 있어요.

똑똑 박사님의 보너스

인터넷에서 음악을 유료로 다운로드 받으면 암호를 해독할 수 있는 키를 함께 받아요. 음악이 MP3에 저장되고 작곡가와 작사가는 저작권료를 받아요.

MP3 포맷은 귀로 들을 수 없는 소리를 제거해서 음악을 저장하는 방법이에요. 정보의 양이 적어졌기 때문에 메모리에서 차지하는 공간도 줄어들어요.

똑똑 박사님, 파일은 어떻게 압축하나요?

0과 1이 나열된 선을 짧게 줄여서 메모리에서 차지하는 공간을 줄이면 파일이 압축되는 거란다. 예를 들면 110000111000을 2(1)4(0)3(1)3(0)으로 표시해서 줄이는 것이지. 파일의 압축을 풀 때에는 똑같은 과정이 거꾸로 일어나지.

디코더에서 이어폰으로

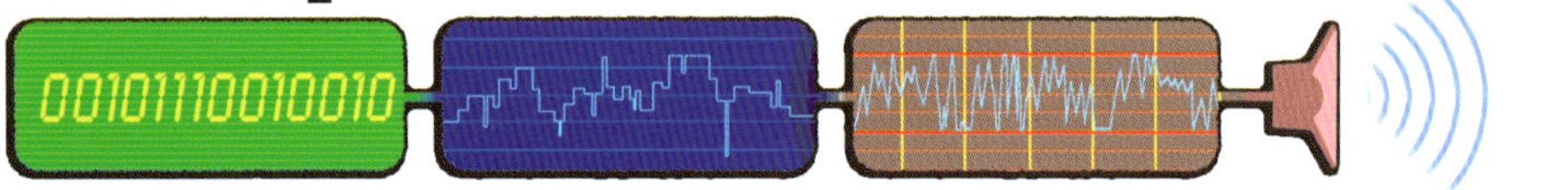

❶ 디지털 신호 ❷ 아날로그 신호 ❸ 증폭된 신호 ❹ 들을 수 있는 소리

거리

48 자동판매기

자동판매기는 제가 시키는 대로 하고 거스름돈도 돌려줘요. 엄청 똑똑한걸요?

칸이 비면 어떻게 해야 하는지, 상품이 떨어지지 않으면 어떻게 해야 하는지 등 모든 상황을 처리할 수 있도록 프로그램되어 있단다. 동전이 가짜일 때에는 어떻게 해야 하는지도 말이야.

모터가 커다란 랙을 회전시켜요. 랙이 회전하면 상품이 앞으로 나오다가 밑으로 떨어져요.

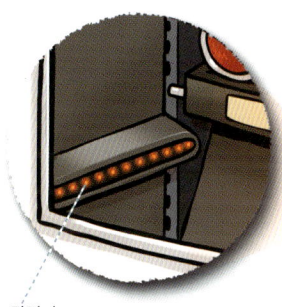

상품이 제대로 떨어졌는지 **광전지**가 감지해요. 상품이 떨어지지 않았을 때에는 다시 상품을 선택하게 하거나 돈을 돌려줘요.

① 기계가 **대기 중**이에요. 주문할 수 있는 상품의 표시등이 켜져 있어요. 거스름돈이 있는지 없는지도 표시되어 있어요.

버튼을 누르면 상품이 나오고 잔돈을 거슬러 주도록 **프로그램** 되어 있어요.

자동판매기는 냉장고와 같아요. **환기구**를 통해 열이 빠져나가요.

책 자동판매기나 아이스크림 자동판매기도 똑같은 원리로 작동하지요.

② **잔돈 교환기**는 동전의 무게와 재질을 먼저 검사해요. 가짜 동전은 다시 내뱉어요. 넣은 동전의 금액을 계산해요.

③ **자동 장치**가 상품의 번호와 가격을 비교해요. 금액을 다 넣을 때까지 기다려요. 금액이 맞으면 다음 단계로 넘어가요.

④ 상품의 번호와 판매기 안에 있는 재고를 비교해요. **재고**가 있으면 상품을 내보내고 거스름돈을 돌려줘요. 재고가 없으면 품절이라고 알려 줘요.

⑤ 상품을 자동판매기 아래쪽에서 꺼내 갈 수 있어요. 자동판매기 주인은 다 팔린 상품을 다시 채워 넣어요.

49 건물 철거

건물을 무너뜨려서 철거할 때도 있던데요. 건물을 어떻게 무너뜨리나요?

여러 가지 기술을 쓸 수 있단다. 몇 톤이나 나가는 무거운 쇠공을 벽에 부딪히기도 하고, 벽을 밀어내거나 기둥을 폭파할 수도 있지. 그다음에 시멘트 덩어리를 부순단다.

❶ 폭파 철거

기둥에 다이너마이트를 설치해서 폭파시키면 건물이 몇 초 안에 무너져요.

> 다이너마이트는 컴퓨터 제어 장치에 연결되어 있답니다.

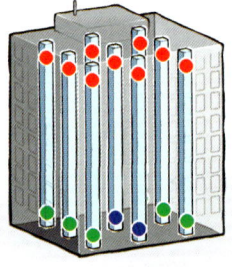
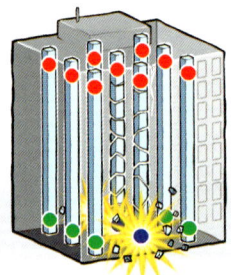

❶ **다이너마이트**를 기둥에 설치해요. 폭파 위치와 순서는 건물이 무너지는 장소에 따라 달라져요.

❷ **기폭 장치**가 다이너마이트를 폭발시켜요. 폭발은 1~2초 간격으로 일어나면서 1층에 있는 기둥들을 무너뜨려요.

❸ 가장 높은 층에 있는 다이너마이트가 폭발해요. 폭발이 일어나면 아래층도 무너져요. 건물이 주저앉아요.

❷ 쇄석기

쇄석기는 어떤 시멘트 덩어리라도 작은 부스러기로 만들어요.

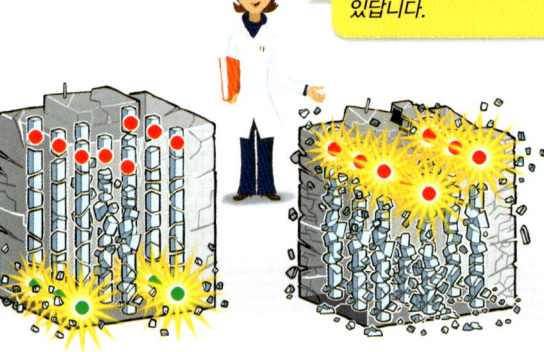

❷ 날이 달린 **실린더**가 시멘트 덩어리를 강철판에 압착해요. 덩어리가 부서져요.

❸ **컨베이어 벨트**가 부서진 조각들을 운반해요.

❹ **자석**에 철근이 달라붙어요.

❺ 돌 조각들이 **체**를 통과해요.

모터

❶ 굴삭기가 커다란 시멘트 덩어리들을 쇄석기에 실어요.

제어기가 돌의 크기와 기계의 작업 속도를 조절해요.

❼ 덩어리가 아직 큰 돌 조각들은 기계 안으로 되돌아가요.

❻ 작은 돌 조각들이 **컨베이어 벨트** 위로 떨어져요.

> 작게 부서진 돌들은 고속도로를 건설하는 데 쓰이기도 하지.

거리

쓰레기 수거차

척척 박사님, 쓰레기 수거차는 어떻게 온 동네 쓰레기를 다 담을 수 있죠?

쓰레기에 공기가 많이 들어가 있기 때문이란다. 쓰레기를 압축하면 자리를 덜 차지하지. 어쩌면 쓰레기 수거차는 곧 사라질지도 몰라. 쓰레기를 없앨 다른 방법을 찾으면 말이다.

쓰레기 수거차는 유압 실린더로 무거운 철판을 밀어서 쓰레기를 압착해요.

쓰레기 적재함에는 **방음 장치**가 되어 있어요.

차가 뒤로 후진하면 **경고음**이 울려요.

버튼을 눌러서 운전자에게 차를 출발시켜도 된다고 알려 줘요.

쓰레기 수거차의 뒷부분은 들어 올릴 수 있어요.

지지대에 쓰레기통이 고정되어 들어 올려져요. 쓰레기통이 흔들리면서 내용물이 **적재함** 안으로 떨어져요.

비슷하지만 달라요!

이미 쓰레기 자동 집하 시설을 갖춘 나라들도 있어요. 쓰레기통에 쓰레기를 버리면 흡입구로 빨려 들어가 진공 이송관을 통해서 쓰레기 처리장까지 운반돼요.

똑똑 박사님의 보너스

가정에서 배출되는 쓰레기를 분리해서 버리면 쓰레기를 재활용할 수 있어요. 그러면 종이도 재활용되고 플라스틱병은 스웨터로, 유리와 금속은 소중한 원자재가 돼요.

① 쓰레기는 쓰레기 수거차의 **적재함**에 쌓여요. (이동식 내벽)

② 삽처럼 생긴 기계가 쓰레기를 안쪽으로 밀어요.

③ 오른쪽 칸에 있는 **유압 실린더**가 작동해요. 쓰레기를 밀어 압축해요.

④ **쓰레기 처리장**에서 적재함을 들어 올리고 쓰레기를 밀어서 내려놓아요.

51 중장비

기중기는 운전하지 않아도 저절로 돌아갈 수 있나요, 척척 박사님?

기중기는 바람을 따라 움직이도록 설계되어 있단다. 그래야 넘어지지 않거든. 먼저 기둥 모양의 탑을 땅속에 튼튼히 박아서 중심을 잡아야 해. 그런 다음 '지브'라고 하는 기중기 팔의 균형을 잘 잡아야 하지.

❶ 굴삭기

굴삭기는 사람의 팔과 비슷해요.

유압 펌프가 기름의 압력을 유지해요.

기름 탱크 · 모터

조절기로 여러 유압 실린더에 기름을 보내요.

유압 실린더 · 로드

유압 펌프

바퀴 역할을 하는 **캐터필러**는 톱니처럼 홈이 있어서 미끄러운 땅에도 잘 다녀요. 굴삭기가 방향을 바꿀 때에는 한쪽 캐터필러만 움직여요.

전진 · 회전 · 360° 회전

실린더의 움직임으로 굴삭기의 팔이 관절처럼 구부러져요.

❷ 공기 착암기

압축된 공기를 사용해서 땅을 뚫는 기계예요.

밸브 · 튜브 · 제동 장치 · 조절기

조절기로 밸브를 열면 압축 공기가 들어가요.

공기 유입구

제동 장치가 움직이면서 한 번은 착암기의 피스톤을 밀고 또 한 번은 잡아당겨요.

공기 배출구 · 피스톤

❶ 피스톤이 내려가요. 압축 공기가 튜브 안으로 들어가 피스톤을 밀어내요.

유압 펌프에서 압축된 공기로 땅을 파요.

유압 펌프 · 드릴

❷ 피스톤이 올라와요. 압축 공기가 반대 방향으로 올라오면 피스톤도 올라와요.

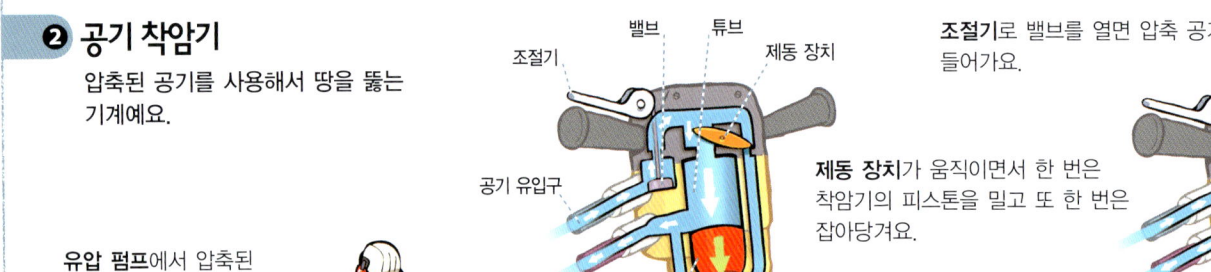

거리

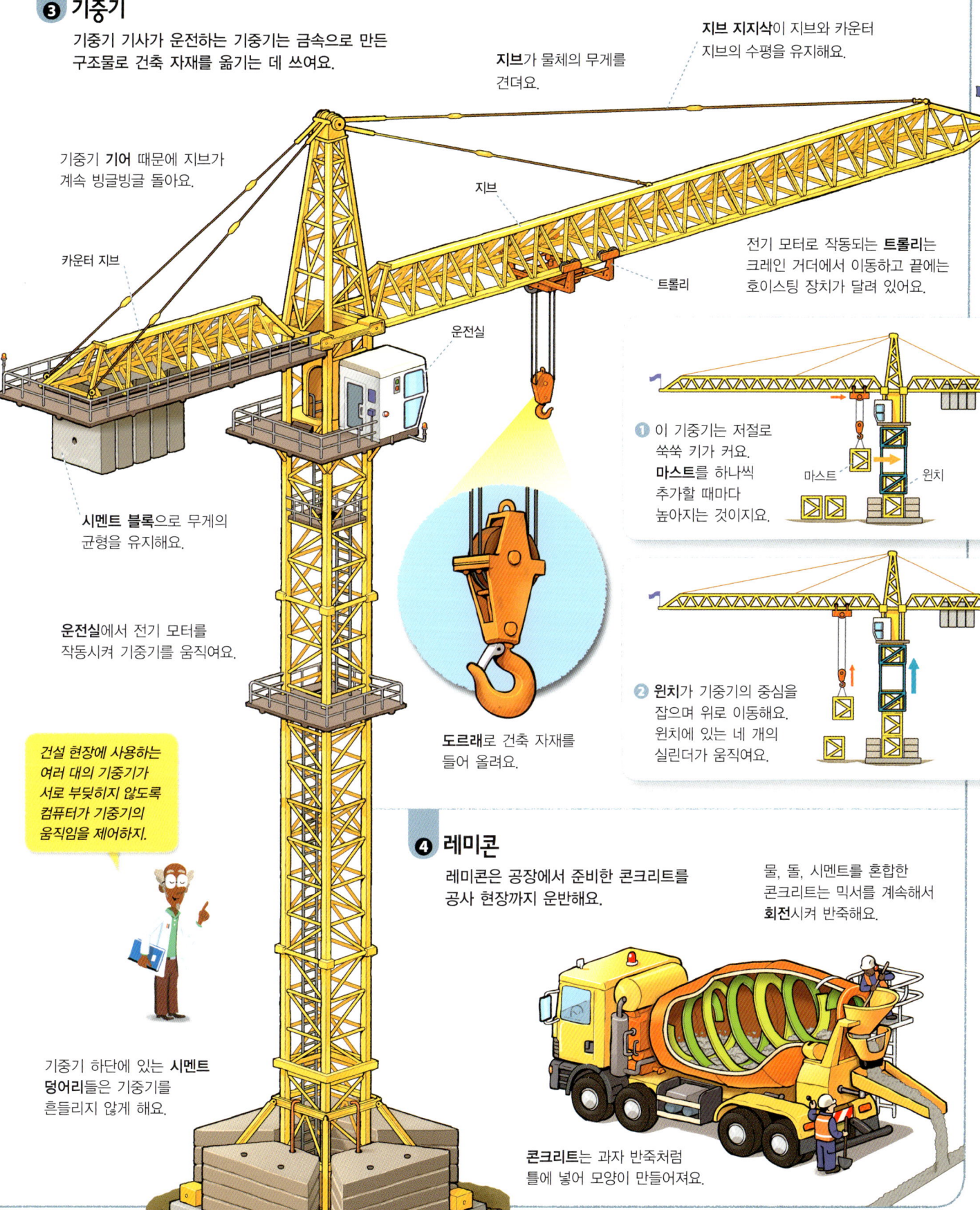

52 소방차와 소방 장비

척척 박사님, 소방관이 불을 끌 때 물만 사용하는 게 아니네요?

물은 연소를 더디게 하고 열을 식혀 주지. 하지만 물로 끄지 못하는 불도 있거든. 불을 끌 때는 상황에 따라 불을 구성하는 세 가지 요소인 연료, 산소, 열 중에서 하나를 차단한단다.

소방 헬멧은 열로부터 소방관을 보호해요.

방독면은 유독 물질을 차단해요.

산소마스크는 소방관이 질식하지 않도록 산소를 공급해요.

방화복은 여러 겹으로 되어 있어요. 겉감은 불에 강한 섬유로 만들어요.

바람 / 액체 / 체열 / 방수 섬유 / 내열 섬유 / 부드러운 소재

무거운 물건을 들어 올리거나 내리는 기계인 윈치의 **금속 케이블**이 사다리를 펼쳐요.

사다리는 **유압 실린더**를 이용해 올려요.

사다리 조종석

네 개의 잭이 경사면에서도 소방차의 균형을 잡아 줘요.

마이크로프로세서가 사다리를 조종해요. 사다리가 너무 무거워지거나 흔들리면 작동을 멈춰요.

사이렌은 전자 부품이 번갈아 내는 두 개의 소리를 증폭한 소리예요.

전구 주위로 불투명한 원형 판이 돌면서 전구의 불빛이 보였다 안 보였다 해요. **경광등**이 깜빡거리는 것처럼 보여요.

거리

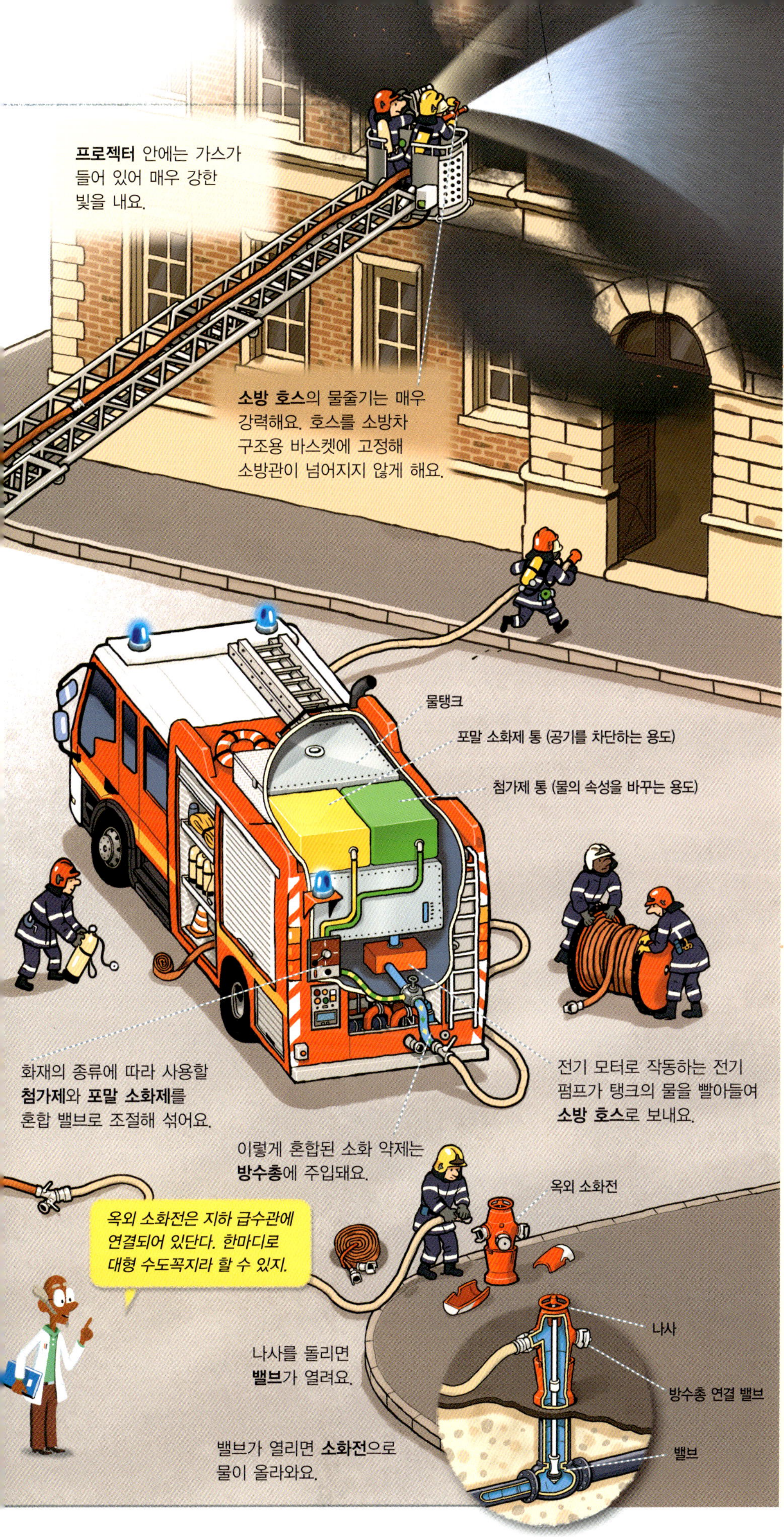

프로젝터 안에는 가스가 들어 있어 매우 강한 빛을 내요.

소방 호스의 물줄기는 매우 강력해요. 호스를 소방차 구조용 바스켓에 고정해 소방관이 넘어지지 않게 해요.

물탱크

포말 소화제 통 (공기를 차단하는 용도)

첨가제 통 (물의 속성을 바꾸는 용도)

화재의 종류에 따라 사용할 **첨가제**와 **포말 소화제**를 혼합 밸브로 조절해 섞어요.

전기 모터로 작동하는 전기 펌프가 탱크의 물을 빨아들여 **소방 호스**로 보내요.

이렇게 혼합된 소화 약제는 **방수총**에 주입돼요.

옥외 소화전

옥외 소화전은 지하 급수관에 연결되어 있단다. 한마디로 대형 수도꼭지라 할 수 있지.

나사를 돌리면 **밸브**가 열려요.

나사

방수총 연결 밸브

밸브

밸브가 열리면 **소화전**으로 물이 올라와요.

소화기

소화기에는 물 소화기와 분말 소화기가 있어요. **물**은 불을 식히고 꺼 줘요. **분말**은 기름이나 화학 물질로 인해 불이 났을 때 공기 중의 산소를 차단하여 진화해요.

❶ 물 소화기

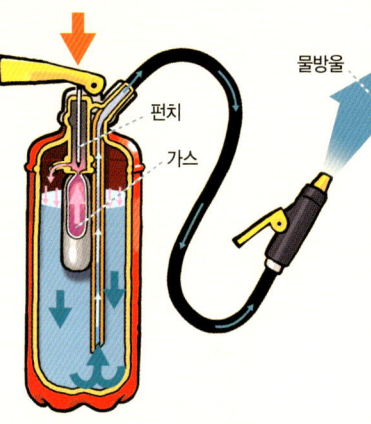

펀치
가스
물방울

❶ 펀치가 **압력 가스 카트리지**에 구멍을 내요.
❷ 뿜어져 나온 가스가 물을 관으로 힘차게 밀어내요.
❸ 물이 불 위로 분사돼요.
❹ 불타고 있는 연료를 식혀 줘요.

❷ 분말 소화기

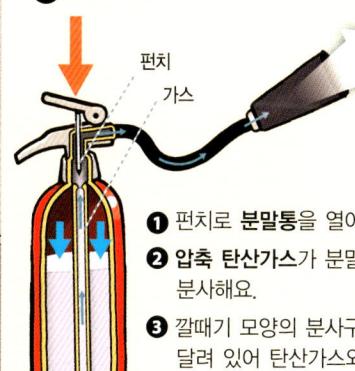

펀치
가스
거품

❶ 펀치로 **분말통**을 열어요.
❷ **압축 탄산가스**가 분말을 분사해요.
❸ 깔때기 모양의 분사구가 달려 있어 탄산가스와 분말이 잘 섞여요.
❹ 탄산가스는 무거워서 바닥으로 내려가요. 불길을 덮고 산소를 차단해 불을 꺼요.

53 에스컬레이터

똑똑 박사님, 에스컬레이터 계단이 내려앉으면 어쩌죠?

걱정할 필요가 없단다. 에스컬레이터의 계단은 궤도를 따라 움직이고 있거든. 에스컬레이터 계단들이 쉴 새 없이 움직이지만 언제나 단단하게 고정되어 있지.

움직이는 계단이 **고정 궤도** 위에서 앞이나 뒤로 움직여요.

전기 모터가 계단과 손잡이를 굴러가게 하는 바퀴를 작동시켜요.

모터

체인으로 연결된 계단은 계속 앞으로 움직여요.

손잡이

안쪽 궤도

바깥 궤도

안쪽 궤도

계단이 **안쪽 궤도**를 따라 움직이다가 바닥과 가까워지면 접혀져요.

센서가 있어 사람이 탈 때만 작동하지.

계단마다 두 개의 **롤러**가 축으로 연결되어 있어요. 하나는 바깥 궤도 위를 굴러가고 하나는 안쪽 궤도 위를 굴러가요. 그래서 **움직이는 계단**이라고도 해요.

예전에는?

에스컬레이터와 엘리베이터가 1900년경 발명되고 몇 년이 지난 후 처음으로 무빙워크가 만들어졌어요. 신기한 무빙워크는 여러 나라에서 호기심 많은 사람들의 관심을 끌었어요.

비슷하지만 달라요!

경사가 있거나 혹은 경사 없이 평평한 무빙워크는 쉬지 않고 돌아가는 벨트로 만들어졌어요. 대형 할인점의 카트는 무빙워크에 잘 고정될 수 있도록 톱니바퀴 모양으로 만들었어요.

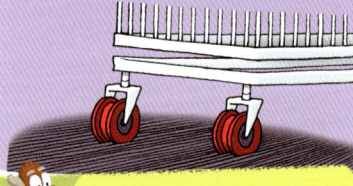

척척 박사님의 보너스

무빙워크를 보면 속도가 더 빠른 부분과 느린 부분이 있단다. 그래야 타고 내릴 때 넘어지지 않겠지? 움직이는 손잡이를 잡으면서 발을 올리면 자연스럽게 무빙워크에 탈 수 있어.

백화점

54 엘리베이터

엘리베이터는 항상 케이블에 달려 올라갔다 내려갔다 하나요?

꼭 그런 건 아니란다. 유압이나 나사를 이용해 움직이는 경우도 있지. 때로는 바퀴나 자석으로 작동되기도 한단다.

고정 도르래가 엘리베이터를 위아래로 움직여요.

모터가 쇠줄을 감았다 풀었다하며 쇠줄이 엘리베이터와 균형추를 움직여요.

버튼을 누르면 **마이크로프로세서**로 신호가 가요. 마이크로프로세서는 전기 모터를 작동시키고 엘리베이터를 원하는 층으로 보내요.

엘리베이터는 **가이드 롤러**와 **가이드 레일**을 따라 움직여요.

엘리베이터가 원하는 층에 접근하면 레일에 달린 **센서**가 이를 감지해 모터의 속도를 조절해요. 엘리베이터가 천천히 정지해요.

비상 정지 장치는 쇠줄이 끊어지면 수평으로 움직여 엘리베이터를 멈춰요.

엘리베이터가 올라가면 **균형추**는 내려가고 엘리베이터가 내려가면 균형추는 올라가요. 균형추가 없다면 엘리베이터를 올리는데 모터의 힘이 매우 많이 필요할 거예요.

- 윈치(고정 도르래)
- 모터
- 쇠줄
- 가이드 레일
- 가이드 롤러
- 비상 정지 장치
- 균형추

여러 종류의 엘리베이터

❶ 바퀴식 엘리베이터

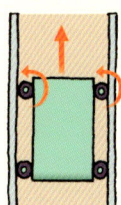

쇠줄이 없이 모터와 브레이크가 장착된 바퀴가 엘리베이터를 튜브 안에서 이동시켜요. **안전 로프**가 있어 엘리베이터 낙하 사고를 막아 줘요.

❷ 유압식 엘리베이터

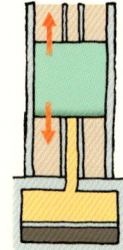

유압 실린더나 **수압 실린더**가 채워지면 엘리베이터가 올라가고 실린더의 물이나 기름이 저장 탱크로 배출되면 엘리베이터는 내려가요.

❸ 나사식 엘리베이터

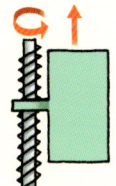

모터가 나사 모양의 톱니바퀴인 **웜**을 돌리면 엘리베이터가 오르락내리락해요.

여러 사람이 동시에 엘리베이터 호출 버튼을 누르면 어떻게 되나요?

마이크로프로세서가 호출과 작동 명령들을 분석하지. 엘리베이터의 위치에 따라 동작과 정지 순서를 결정한단다.

55 자동 계산대와 바코드 판독기

계산대에서 어떻게 물건을 빠르게 계산하는 건가요, 척척 박사님?

바코드 판독기가 상품을 인식하거든.
가격 인지, 결재, 영수증 발행까지 모든 게 자동으로 이루어진단다.
바코드 판독기와 계산대의 컴퓨터가 엄청난 정보를 교환하지.

❶ 바코드 판독기

바코드 판독기가 바코드에 빛을 비추고 바코드가 반사하는 빛을 분석해요.

광센서 / 렌즈

❶ 발광 다이오드 LED가 바코드를 비춰요.

❸ 광센서가 바코드의 이미지를 사진 찍어요.

거울

❷ 하얀 선에 **반사된 빛**이 렌즈를 통해 **센서**로 모여요.

❹ 이미지가 0과 1의 디지털 부호로 바뀌어요.

❺ 컴퓨터가 상품을 인식해 가격 정보를 모니터에 띄워요.

판독기가 상품을 인식할 때마다 소리가 나요. 고객은 상품이 인식된 것을 알 수 있지요.

바코드는 다양한 두께의 **흰 줄**과 **검은 줄**이 연속된 줄무늬예요. 상품 가격과 어느 나라에서 만들어졌는지, 어느 회사의 제품인지, 어떤 종류의 물건인지 등의 정보가 들어 있어요. 바코드 체계는 국가별로 조금씩 다른데 우리나라는 한국상품번호(KAN)를 사용하고 출판물에는 국제표준도서번호(ISBN)를 사용하고 있어요. 요즘엔 스마트 폰에서 2차원 바코드를 인식하는 애플리케이션을

국제표준도서번호(ISBN)

9 788980 712915

접두부 / 국별번호 / 발행자 번호 / 서명식별 번호 / 체크기호

다운받아 상품에 대한 자세한 정보를 얻을 수 있어요.

❷ 도난 방지 검색대

도난 방지 검색대에는 자기장을 만드는 안테나가 있어요.

제품에 금속이나 전자 장치로 만든 **도난 방지 태그**가 달려 있어요.

도난 방지 태그에 붙은 **자석**이 도난 방지 검색대의 자기장을 교란해요.

검색대는 자기장의 이상을 감지하고 경보기를 울려요.

계산대에서는 **자석**을 이용해 상품에서 도난 방지 태그를 제거해요.

라벨에 작은 **금속 물질**이 들어 있어요.

옷에 부착된 도난 방지 태그에는 **전자 부품**이 들어 있어요.

마트

❸ 자동 계산대

대형 할인점에 자동 계산대가 등장했어요. 자동 계산대에서 계산원 없이도 상품을 구매하고 영수증까지 발급받을 수 있어요.

판독기에는 광선을 내보내는 거울이 달려 있어요. 여러 개의 광선을 내보내기 때문에 바코드가 어느 위치에 있더라도 인식돼요.

모니터는 고객에게 어떻게 해야 하는지 설명해 줘요.

카드 판독기는 신용 카드와 멤버쉽 카드를 읽어요.

프린터는 상품 목록과 상품의 가격이 표시된 영수증을 발행해요.

카드 판독기 프린터 현금 투입기

현금 투입기를 이용해 지폐와 동전을 넣을 수 있어요.

▲ 현금투입 ▲ 거스름돈

▲ 카드삽입

중앙 컴퓨터가 멤버쉽 카드에 포인트를 적립하고 쿠폰 등을 인쇄해요.

판독기에 인식된 상품을 올려 놓으세요.
▼

바코드 판독기가 상품을 인식해요.

저울이 상품 정보와 실제 무게가 일치하는지 확인해요.

자동 계산대는 점포의 **중앙 컴퓨터**와 **은행 전산망**에 연결되어 있어요.

❶ 판독기가 바코드를 읽어요. 인식된 디지털 정보가 중앙 컴퓨터로 보내져요. 중앙 컴퓨터는 제품의 정보가 담긴 데이터베이스를 갖고 있어요.

❷ 상품이 인식돼요. 모니터에 상품 정보 및 가격이 표시되고 영수증에 인쇄돼요. 상품 가격은 저장돼요.

❸ 중앙 컴퓨터에 상품 판매가 기록돼요. 해당 상품 재고 목록에서 수량이 하나 줄어들어요.

❹ 중앙 컴퓨터가 어느새 **총액**을 표시해요. 재고가 부족한 상품은 주문서를 보내기도 해요.

전자 카드

신용카드에 있는 칩이나 마그네틱 스트립은 같은 역할을 하나요?

그렇기도 하고 아니기도 하단다. 칩과 마그네틱 모두 적절한 판독기가 있어야만 정보를 알 수 있지. 그러나 칩은 마그네틱과는 달리 모니터와 자판기가 없는 소형 컴퓨터라고도 할 수 있어.

카드 안에 샌드위치처럼 마이크로프로세서인 칩이 들어 있어요.

카드에는 **접촉기**가 있어 판독기에 넣으면 전기로 작동해요.

칩은 전자 회로의 축소판이에요. 칩에는 프로그램, 정보 처리 장치나 계산 장치, 정보를 저장하는 메모리, 그리고 정보를 읽는 데 필요한 요소들이 모두 들어 있어요.

메모리에 저장된 정보와 프로그램 명령이 **전자식**으로 **암호화**되어 있어요. 전기를 띠면 1이고 전기를 띠지 않으면 0인 칸들이 모여 만든 거대한 바둑판이라고 생각할 수 있어요.

플라스틱 판에는 그림이 인쇄되어 있고 기호가 표시되어 있어요.

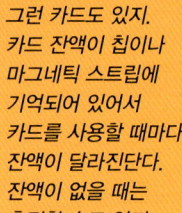

돈이 들어있는 카드도 있나요?

그런 카드도 있지. 카드 잔액이 칩이나 마그네틱 스트립에 기억되어 있어서 카드를 사용할 때마다 잔액이 달라진단다. 잔액이 없을 때는 충전할 수도 있지.

4개의 숫자를 조합하면 만 개의 비밀번호를 만들 수 있어요!

마그네틱 스트립은 메모리이에요. 자석을 띤 초소립자들이 0과 1로 표현된 정보를 저장해요. 이 정보는 마그네틱 판독기로 읽을 수 있어요.

표면은 마그네틱이 스크래치 등으로 손상되지 않게 **필름**으로 덮여 있어요.

① 카드를 **판독기**에 넣어 유효한 카드인지 확인되면 계산할 금액을 입력해요.

② 카드 사용자가 금액을 확인하고 판독기에 **서명**을 해요.

③ 판독기는 은행과 연결된 **중앙 관리 센터**에 문의해요. 임의로 한 숫자가 칩에 전송돼요.

④ 칩과 중앙 관리 센터 컴퓨터가 같은 계산을 해서 같은 값을 얻으면 카드 결제가 **승인**돼요.

현금 자동 지급기

척척 박사님, 현금 자동 지급기는 어떻게 제 은행 잔고를 알고 있나요?

현금 자동 지급기는 너하고만 접촉하는 게 아니란다.
중앙 관리 센터와 네 계좌가 있는 은행과도 접촉하지.
그래서 잔고와 인출 한도를 알게 된단다.

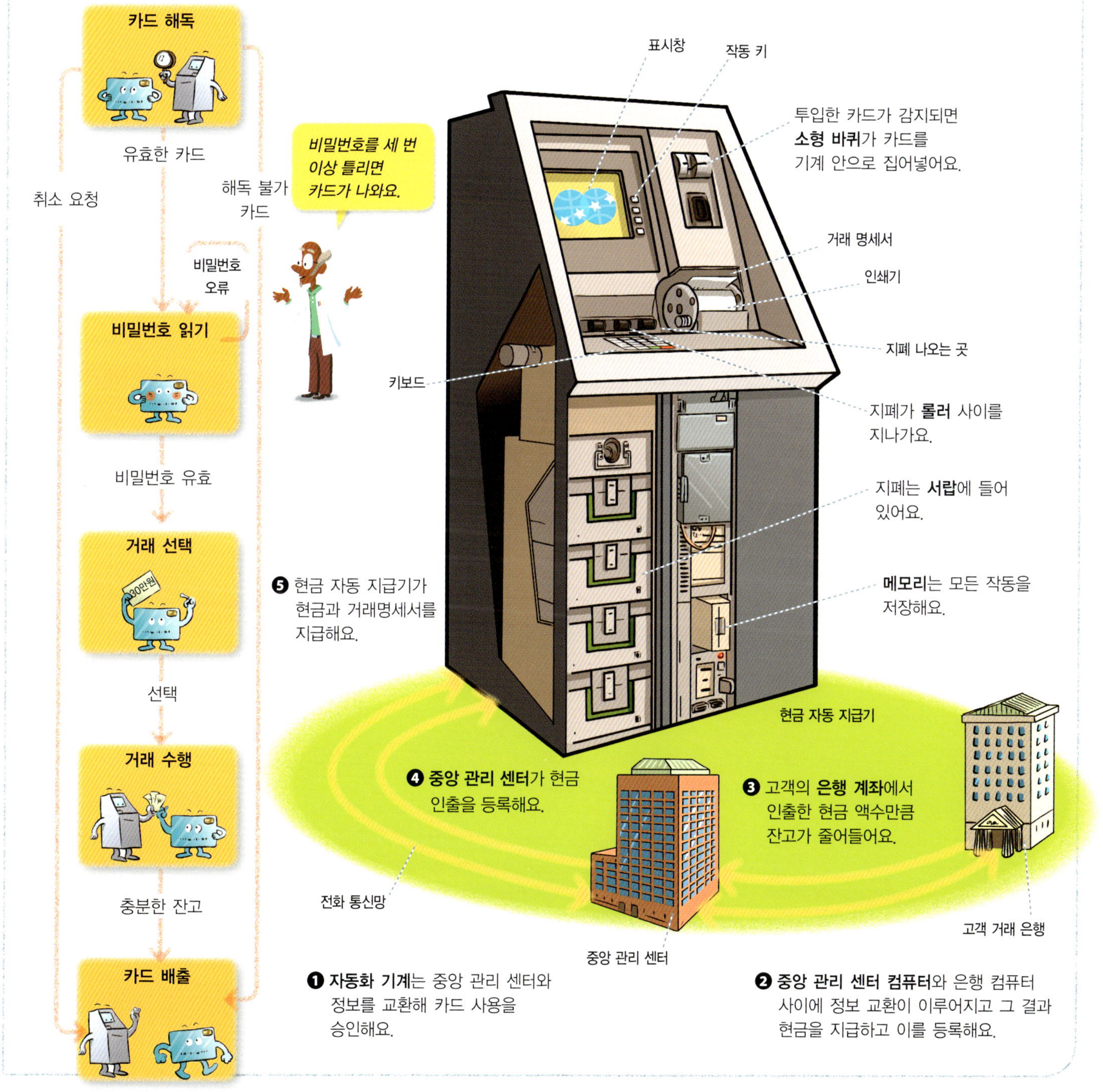

카드 해독

유효한 카드 — 취소 요청 / 해독 불가 카드

비밀번호를 세 번 이상 틀리면 카드가 나와요.

비밀번호 오류

비밀번호 읽기

비밀번호 유효

거래 선택

선택

거래 수행

충분한 잔고

카드 배출

표시창 / 작동 키

투입한 카드가 감지되면 **소형 바퀴**가 카드를 기계 안으로 집어넣어요.

거래 명세서

인쇄기

지폐 나오는 곳

지폐가 **롤러** 사이를 지나가요.

지폐는 **서랍**에 들어 있어요.

메모리는 모든 작동을 저장해요.

키보드

현금 자동 지급기

❺ 현금 자동 지급기가 현금과 거래명세서를 지급해요.

❹ **중앙 관리 센터**가 현금 인출을 등록해요.

❸ 고객의 **은행 계좌**에서 인출한 현금 액수만큼 잔고가 줄어들어요.

전화 통신망

중앙 관리 센터

고객 거래 은행

❶ **자동화 기계**는 중앙 관리 센터와 정보를 교환해 카드 사용을 승인해요.

❷ **중앙 관리 센터 컴퓨터**와 은행 컴퓨터 사이에 정보 교환이 이루어지고 그 결과 현금을 지급하고 이를 등록해요.

58 전자책

전자책은 컴퓨터 모니터와 같은 건가요, 똑똑 박사님?

그렇지는 않단다. 전자책도 컴퓨터처럼 모니터를 갖고 있어. 모니터에 책이 한 장 한 장 뜨지. 하지만 전자 잉크를 사용한다는 점에서 일반 모니터와는 전혀 다르단다.

전극으로 구성된 두 개의 판이 마이크로캡슐 막으로 분리되어 있는데 이것이 바로 전자책의 모니터예요. 마이크로캡슐은 하얗게 하거나 까맣게 할 수 있어서 저장된 글자를 모니터에 만들 수 있어요.

전자책과 함께 들어 있는 **잭**과 **안테나**를 이용해 전자책을 **다운로드**받을 수 있어요.

어휘 검색, 텍스트 선택 **아이콘**이 있어서 독서가 편리해져요.

아이콘

전자책을 다운로드하면 책 안의 모든 활자가 **전기**를 띠고 저장돼요.

전자책 모니터는 일반 컴퓨터의 백라이트 모니터와는 달리 태양광만으로 충분해요!

전자책의 화면은 전기를 띤 그물망으로 이루어진 매우 얇은 캔버스라고 할 수 있어요.

전극

브라우징 버튼

메모리 카드를 사용하면 전자책 메모리 용량을 늘릴 수 있어요.

마이크로캡슐에는 음전하를 띤 검은 색 입자와 양전하를 띤 흰 색 입자들이 있어요.

전기가 전극에 전달되면 **입자**들이 분리돼요. 일부는 위로 올라가 글자를 나타내고 나머지는 아래로 내려가요.

전극
마이크로캡슐
전극

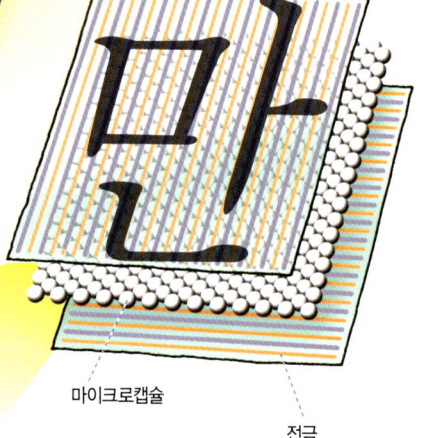

마이크로캡슐
전극

마이크로프로세서는 전자책이 전기를 띠게 해요. 전자 잉크가 단어와 문장을 화면에 띄워 사용자가 읽을 수 있게 하지요.

학교

59 전자 칠판

척척 박사님! 이건 도대체 어떤 칠판인가요?

많은 기능을 가진 칠판이지. 칠판에 적은 것이 모두 저장되거든. 그러니까 전자 칠판은 네가 사용하는 컴퓨터의 또 다른 모니터라고 할 수 있어.

전자 칠판은 선생님과 학생, 컴퓨터와 프로젝터 사이에 상호 작용을 가능하게 해요.

프로젝터

컴퓨터 모니터에 표시된 답안을 **프로젝터**가 칠판에 띄워요.

전자 칠판, **컴퓨터**, **프로젝터**가 연결되어 있어요.

전자 칠판은 모니터예요. 배터리가 필요 없는 무선 스타일러스 펜을 사용해 전자 칠판에 글을 쓸 수 있어요.

소프트웨어는 펜의 움직임을 감지해 쓰기, 글자나 이미지의 확대 혹은 축소, 인터넷 접속 등의 메뉴를 작동시켜요.

스타일러스 펜

스마트 패드

소프트웨어를 이용해 학생의 학습 성취도를 살펴볼 수 있지.

마우스처럼 **스타일러스 펜**을 클릭할 수 있어요.

응답기

학생들은 **응답기**를 이용해 질문에 답할 수 있어요. 선택한 답이 전파에 의해 컴퓨터로 전송돼요.

선생님은 **스마트 패드**를 이용해 설명해요.

① **칠판**은 매우 가는 전선 조직이에요. 칠판 위의 각 점은 가로세로 좌표로 인식돼요.

② **스타일러스 펜**의 위치가 컴퓨터로 전송되면 **컴퓨터**는 이 정보를 글자, 선, 그림 등으로 바꿔요.

③ 컴퓨터는 이렇게 처리한 정보를 **프로젝터**에 보내요.

④ **전자 칠판**은 이러한 정보를 실시간으로 보여 줘요. 같은 이미지가 전자 칠판과 컴퓨터에 표시돼요.

60 청진기, 검이경, 혈압계

똑똑 박사님, 이름도 어려운 이 의료 기구들은 어디에 쓰는 건가요?

이 의료 기구들은 우리 몸속을 듣거나 보기 위해서 사용한단다. 요새는 많은 의료 기기가 전자식이지. 기존의 의료 기기에 비해 측정이 더 정확하고 측정 데이터를 저장할 수도 있거든.

❶ 검이경

고막을 검사하고 귀에 염증이 있는지 살펴봐요.

사진을 저장하고 비교할 수 있으며 환자나 의료진에게 전송할 수도 있어요.

사진이 컴퓨터 **모니터**에 떠요.

검이경에 달린 **전등**이 귓속을 비춰요.

고막

카메라가 고막을 촬영해요.

USB 잭으로 검이경을 컴퓨터에 연결해요.

조작 버튼을 누르면 디지털 사진이 저장돼요.

조작 버튼

렌즈를 조절하여 이미지를 확대하거나 초점을 맞춰요.

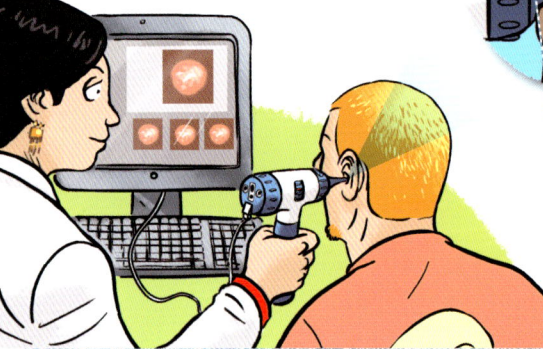
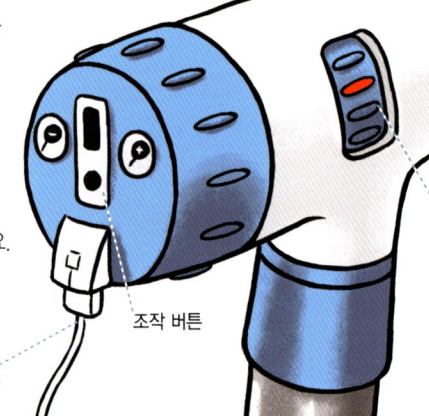

❷ 혈압계

혈압계는 혈액이 혈관 벽에 미치는 압력을 측정해요. 이때 가장 높은 수치와 가장 낮은 수치를 재요.

측정한 혈압이 기계에 **저장**돼요.

혈압 데이터는 인쇄하거나 **컴퓨터**로 전송하여 과거의 혈압과 비교할 수 있어요.

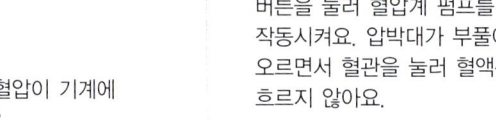

❶ **압박대**를 팔에 고정하고 버튼을 눌러 혈압계 펌프를 작동시켜요. 압박대가 부풀어 오르면서 혈관을 눌러 혈액은 흐르지 않아요.

❷ 압박대의 공기가 저절로 빠지면서 혈액이 다시 흘러요. 이때 **맥박**이 감지돼요.

❸ **평균 혈압**을 측정하고 최고 혈압과 최저 혈압을 계산해요. 그림의 혈압계는 가정용 혈압계이고, 병원용 혈압계는 좀 더 커요.

병원

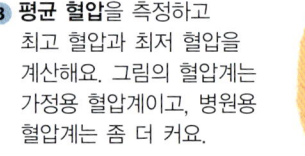

❸ 전자 청진기

청진기는 심장 박동과 호흡 상태 그리고 배의 소리를 들을 때 사용해요.

전파를 이용해 청진기 소리를 컴퓨터로 전송할 수 있어요.

❺ 확성기의 **진동판**이 울리면서 소리를 들을 수 있어요.

❹ 전기 신호가 줄을 타고 귀꽂이에 달린 두 개의 **소형 확성기**에 전해져요.

❸ 마이크가 소리를 **전류**로 바꿔요.

시작 버튼

배터리

선택 버튼은 원하는 신체 기관의 소리를 들을 수 있게 해 줘요.

선택 버튼
음량
메모리
벨

전자 회로가 소리를 증폭시키고 피부에 스치는 소리 같은 잡음을 제거해요.

❷ 진동판 뒤에 달린 **마이크**가 소리를 잡아요.

진동판

청진기가 소리를 **메모리**에 저장해요.

한번 해 봐요!

청진기를 만들어 봐요. 키친타월 심 끝에 깔때기를 연결하고 접착테이프를 이용해 깔때기 입구에 셀로판지를 붙여요. 깔때기 부분을 환자의 가슴이나 배 위에 대고 반대 부분을 귀에 대면 몸속에서 나는 소리가 들려요.

척척 박사님의 보너스

전자 기기는 디지털 데이터를 제공해요. 이를 저장하면 그래프를 그릴 수 있어요. 그래프 곡선을 보면 시간 흐름에 따른 변화를 알 수 있어요. 또 정상 수치와 비교하거나 치료 효과도 알 수 있지요.

❶ 가슴이나 등에 청진기를 대면 **벨** 속의 진동판이 심장이나 폐, 장의 움직임에 따라 미세하게 진동해요.

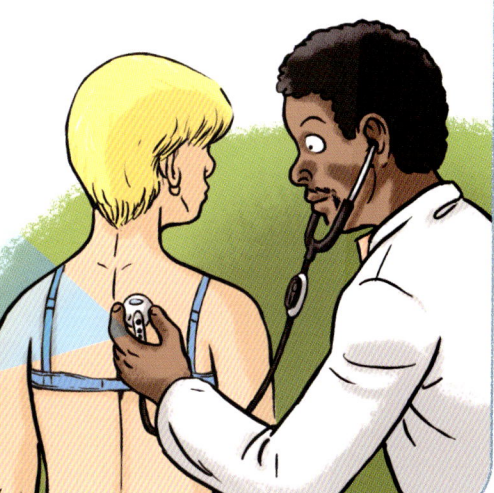

61 수술 로봇

똑똑 박사님, 의사 선생님은 어떻게 원격에서 수술할 수 있나요?

외과 의사 선생님은 로봇 조수를 사용한단다. 환자와 수천 킬로미터 떨어진 곳에서 수술하는 경우도 있어. 따라서 매우 정교한 기계가 필요할 뿐 아니라 영상이나 지시가 정확하게 전달되어야 한단다.

로봇 팔이 외과 의사의 동작을 정확하게 따라 하도록 해요.

로봇 팔은 소형 카메라, 불빛을 비추는 광섬유, 적절한 수술 기구가 장착된 집게로 되어 있어요.

❹ 로봇 팔의 **모터**가 명령을 수행해요. 의사는 모니터를 보면서 모터를 조종할 수 있어요.

❸ **컴퓨터**가 로봇에게 명령을 내려요.

❷ 의사는 **조종대**를 움직여 수술실에 있는 로봇 팔을 원격 조종해요.

❶ 수술 **콘솔** 앞에 앉은 외과 의사가 수술대에서 전송된 **3D 영상**을 확대해 관찰해요.

컴퓨터를 이용한 수술은 더욱 정확하면서도 의사의 피로를 덜어 줄 수 있어요.

미래는 어떨까요?

길이 2cm 지름 1cm 크기의 유선형 플라스틱 의료용 로봇이 몸속에서 돌아다닐 수 있어요. 벌레처럼 생긴 작은 로봇은 눈과 집게가 달려서 전파를 이용해 원격 조종할 수 있어요. 조직 검사나 간단한 수술을 할 수 있지요.

비슷하지만 달라요!

원격에서 조종하는 탐험은 우주에서도 이루어져요. 최초의 화성 사진이 바로 원격 조종한 우주 탐사선이 찍은 것이지요.

척척 박사님의 보너스

식도로 삽입한 내시경에는 초소형 카메라와 조명 역할을 하는 광섬유가 있어서 위 속의 모습이 곧바로 모니터에 나와요.

병원

62 안경과 보청기

척척 박사님, 왜 박사님 안경을 쓰면 잘 안 보이죠?

그건 내 눈과 시력에 맞춘 안경이기 때문이지.
개개인의 청각 상태에 맞추어 제작한 보청기도 마찬가지란다.

❶ 안경

안경 렌즈는 굴곡이 있어서 근시, 원시, 난시를 교정할 수 있어요. 눈마다 특성이 달라서 렌즈도 다 달라요.

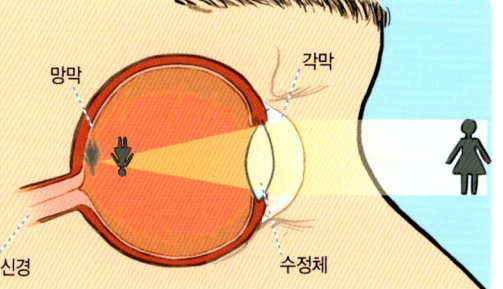

멀리 있는 것을 잘 보지 못하는 **근시**는 멀리 있는 물체를 실제보다 작게 봐요. 물체의 상이 망막의 앞쪽에 맺히기 때문이에요.

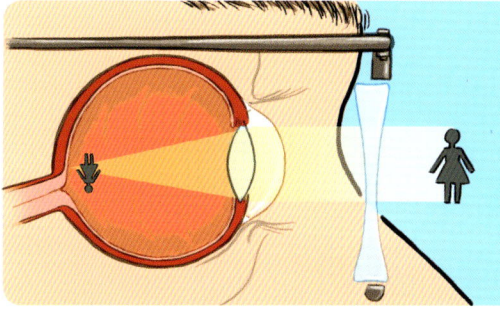

근시 안경은 **오목 렌즈**로 만들어요. 렌즈의 가장자리가 중심보다 두꺼워요. 오목 렌즈는 망막 위의 상을 뒤로 밀어내요.

원시는 멀리 있는 것과 가까이 있는 것 모두 잘 보지 못해요. 상이 망막 뒤쪽에 형성되기 때문에 물체가 실제보다 더 크게 보여요.

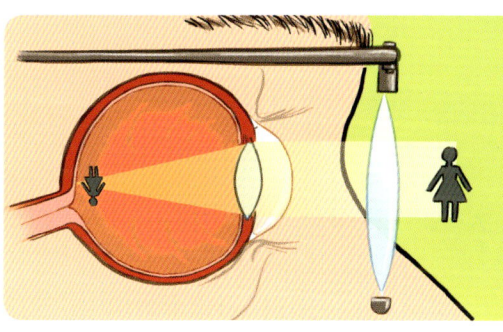

원시 안경은 **볼록 렌즈**로 만들어요. 렌즈의 가장자리보다 중심이 두꺼워요. 볼록 렌즈는 상이 망막 앞쪽에 맺히게 해요.

❷ 보청기

보청기는 소리를 받아 처리하여 속귀로 전달해 줘요.

❶ **진동판**이 소리와 소음을 보청기에 전달해요.

❷ **마이크**가 소리가 오는 곳으로부터 낮은음과 높은음을 잡아서 전기로 바꿔요.

❸ **마이크로프로세서**가 전기 신호를 분석해 구분하고 교정해요.

❹ 음량은 **증폭기**로 조절해요.

❺ **확성기**가 전기 신호를 **진동**으로 바꿔요.

❻ 떨리는 공기라 할 수 있는 소리가 줄을 따라 **이어폰**에 전달돼요.

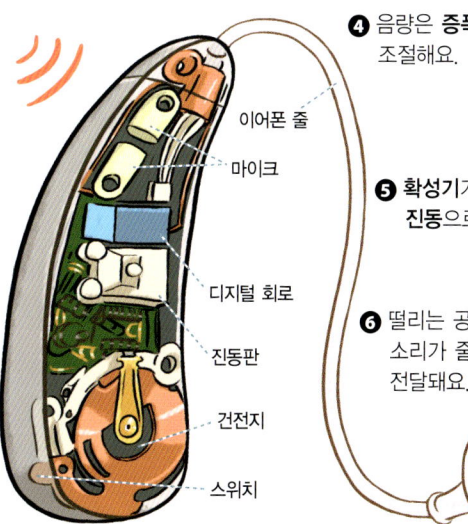

이어폰 줄
마이크
디지털 회로
진동판
건전지
스위치

귓속에 넣는 보청기도 있어요. 원리는 일반 보청기와 같지요.

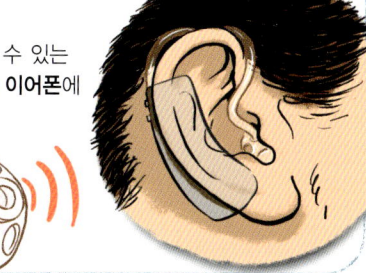

63 현미경

똑똑 박사님, 이 현미경들은 서로 뭐가 다른 거죠?

그건 바로 확대 능력이란다. 전자 현미경은 광학 현미경보다 물체를 백배나 더 확대할 수 있지. 하지만 원자를 보려면 터널 효과가 있는 현미경을 사용해야 한단다.

광학 현미경은 대물렌즈와 접안렌즈를 갖고 있어요. 현미경의 렌즈를 통해 표본을 보면 밑에서 비추는 빛으로 투명해진 표본의 확대된 이미지를 볼 수 있어요.

❶ 두 장의 슬라이드 글라스 사이에 넣은 혈액 방울을 **재물대**에 올려놓아요.

❷ **렌즈**에 의해 한곳으로 집중된 램프의 빛이 **반사경**을 통해 반사돼요.

❸ **초점 조절 나사**를 이용해 초점을 맞춰요. 이때 초점 조절 나사가 렌즈를 움직여요.

❹ 빛이 표본을 비춰요.

❺ **대물렌즈**와 **접안렌즈**로 표본의 이미지가 확대돼요. 대물렌즈는 각각 확대 비율이 달라요.

❻ **접안렌즈**나 **모니터**로 이미지를 볼 수 있어요.

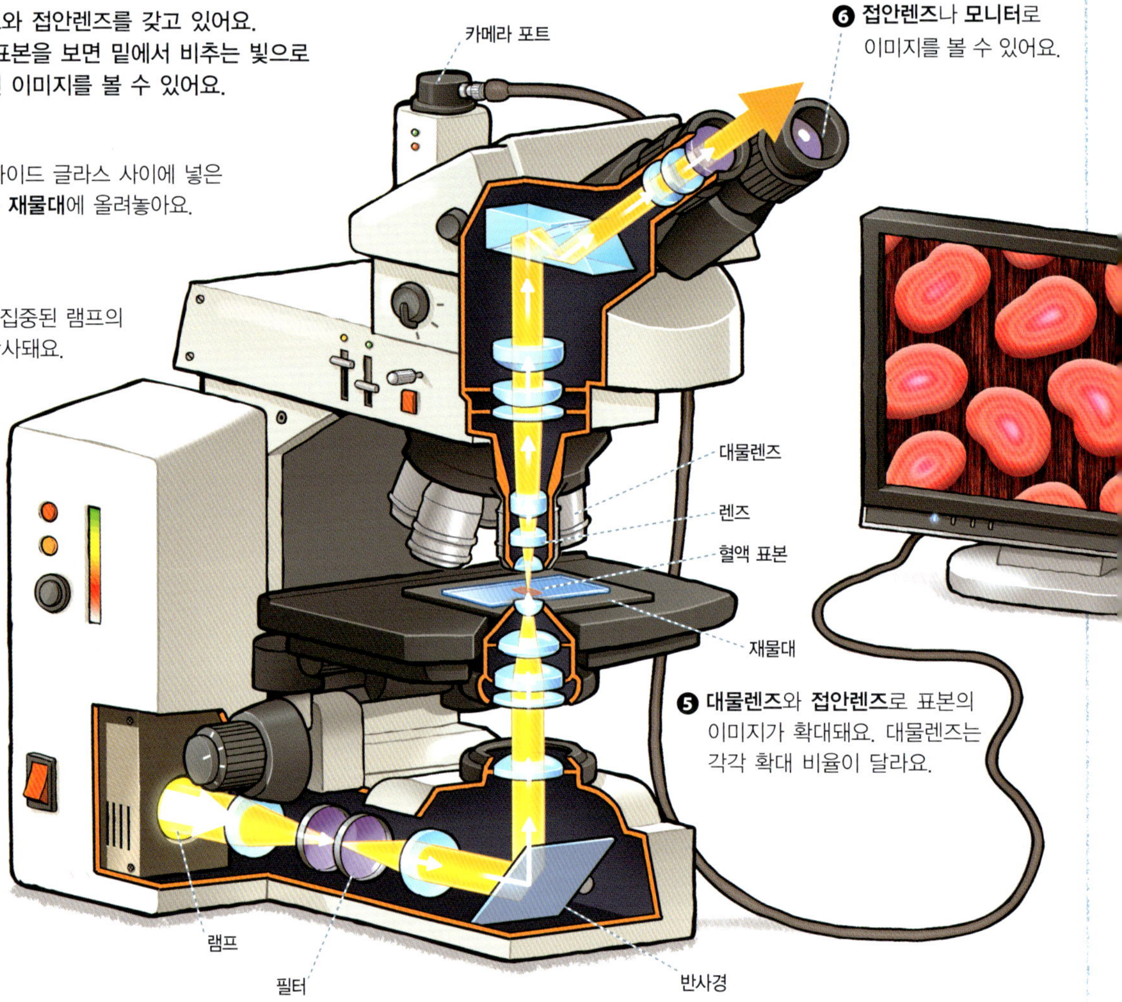

카메라 포트 · 대물렌즈 · 렌즈 · 혈액 표본 · 재물대 · 램프 · 필터 · 반사경

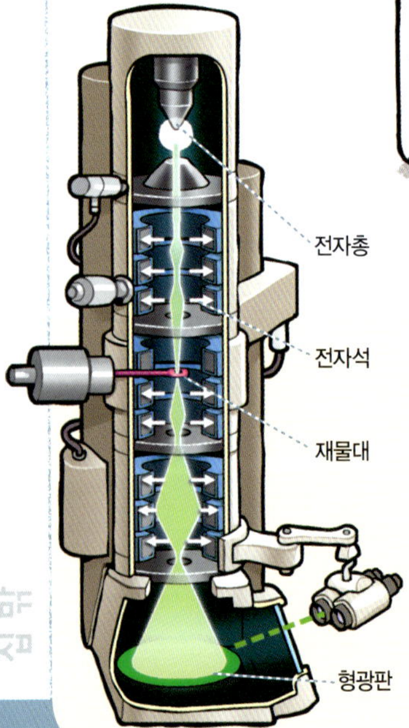

전자총 · 전자석 · 재물대 · 형광판

여러 종류의 현미경

전자 현미경
전자 현미경은 빛이 아닌 **전자**가 표본을 통과해요. 렌즈 역할을 하는 전자석의 유도를 받은 전자는 형광판 위에 이미지를 비춰요.

주사 전자 현미경
원자 크기의 바늘 끝이 표본 위를 움직여요. 점과 표본의 표면 사이의 거리에 따라 둘 사이에 발생하는 전류가 달라져요. 이를 바탕으로 **표본의 입체 이미지**를 원자 크기로 재현해요.

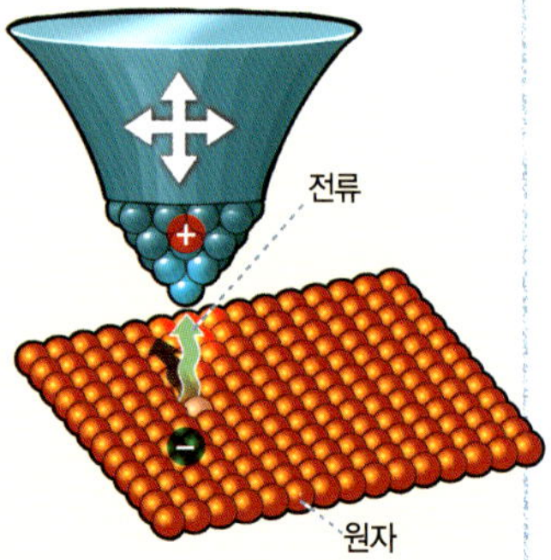

전류 · 원자

병원

64 의학 영상

척척 박사님, 이 기계들로 보니 몸이 투명하게 다 보이네요!

맞아. 검사할 신체의 부위에 따라 어떤 기술을 사용할지 선택한단다.
장의 내부는 카메라로 관찰할 수 있고, 뇌는 MRI를 사용해.
치아는 엑스레이로도 충분하단다.

자기 공명 영상법인 MRI을 이용하면 뇌처럼 부드러운 장기를 들여다볼 수 있어요.

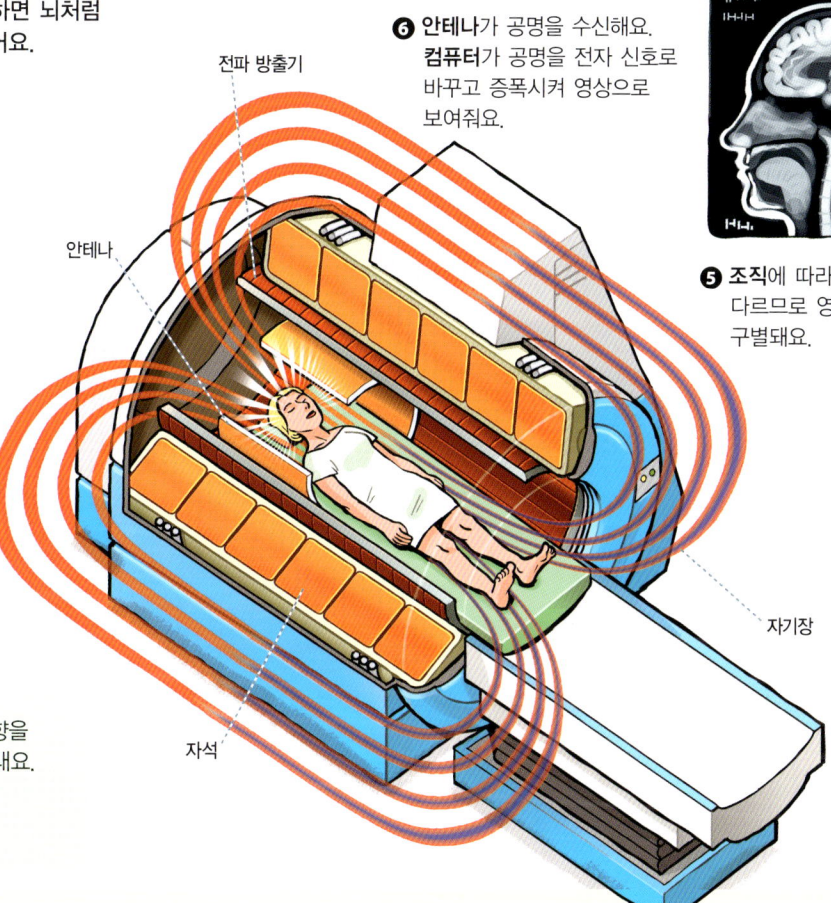

❶ 환자를 **촬영 통로** 속에 눕게 해요.

❷ 매우 강력한 **자석**이 체내 수분 속에 들어 있는 수소 원자의 양성자들을 같은 방향으로 유도해요.

❸ **고주파 송출기**가 검사하고자 하는 부위에 전자파를 쏟아부어요. 그 결과 양성자의 방향이 달라져요.

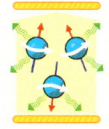
❹ 양성자가 다시 원래의 방향을 되찾으며 약한 공명을 보내요. 이것이 자기 공명이에요.

❻ **안테나**가 공명을 수신해요. **컴퓨터**가 공명을 전자 신호로 바꾸고 증폭시켜 영상으로 보여줘요.

❺ **조직**에 따라 수분 함량이 다르므로 영상으로 구별돼요.

여러 종류의 의학 영상 기기

디지털 엑스레이

엑스선을 이용해 치아, 폐, 뼈의 사진을 찍는 기술이에요.
치아로 엑스선을 쏘아 보내면 일부는 치아와 뼈에 막혀 멈춰 서요.
입안에 삽입한 **디지털 센서**가 엑스선을 감지해 모니터에 영상으로 표시해요. 검은 점은 엑스선이 통과하지 못한 부분으로 충치예요.

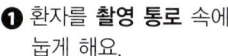

신티그래피

신티그래피는 심장과 같은 장기에 소량의 **방사성 물질**을 투여해 검사하는 기술이에요. 방사선에 민감한 **카메라**가 몸 속에 들어간 방사능 물질이 방출하는 방사능에 반응하는 검사 대상 기관의 영상을 보여 줘요.
이걸 보고 건강한지 아닌지 알 수 있어요. 예를 들어 심장의 신티그래피를 통해 심장의 **혈액 순환**에 이상이 있는지 알 수 있어요.

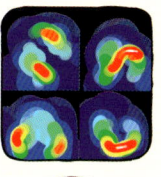
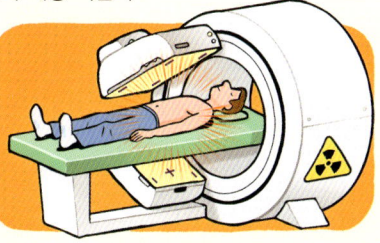

65 발전소

수력, 풍력, 원자력은 어떻게 다른가요?

우선 에너지원이 다르단다. 물, 바람, 석탄, 우라늄 등 다양한 에너지원을 쓰지. 터빈이 돌아가면서 발전기를 움직이고 발전기가 전기를 생산한다는 원리는 비슷하단다.

화력 발전소에서는 가스, 석탄, 생활 폐기물이 연소하면서 물을 수증기로 바꿔요.

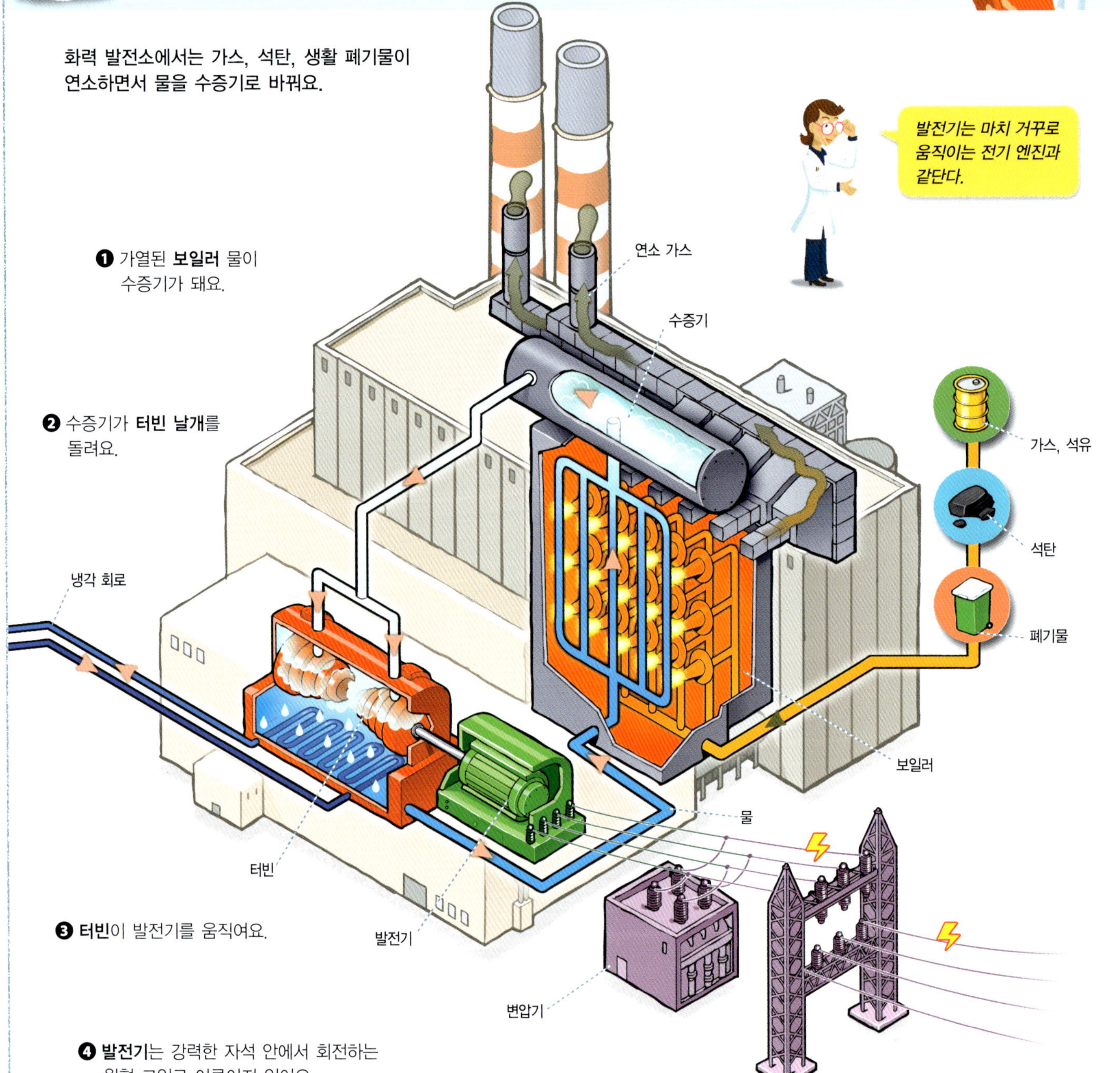

발전기는 마치 거꾸로 움직이는 전기 엔진과 같단다.

❶ 가열된 **보일러** 물이 수증기가 돼요.

❷ 수증기가 **터빈 날개**를 돌려요.

❸ 터빈이 발전기를 움직여요.

❹ **발전기**는 강력한 자석 안에서 회전하는 원형 코일로 이루어져 있어요.

❺ 코일이 회전하면 **전자기 유도 현상**이 발생해 전기가 생산돼요.

❻ **변압기**는 생산된 전류의 속성을 배전망에 맞도록 조절해요.

연소 가스 · 수증기 · 가스, 석유 · 석탄 · 폐기물 · 보일러 · 물 · 변압기 · 발전기 · 터빈 · 냉각 회로

발전소

풍력 터빈들은 지하 케이블에 의해 서로 연결되어 있고 전력망에도 연결되어 있어요.

❶ 바람이 불면 **프로펠러** 날개가 돌아가요.

❷ 날개의 운동이 **발전기**로 전달돼요.

나셀은 풍향계와 풍속계가 보내는 정보에 따라 자동으로 바람을 향하게 돼요.

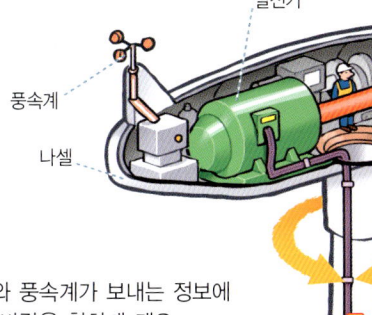

원자력 발전소는 특별한 화력 발전소이에요.

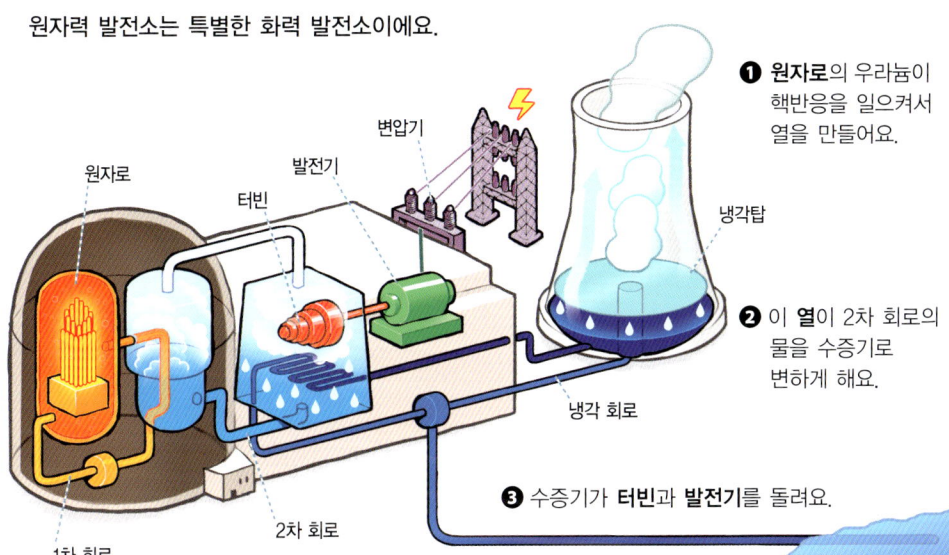

❶ **원자로**의 우라늄이 핵반응을 일으켜서 열을 만들어요.

❷ 이 **열**이 2차 회로의 물을 수증기로 변하게 해요.

❸ 수증기가 **터빈**과 **발전기**를 돌려요.

댐의 수문이 열리면 물이 아래로 떨어져요. 낙하하는 물의 운동에너지를 전기에너지로 바꾸는 것이 수력 발전이에요.

❶ **댐**에 저장된 물이 수로를 따라 터빈을 향해 흘러요.

❷ 물이 세차게 떨어지면 **터빈**의 날개가 고속으로 돌아가요.

❸ 이때 **발전기**가 전기를 생산해요.

❹ 터빈을 돌린 물은 강으로 흘러가요.

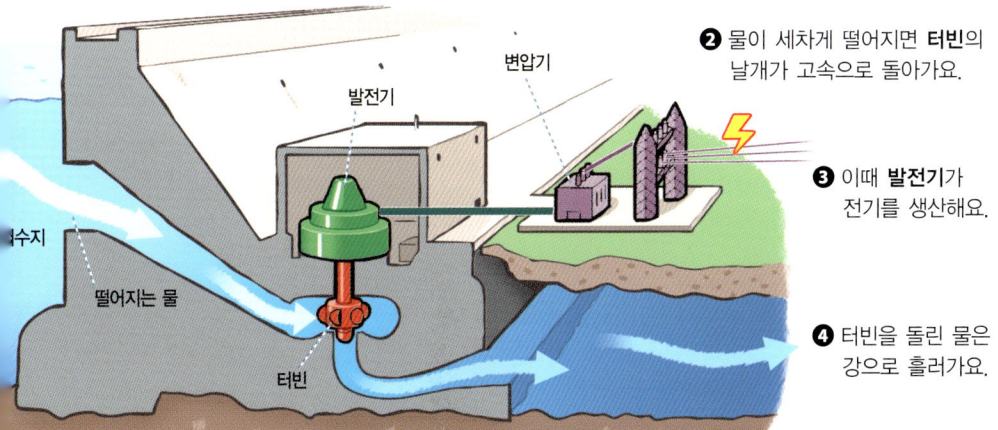

에너지

에너지란 일을 할 수 있는 능력을 뜻해요. 에너지는 에너지 자원으로 나누기도 하고, 에너지 형태로도 나눠요.

에너지 자원에는 태양, 바람, 석유, 가스, 우라늄 등이 있어요. 그리고 **에너지 형태**에는 운동에너지, 위치에너지, 전기에너지, 열에너지, 빛에너지, 화학에너지 등이 있어요. 에너지는 사라지는게 아니라 하나의 형태에서 다른 형태로 변하는 것이지요.

어디에 쓸까요?

양초를 태우면 화학에너지(기름, 밀랍)가 복사에너지(빛)와 열에너지(열)로 바뀌어요.

화학 → 빛 + 열

전등은 전기에너지를 복사에너지(빛)와 열에너지(열)로 바꿔요.

전기 → 복사 + 열

자동차 엔진은 화학에너지(휘발유)를 운동에너지(이동)와 열에너지(마찰)로 바꿔요.

화학 → 운동 + 열

근육은 화학에너지(음식물)를 운동에너지(운동)와 열에너지(열)로 바꿔요.

화학 → 운동 + 열

66 정수 처리장

수돗물은 어디서 오나요? 사용한 물은 또 어디로 흘러가죠?

수돗물은 저수탑에서 온단다. 지하수층에서 퍼낸 다음 여과하고 처리하고 관리하여 마실 수 있는 물을 만들어 저수탑에 저장한 거지. 몸을 씻거나 설거지한 물은 하수 처리장으로 간단다.

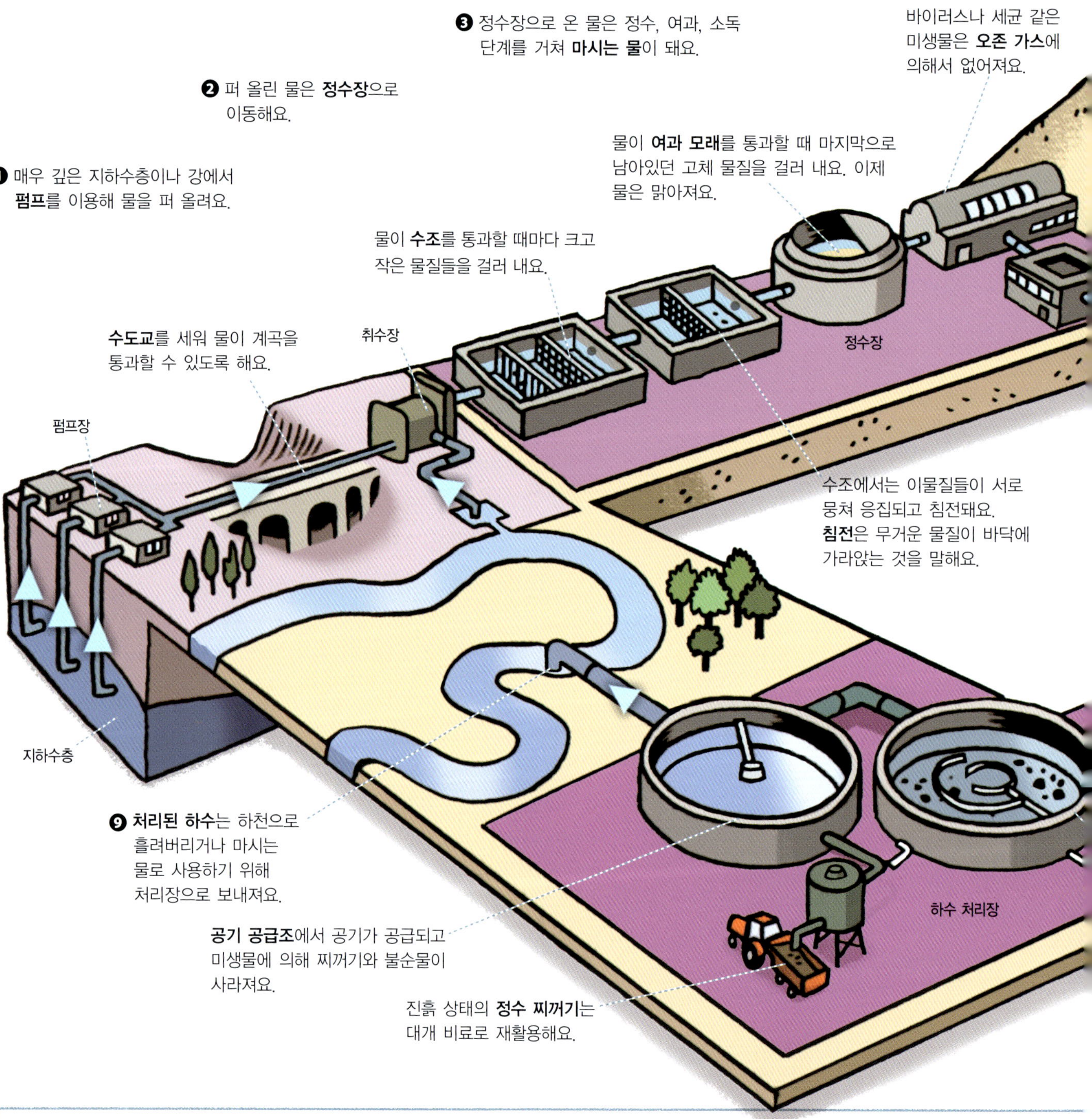

❶ 매우 깊은 지하수층이나 강에서 **펌프**를 이용해 물을 퍼 올려요.

❷ 퍼 올린 물은 **정수장**으로 이동해요.

❸ 정수장으로 온 물은 정수, 여과, 소독 단계를 거쳐 **마시는 물**이 돼요.

바이러스나 세균 같은 미생물은 **오존 가스**에 의해서 없어져요.

물이 **여과 모래**를 통과할 때 마지막으로 남아있던 고체 물질을 걸러 내요. 이제 물은 맑아져요.

물이 **수조**를 통과할 때마다 크고 작은 물질들을 걸러 내요.

수도교를 세워 물이 계곡을 통과할 수 있도록 해요.

취수장

펌프장

수조에서는 이물질들이 서로 뭉쳐 응집되고 침전돼요. **침전**은 무거운 물질이 바닥에 가라앉는 것을 말해요.

정수장

지하수층

❾ **처리된 하수**는 하천으로 흘려버리거나 마시는 물로 사용하기 위해 처리장으로 보내져요.

공기 공급조에서 공기가 공급되고 미생물에 의해 찌꺼기와 불순물이 사라져요.

진흙 상태의 **정수 찌꺼기**는 대개 비료로 재활용해요.

하수 처리장

지하

제3장

여가를 위한

חזור וצלם

인라인스케이트와 스케이트보드

똑똑 박사님, 인라인스케이트와 스케이트보드는 어떻게 잘 굴러가는 건가요?

그건 바퀴에 달린 볼 베어링 덕분이란다. 18세기에 발명되었지만 한 세기가 지나서야 상용된 볼 베어링은 바퀴가 달린 기구에 일대 혁명을 가져왔단다.

❶ 인라인스케이트

인라인스케이트는 바퀴가 일자로 달려 있어요. 바퀴는 마찰을 줄이기 위해 둥글게 만들어요.

인라인스케이트의 **바퀴**는 조금만 몸을 움직여도 쉽게 방향을 바꿀 수 있어요.

발가락을 보호하는 부분에는 통풍이 잘되도록 작은 구멍이 있어요.

볼 베어링 그림이에요. 내륜과 외륜 사이에 쇠로된 구슬 모양의 전동체가 박힌 **유지기**가 들어 있고, 윤활유가 발라져 있어요.

전동체와 **윤활유** 덕분에 내륜과 외륜 그리고 인라인스케이트의 바퀴가 마찰 없이 잘 굴러가요.

인라인스케이트 바퀴마다 두 개의 **볼 베어링**이 **스페이서**로 연결되어 있어요.

❷ 스케이트보드

스케이트보드는 단순히 보드에 바퀴를 단 것이 아니에요. 방향을 바꾸기 쉽도록 보드를 기울어지게 설계했죠.

바퀴에 두 개의 **볼 베어링**이 달려 있어요.

트럭이라고 부르는 바퀴 **중심축**은 베이스 플레이트에 고정되어 있으며 움직일 때 서로 영향을 받아요.

트럭 좌우로 **바퀴**가 달려 있어요.

❶ 스케이트보드가 **수평**일 때, 트럭은 평행을 이루고 보드가 앞으로 나아가요.

❷ 몸의 **왼쪽**에 힘을 실으면 보드가 기울어져요. 이때 트럭이 돌아가면서 왼쪽으로 가요.

❸ 몸을 **오른쪽**으로 기울이면 보드는 오른쪽으로 돌아가요.

운동장

68 공과 구슬

축구공이 신기하게 날아갈 때도 있던데 차는 방법이 특별해서인가요?

그렇단다. 하지만 그것 말고 다른 이유도 있지. 공의 형태나 공기 저항력 때문이기도 해. 어떤 바닥에서 공을 튀기냐에 따라서 공이 움직이는게 달라지기도 한단다.

❶ 리바운드

공이 튀어서 되돌아오는 것을 리바운드라고 해요. 공이 바닥에 부딪힐 때 어느 정도 탄력을 가져요. 리바운드는 공이나 공이 부딪히는 바닥에 변형을 가져올 수 있어요.

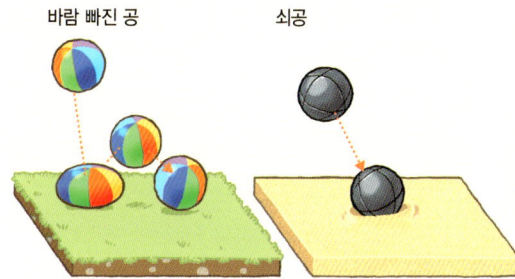

공이 **잔디 위**에 떨어져 조금 튀어 올라요.

무거운 쇠공은 **모래밭**에 파묻혀요.

유리구슬은 바닥에서 튀어 오르지만, 구슬은 물론 **콘크리트 바닥**도 변형없이 그대로예요.

테니스공은 모양이 일그러지며 튀어 올라요. **테니스 코트 바닥**에 자국이 남아요.

공이 아래로 떨어지면서 운동에너지가 생기지.

공이 떨어지면서 생긴 **운동에너지**로 인해 **공** 또는 바닥이 변형되어요. 하지만 바닥 환경에 따라 바닥에 흡수되기도 해요. 잔디에 떨어진 공은 조금 튀어 오르고 모래밭의 쇠공은 전혀 튀어 오르지 않아요.

공이 아래로 떨어질 때 생긴 **운동에너지**를 이용해 구슬과 테니스공이 다시 튀어 올라요. 공이 튀어 오르는 높이는 어떤 공인지, 어떤 바닥인지에 따라 달라요.

❷ 축구의 프리킥

축구공이 회전할 때 주위의 공기를 끌어당겨요. 공은 공기가 압축되는 쪽의 반대 방향으로 빨려가요. 이를 '마그누스 효과'라고 해요.

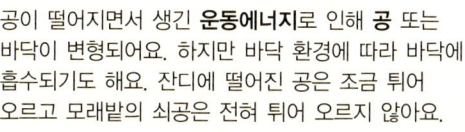

마그누스 힘 / 가속된 기류 / 회전 / 공기 / 감속된 기류

❶ 오른발 안쪽으로 공을 세게 차면 공이 **회전**해요.

❷ 공은 **직선**을 그리며 나가요. 공의 빠른 속도 때문에 공이 회전해도 똑바로 나가요.

❸ 하지만 속도가 떨어지면 공의 회전 때문에 공의 방향이 달라져요. 공기의 움직임에 빨려든 공이 **왼쪽**으로 벗어나게 돼요.

69 시간 측정

똑똑 박사님, 어떻게 몇 백분의 일 초 단위까지 시간을 잴 수 있죠?

매우 정교한 시스템이 있어서 가능하지만, 그 원리는 단순하지. 정확한 출발과 도착 시간을 알아내고 시간을 계산하는 컴퓨터에 이 정보를 즉시 전달해 주기만 하면 된단다.

❶ 컴퓨터 시간 측정

출발 총성이 울리면 컴퓨터의 측정기가 작동을 시작해요. 센서가 결승선의 광선을 통과하는 시간을 기록해요.

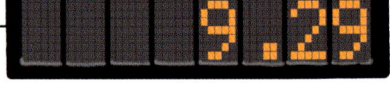

심판들이 결과 기록을 승인하면 컴퓨터는 **전광판**에 기록을 표시해요.

출발대마다 **확성기**가 달려 모든 주자가 동시에 출발 총성을 들을 수 있어요.

초고속 카메라가 도착 장면을 촬영해요. 컴퓨터가 판정 사진을 재생해요.

선수들은 컴퓨터의 **동작 센서**에 연결되어 있어요. 부정 출발이 있는 경우 심판에게 알려줘요.

판정 사진은 언제 쓰나요?

육상 경기나 경마, 자동차 경주에서 결승선에 비슷하게 들어오는 주자들의 도착 순서를 정할 때 쓴단다. 카메라가 찍은 영상과 사진을 보며 도착 순서를 결정하고 각 주자의 기록을 보여 주지.

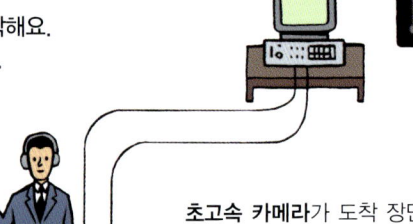

❷ 원격 시간 측정

스키 선수의 등 번호에는 번호를 저장한 전자 태그가 장착되어 있어요.

트랙을 따라 설치된 **판독기**가 중간 기록을 보내요.

결승선을 지날 때 선수의 **전자 태그**가 판독기에 정보를 전송해요.

주자가 **출발 게이트**를 통과하면 시간 측정이 시작돼요.

판독기의 정보는 전파를 통해 시간 측정기로 전송되지요.

컴퓨터가 선수들의 기록을 계산하고 순위를 매겨요.

컴퓨터 / 송신기 / 프린터

운동장

70 전자 심판

척척 박사님, 펜싱 선수가 득점한 것을 알리는 표시등은 누가 켜나요?

바로 전자 심판기란다. 와이어로 선수들과 연결된 전자 심판기는 공격이 있을 때마다 누가 먼저 상대를 찔렀는지 기록하고 표시등을 켜서 알려 주지. 이때 펜싱 도구에 따라 전기 회로는 달라진단다.

펜싱 경기마다 **경기 규칙**이 달라요. **플뢰레 경기**에서는 검 끝이 몸통을 찔렀을 때 득점해요. **에페**에서는 검의 끝이 몸 어느 부분에 닿아도 점수를 얻어요. **사브르**에서는 검의 끝이나 검의 날이 허리 위 상반신의 어느 한 곳을 찌르면 점수를 얻게 되지요.

공격이 유효하다고 **주심**이 확인하면 점수가 표시돼요.

전자 심판기가 어떤 색의 불을 켤지 결정해요.

와이어는 플뢰레 경기에서 쓰는 플뢰레 검과 전자 심판기를 연결해 줘요.

플뢰레 시합

와이어

플뢰레 선수는 금속 섬유로 만든 전도성 **가슴받이**를 착용하며 가슴받이가 공격에 성공하면 득점해요.

플뢰레와 에페에서 공격이 유효타일 때 작동하는 신호 전달 회로를 살펴볼까?

사브르의 전기 회로는 다르게 작동해요.

플뢰레 검이 **금속 가슴받이**를 찌르면 전류가 흐르고 표시등이 켜져요.

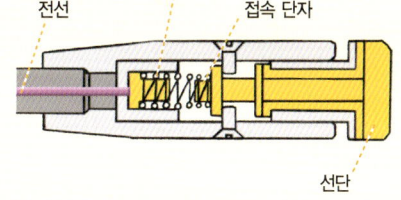

선단이 스프링을 누르면 공격한 선수의 칼날에 삽입된 전선과 상대 선수의 가슴받이 사이에 전기 접점이 형성돼요.

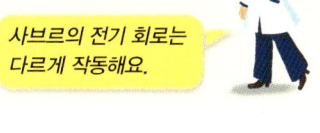

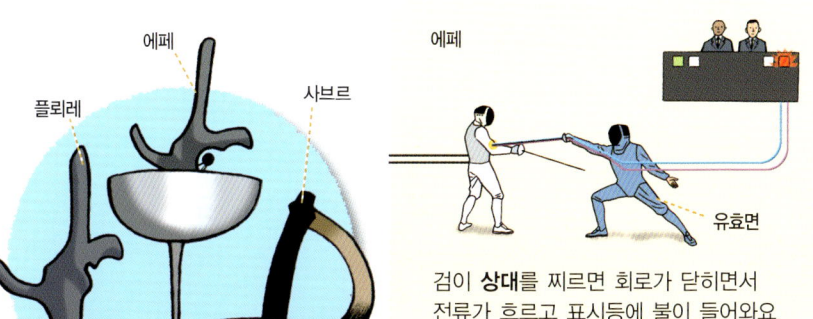

검이 **상대**를 찌르면 회로가 닫히면서 전류가 흐르고 표시등에 불이 들어와요.

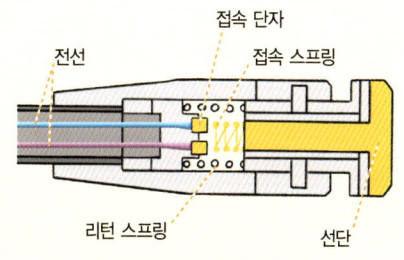

선단이 스프링을 누르면 공격한 선수의 칼날에 삽입된 두 개의 전선 사이에 전기 접점이 형성돼요.

71 놀이공원

회전 그네가 이리저리 방향을 바꾸면서 돌아가요. 축제 같아요!

그래, 축제구나. 물리적 현상의 축제! 에너지 전이, 충격, 마찰, 힘의 균형 같은 물리적 현상을 놀이 기구 어디서든 볼 수 있단다.

❶ 범퍼카

전기로 움직이는 범퍼카는 서로 부딪치지만 고무 범퍼가 충격을 줄여줘요.

철망으로 된 천장에 **쇠막대**가 닿으면 천장과 금속 바닥 사이에 전류가 흘러요.

❶ 범퍼카가 움직이기 시작해요.

❷ 페달을 밟으면 모터에 전기가 공급돼요.

❸ 방향을 바꾸고 싶으면 핸들을 돌리면 돼요.

❹ 놀이기구의 **전원**이 꺼지면 범퍼카는 정지해요.

철망 / 쇠막대 / 고무 범퍼가 일그러지면서 충격 에너지를 일부 흡수해요. / 연결 막대 / 전기 모터 / 금속 바닥

충돌

범퍼카의 운동에너지가 부딪힌 범퍼카로 전달돼요.

범퍼카와 범퍼카가 부딪치면 에너지가 전달되면서 두 범퍼카는 앞, 뒤, 옆으로 밀려나요. 이때 **속도**와 **충돌 강도**에 따라 밀려나는 정도가 달라져요.

❷ 회전 그네

빠르게 돌아가는 회전 그네는 우리 몸에 강한 자극을 줘요. 우리의 평형 감각과 우리가 보는 주변 풍경 사이에 균형이 깨지기 때문이에요.

원심력

원심력의 작용으로 그네가 회전축에서 멀어져요.

❸ 대관람차

수직으로 회전하는 대관람차는 150미터가 넘는 크기의 놀이 기구로 아주 멀리 있는 곳까지 볼 수 있어요!

타이어가 장착된 바퀴들이 대관람차를 돌려요.

구동 바퀴 / 엔진

놀이공원

72 공기총

똑똑 박사님, 공기총은 어떻게 총알이 발사되나요?

공기총은 압축된 공기의 압력이 풀리면서 총알을 밀어내는 원리란다. 미는 힘이 강할수록 총알은 더 멀리 날아가지. 하지만 놀이공원에서 풍선을 터뜨리거나 과녁을 명중시키려면 조준을 잘해야 해!

공기총은 화약총이 아니에요. 압축가스 방아쇠가 납으로 만든 총알을 발사해요.

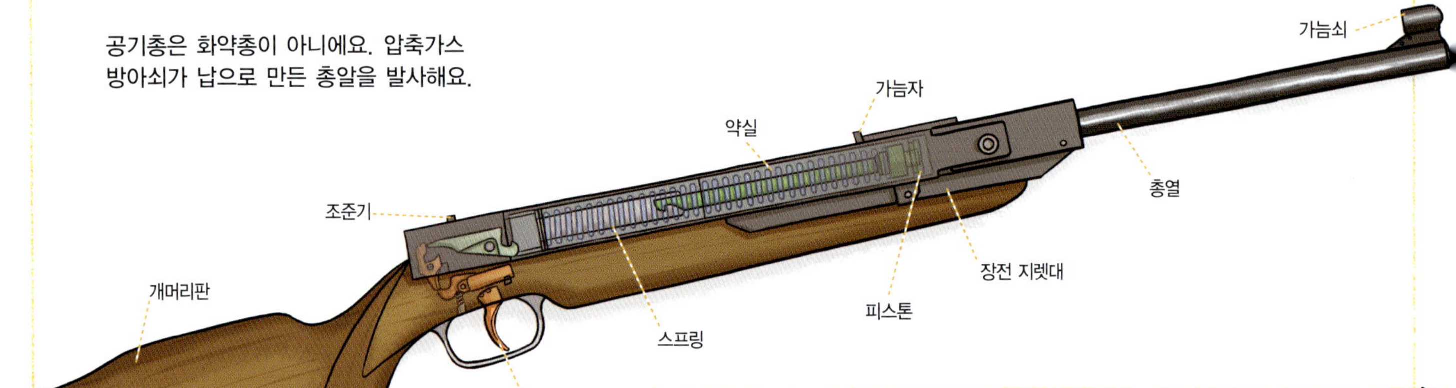

부품 명칭: 개머리판, 조준기, 약실, 가늠자, 가늠쇠, 총열, 장전 지렛대, 피스톤, 스프링, 방아쇠

총알 가운데 파인 부분에 **압축 공기**가 들어와요. 총알에 홈이 패여 있어 총을 발사하면 총알이 **회전**하며 날아가요. 그래서 총알이 발사한 방향을 벗어나지 않고 날아가는 거예요.

조준선은 총을 쏘는 사람의 눈에서 시작해 조준기, 가늠자, 가늠쇠를 거쳐 목표물에 이르는 가상의 선을 말해요.

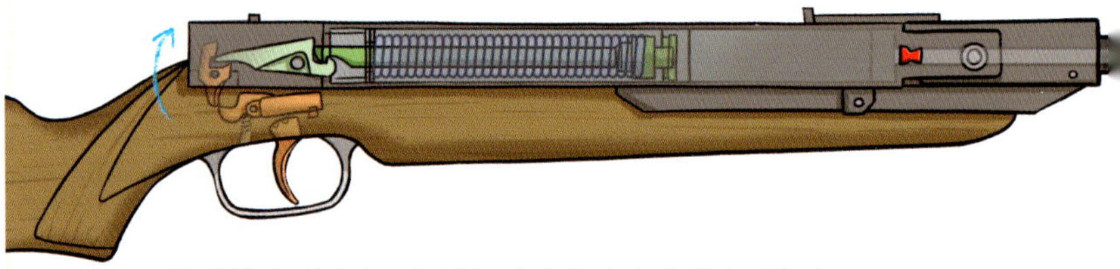

① 총열이 젖혀지면 **장전 지렛대**가 피스톤을 뒤로 밀어요. 공기가 약실에 들어오고 **스프링**이 눌려요.

② **탄환**을 집어넣고 총열을 다시 올리면 총열이 탄환이 나올 입구를 막아요. 약실은 완전히 닫혀요.

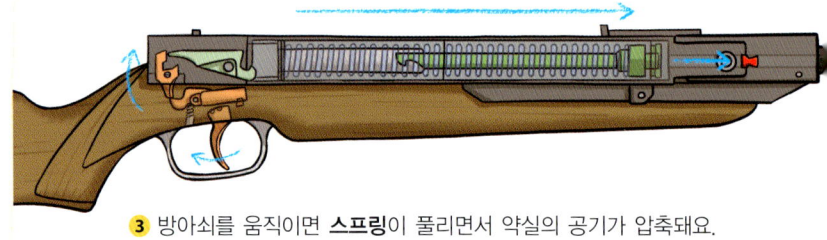

③ 방아쇠를 움직이면 **스프링**이 풀리면서 약실의 공기가 압축돼요. 압축된 공기가 작은 구멍으로 빠져나가면서 탄환이 발사돼요.

총열을 조금만 움직이면 장전 지렛대가 스프링을 누르고 있는 피스톤을 밀어내요.

놀이공원

73 시뮬레이터

시뮬레이터에서 진짜처럼 느끼려면 성능 좋은 컴퓨터가 필요하겠죠?

물론이지. 어떤 상황에서도 지체 없이 프로그램의 지시 사항을 수행할 수 있을 만큼 빠르고 정확해야 한단다. 프로그램은 모든 것을 예상할 수 있어야 하지.

시뮬레이터는 원래 비행기 조종 실습을 위해서 개발되었어요. 요즘에는 자동차나 비행기를 조종해 보는 놀이기구로 쓰여요.

❶ 넓은 모니터에 **시뮬레이션 영상**이 나타나요.

❷ 핸들과 페달을 조작하면 **전기 신호**로 바뀌어요.

❸ **컴퓨터**가 전기 신호를 프로그램에 따라 처리해요.

❹ **모니터**의 영상이 빠르게 변해요.

❺ 여러 개의 **실린더**가 작동하면서 자유자재로 움직일 수 있게 해 줘요.

❻ 동시에 **스피커**와 **진동 장치**가 작동해요.

❼ 핸들과 좌석의 **진동기**도 작동하여 실제 상황이라는 느낌이 들어요.

스피커 / 진동 장치 / 컴퓨터

시뮬레이터는 3D 게임기라고 할 수 있지.

원리를 알아볼까요? 유압 실린더

화물차의 적재함을 올리거나 컨베이어 포장대 위에서 상자를 움직이게 할 때, 혹은 회전목마를 돌릴 때 모두 실린더를 사용해요. **유압 실린더**란 압력이 밀어내는 피스톤과 막대처럼 생긴 피스톤 로드가 들어있는 원통 모양의 기구를 말해요.

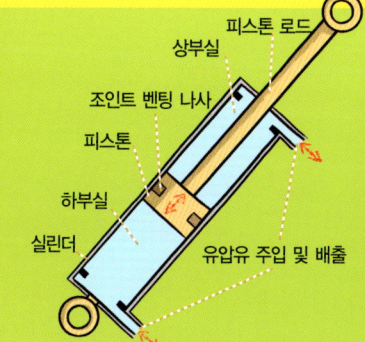

피스톤 로드 / 상부실 / 조인트 벤팅 나사 / 피스톤 / 하부실 / 실린더 / 유압유 주입 및 배출

유압유를 하부실에 주입해요. 유압유가 피스톤을 밀어내면 **피스톤 로드**가 올라가며 상부실의 유압유가 주입기 쪽으로 나와요. 유압유를 상부실에 주입하면 피스톤 로드가 내려가요. 그 결과 조종석이 올라가거나 내려가게 되지요.

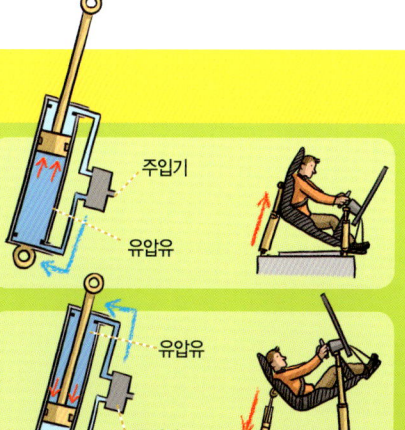

주입기 / 유압유 / 유압유 / 주입기

74 현악기

똑똑 박사님, 악기 소리는 현이 울리면서 나는 거죠?

물론이지. 하지만 현을 울리게 하는 방법은 피아노, 바이올린, 기타 등 악기마다 다르단다. 악기에 따라서 현을 때리거나, 마찰하거나, 잡아당겨 소리를 내지.

❶ 피아노

건반을 누르면 해머가 음표에 따라 하나, 둘 혹은 세 개의 현을 때려 울리게 해요. 눌렀던 건반을 놓으면 댐퍼가 현의 울림을 정지시켜요.

❶ **강철로 된 현**이 금속 프레임 위에 팽팽하게 당겨져 있어요.

❷ **해머**가 현을 때리면 현이 울려요.

❸ 나무로 된 **줄받침**이 현의 울림을 울림판으로 전달해요.

❹ 얇은 나무로 된 **울림판**은 현의 울림을 증폭시켜 악기 음을 만들어 내요.

피아노는 보통 하얀 건반 52개와 검은 건반 36개, **총 88개**의 건반으로 이루어져 있어요.

소프트 페달은 해머와 현의 거리를 좁혀 줘요. 따라서 해머의 힘이 약해지고 소리가 부드러워져요.

소스테누토 페달은 해머와 현 사이에 펠트로 된 천이 내려오게 해 소리를 많이 줄여줘요.

해머 머리 부분은 펠트로 싸져 있어요.

댐퍼 페달은 댐퍼를 위로 올려 건반을 놓아도 현이 계속 울리도록 해요.

프레임 / 줄받침 / 울림판 / 현 / 소프트 페달 / 소스테누토 페달 / 댐퍼 페달 / 댐퍼 / 현 / 해머 머리 / 해머 잭 / 건반

콘서트홀

❷ 바이올린

바이올린에는 네 개의 현이 있어요. 이 중 하나 혹은 두 개의 현이 활과 마찰해서 생기는 진동이 몸통인 울림통에 의해 증폭되어 들려요.

바이올린의 현은 기타처럼 손으로 튕겨서 소리를 내기도 하는데 이를 '피치카토' 라고 부른단다.

❶ 활의 활털은 말의 꼬리털로 만들며 금속 현과 마찰해요.

❷ 현의 울림 즉 소리는 현의 굵기와 현의 길이에 따라 달라져요. 현의 길이는 현을 잡는 손가락의 위치로 결정돼요.

줄감개로 현을 잡아당겨 조율해요.

줄감개 / 현 / 지판 / 줄받침 / 활대 / 활털 / 턱받침 / 울림판 / 버팀 막대 / f자 모양의 울림구멍 / 울림기둥

❻ 울림통에서 증폭된 소리는 **f자 모양의 울림구멍**을 통해 밖으로 울려 나와요.

❺ 소리의 울림은 매우 작은 나무 막대인 **울림기둥**에 의해서 **울림통** 깊숙이 전달돼요.

❸ **줄받침**은 소리를 울림판으로 전달해요.

❹ **버팀 막대**는 울림통 안에서 소리가 잘 퍼지게 해요.

❸ 전기 기타

전기 기타에는 공명통이 없어요. 대신 미세한 음파를 전기 신호로 바꾸고 이를 증폭시키는 픽업이 여러 개 달려 있어요.

기타는 줄을 튕겨소리를 내는 악기예요. 이때 줄을 눌러 음정을 고르지요.

줄받침 / 픽업 / 목 / 몸체 바디 / 헤드 / 프렛 / 줄 / 비브라토 / 조절 버튼 / 앰프 단자

기타 줄을 누르면 줄의 길이가 달라지고 음의 높낮이가 달라져요.

재미있는 이야기

1650년경 독일의 학자 아타나시우스 키르허는 '고양이 오르간' 을 생각해 냈어요. 여러 마리의 고양이를 우는 소리의 높낮이 순서대로 상자에 앉혔어요. 건반을 누르면 꼬리를 꼬집힌 고양이가 소리를 냈다는군요.

한번 해 봐요!

소리의 높낮이는 현의 굵기와 길이에 따라 달라져요. 굵은 현은 울리는 속도가 느려서 낮은 소리를 내요. 고무 밴드를 두꺼운 것과 얇은 것을 상자에 감아 직접 실험을 해 봐요.

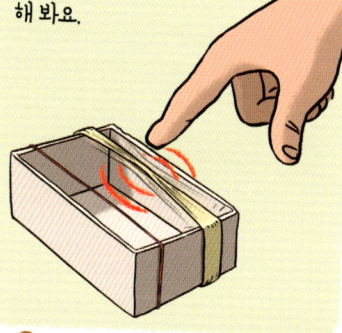

척척 박사님의 보너스

17~18세기에 이탈리아에서 만든 스트라디바리우스의 아름다운 선율은 널리 알려져 있지. 이 악기가 아직까지 훌륭한 소리를 내는 것은 그 당시 사용한 나무와 곰팡이를 방지하는 화학 처리 때문이야.

75 관악기

척척 박사님, 관악기를 불면 어떻게 소리가 나나요?

관악기는 구멍이 여러 개 뚫려 있는 관이지. 손가락으로 구멍을 막거나 피스톤을 움직이면 소리를 변화시킬 수 있단다.

❶ 트럼펫

입술이 만드는 공기의 울림이 마우스피스에서부터 벨에 이르기까지 악기 전체로 퍼져 나가요.

❶ 트럼펫 연주자는 **마우스피스**에 숨을 불어넣어 공기가 울리게 해요.

❷ 입술로 **공기의 압력**을 조절하면서 다양한 음을 만들어 내요.

❸ 세 개의 **피스톤**을 작동시켜 7개의 키를 더 연주할 수 있어요.

❹ 나팔꽃을 닮아 나팔꽃 관으로도 불리는 **벨**이 공기의 울림을 증폭시켜요.

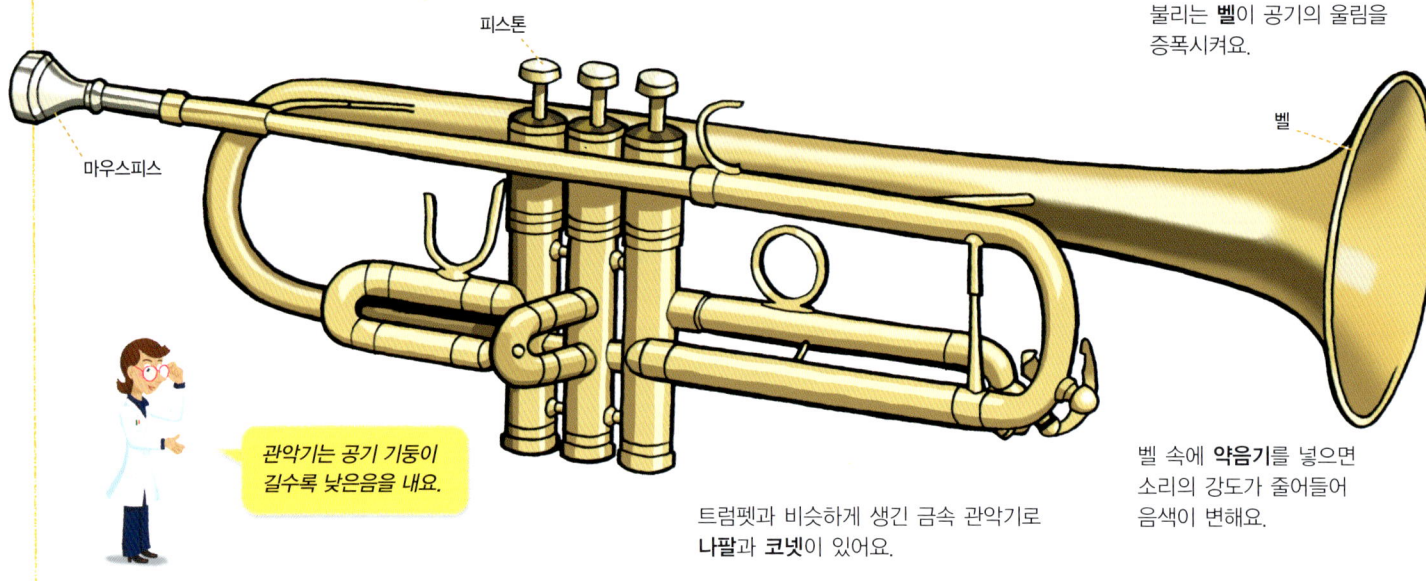

피스톤

마우스피스

벨

관악기는 공기 기둥이 길수록 낮은음을 내요.

트럼펫과 비슷하게 생긴 금속 관악기로 **나팔**과 **코넷**이 있어요.

벨 속에 **약음기**를 넣으면 소리의 강도가 줄어들어 음색이 변해요.

피스톤의 기능

피스톤이 눌리면 공기 기둥의 길이와 공기의 진동이 달라져요.

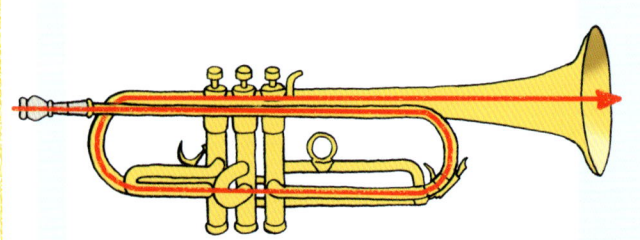

눌렸던 **피스톤이 올라가면** 밸브가 잠기면서 피스톤에 연결된 작은 관으로 공기가 들어가지 않아요.

피스톤이 눌리면 밸브가 열리면서 피스톤에 연결된 작은 관으로 공기가 들어가요. 공기 기둥이 길어지면서 낮은 소리를 내요.

콘서트홀

❷ 색소폰

색소폰의 마우스피스에는 리드가 있어요. 리드는 공기 기둥을 진동시키는 얇은 진동판 조각이에요.

크룩

색소폰의 **몸체**는 원뿔 모양이며 놋쇠로 되어 있어요.

로드가 구멍을 막는 마개와 키를 연결해 줘요.

로드

벨

마우스피스
리드
조임쇠

색소폰 마우스피스에 리드가 연결되어 있어요. 연주자가 숨을 불면 갈대로 만든 리드가 진동해요.

스무여 개 되는 키는 구멍을 열거나 막아요.

색소폰의 구멍을 열거나 닫으면 **공기 기둥**의 길이가 달라져요.

색소폰은 관이 길어 몸체가 **접힌 형태**예요. 소프라노 색소폰만이 일자 형태지요.

목관 악기인 오보에는 공기를 진동시키는 리드가 두 개 있지.

예전에는?

아코디언은 공기를 빨아들이고 내뱉는 주름상자로 이루어져 있어요. 건반을 누르면 공기가 들어가 리드가 울려요. 아코디언은 기계식 하모니카라고 할 수 있어요.

이건 몰랐지요?

팬파이프에는 구멍이 없는데 어떻게 다양한 음을 낼까요?

길이가 다른 관이 여러 개 있기 때문이죠. 관의 길이가 길수록 낮은음을 내요.

❸ 플루트

플루트의 마우스피스는 '립플레이트'라고 불러요. 여기에 달린 리드에 공기가 부딪히며 진동해요.

왼손 키
오른손 키
'낮은 도' 키

키로 구멍을 막아요.

플루트 연주자는 입으로 음을 발생시킬 때의 각도와 마우스피스에 부는 **공기 압력**을 조절하여 음색을 변화시켜요.

엄지 키

플루트는 몸과 직각이 되게 잡아요. 그래서 '가로로 부는 피리' 라고도 불러요.

립플레이트

손가락으로 키를 열거나 닫아 다양한 음을 표현해요. 이를 '**운지법**'이라고 해요.

오른손 새끼손가락으로 '낮은 도' 키를 눌러 '낮은 도' 소리도 낼 수 있어요.

똑똑 박사님의 보너스

연주자의 폐와 후두, 입을 통해 악기로 들어가는 공기는 공기 기둥을 형성해요. 이렇게 악기와 한 몸이 된 연주자는 아름다운 음색으로 곡을 연주해요.

76 신시사이저

31 37

똑똑 박사님, 피아노 줄이 없는 피아노로 어떻게 연주할 수 있는 거죠?

이 피아노는 소리 데이터들이 저장된 디지털 악기란다. 버튼을 눌러 다양한 악기 소리를 낼 수 있고, 리듬을 자유롭게 만들어 낼 수 있어.

건반 밑에 있는 여러 가지 부품들이 소리 샘플을 저장하거나 소리를 조합해서 음향 효과를 만들어요.

❶ 콘솔의 **버튼**을 조작해 피아노, 바이올린 같은 악기와 원하는 반주를 선택할 수 있어요.

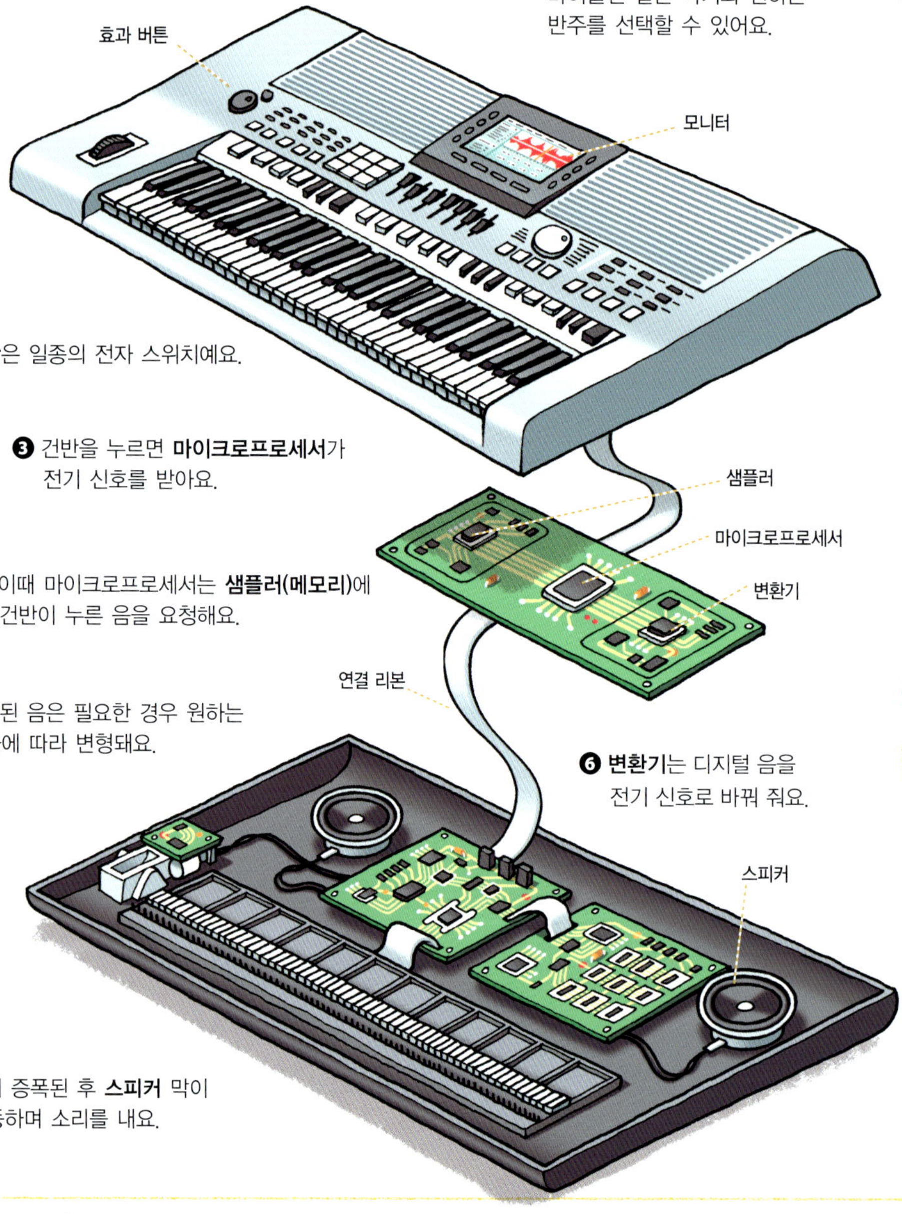

효과 버튼

모니터

❷ **건반**은 일종의 전자 스위치예요.

❸ 건반을 누르면 **마이크로프로세서**가 전기 신호를 받아요.

샘플러
마이크로프로세서
변환기

❹ 이때 마이크로프로세서는 **샘플러(메모리)**에 건반이 누른 음을 요청해요.

연결 리본

❺ 요청된 음은 필요한 경우 원하는 효과에 따라 변형돼요.

❻ **변환기**는 디지털 음을 전기 신호로 바꿔 줘요.

스피커

❼ 음이 증폭된 후 **스피커** 막이 진동하며 소리를 내요.

비슷하지만 달라요!

디제이들은 레코드판의 음악과 디지털 음을 섞을 때 신시사이저보다는 컴퓨터를 이용해요. 따라서 건반을 누를 필요가 없죠.

예전에는?

배럴 오르간도 저장된 음악을 사용해요. 손잡이를 돌려 풀무를 작동시키면 마분지가 조금씩 나오면서 마분지에 뚫려있는 구멍이 악기 속의 관을 열어 공기가 나가요.

척척 박사님의 보너스

신시사이저 소프트웨어로 작곡, 편곡, 믹싱을 할 수 있어요. 컴퓨터 음악을 만드는 보조 프로그램이지요.

콘서트홀

원리를 알아볼까요?

77 소리

진동하는 것은 무엇이든 소리를 내요. 목젖, 북, 기타 줄, 호루라기 속의 공기나 회전하는 엔진 등 모두 진동하면서 소리가 나지요. 공기, 물, 금속을 통해 퍼져 나간 진동이 파장이라는 형태로 우리의 귀나 다른 수신기에 도달하는 것이에요.

1 공기 속에서 소리가 퍼지는 것은 **파동** 때문이에요. 파동은 한 지점에서 생긴 진동이 둘레로 **퍼져 나가는 것**을 의미하지요.

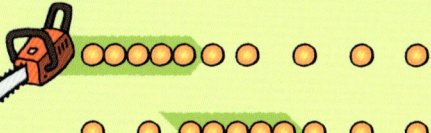

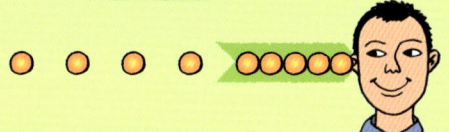

2 소리의 세기(큰 소리, 작은 소리), 높낮이(저음, 중음, 고음), 맵시(트럼펫이 내는 '라'와 하프가 내는 '라'의 차이)를 '소리의 3요소'라고 해요. 소리를 다양하게 표현하는 방법이죠. 음악은 여러 가지 소리를 조화롭게 혼합한 것이에요.

세기
높낮이
맵시

3 일정 시간 동안 진동한 횟수를 '**진동수**'라고 하고 **헤르츠(Hz)**로 나타내요. 음악에서 진동수는 악기의 현이나 공기가 진동하는 속도를 말하고 음정에 해당해요. 파장이 작아서 사람의 귀로는 들을 수 없는 초저주파나 초음파 같은 소리를 듣는 동물들이 있어요.

0 Hz   20 Hz   20000 Hz
초저주파   사람이 들을 수 있는 소리   초음파

4 음량은 데시벨(db)로 나타내요. 높은 데시벨의 소리에 계속해서 노출되면 청력을 잃을 수 있어요.

 130dB 이륙하는 비행기
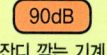 110dB 공연장
 90dB 잔디 깎는 기계
 70dB 진공청소기
 30dB 속삭이는 소리
0dB 음향 연구소

소음계를 이용해 소음 공해를 측정해요.

어디에 쓸까요?

우리가 들을 수 없는 파동인 **초음파**는 의료 분야를 비롯해 다양한 곳에서 사용돼요.

초음파 검사는 초음파를 이용한 의료 영상 기술이에요. 진동하는 초소형 마이크가 수십 개 달린 센서가 초음파를 보내요. 태아의 몸이 초음파를 받아 반사하면 컴퓨터 영상으로 나와요.

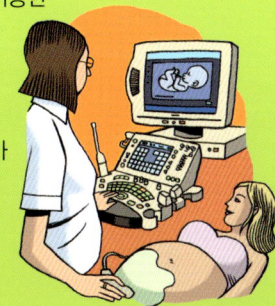

소리의 진동을 이용해 **안경 세척**을 할 수 있어요. 물을 채운 통에 안경을 넣으면 초음파에 의해 물이 진동하며 안경을 닦아요.

임신부의 배에 젤을 바르면 공기를 차단해 소리의 왜곡을 막을 수 있지.

초음파를 이용하면 모기나 쥐와 같은 **해로운 동물**을 쫓을 수 있어요. 초음파를 듣고 도망가기 때문이지요.

78 연

척척 박사님, 연은 어떻게 하늘을 날아다니나요?

연은 일정한 비행 범위 내에서 날아다닌단다. 연줄을 당기면 연의 균형이 바뀌면서 이런 방식으로 연의 방향을 바꿀 수 있어.

❶ 연

연이 공중에 뜨는 것은 연에 작용하는 바람 때문이에요.

비행 범위는 구의 1/4에 해당하는 공간이에요.

❶ 연은 비행 범위의 꼭대기에서 바람을 맞아 균형을 잡고 떠 있어요.

❷ 파란색 줄을 잡아당기면 연은 오른쪽으로 방향을 바꿔요. 주황색 줄을 잡아당기면 연은 왼쪽으로 방향을 바꿔요.

❸ 연이 **비행 범위**를 벗어나면 바람은 더는 연을 떠 있게 해 줄 수 없어요.

바람이 불어오는 방향

❷ 카이트 서핑

패러글라이딩과 서핑을 접목한 레저 스포츠예요. 사람이 줄에 달린 연을 잡고 앞으로 나가요.

끌줄
방향줄
컨트롤 바

문제가 생기면 **안전장치**가 연과 이어진 줄을 떼어 내요.

연의 날개에 **공기**가 들어 있어 물 위에도 착륙할 수 있어요.

방향줄은 방향을 잡게 해요.

끌줄은 바람에 맞춰 연의 기울기를 바꿔 줘요.

연은 사람이 입은 **하니스**에도 연결되어 있어서 연줄을 잡는 데 많은 힘이 들지 않아요.

서핑 보드는 양 끝이 대칭을 이루므로 발을 움직이지 않아도 어느 방향으로든 서핑할 수 있어요.

예전에는?

2천여 년 전 중국에서 처음 만들어진 연은 원래 군사적 목적에 쓰였어요. 연을 이용해 신호를 보내거나 메시지를 주고받고 거리를 가늠하기도 했어요. 그 후 연은 과학에도 이용되어 벤자민 프랭클린은 연을 이용해 피뢰침을 만들었어요.

미래는 어떨까요?

바람의 힘을 이용하여 연으로 움직이는 배가 운항 중이에요. 에너지를 20% 이상 절약하는 이 배는 연료도 줄이고 환경 오염도 줄이는 새로운 기술이지요.

비슷하지만 달라요!

가장 간단한 연은 마름모꼴의 평평한 연으로 연줄이 하나예요. 날개는 연살에 팽팽하게 붙어 있으며 연 꼬리는 균형을 잡는 데 쓰여요.

바다

79 돛단배

똑똑 박사님, 어떻게 돛을 조종하면 배가 나가나요?

돛을 조종할 때는 바람의 방향과 힘을 고려해야 한단다. 바람을 최대한 이용해야 좋거든. 배의 기둥인 돛대가 쓰러지거나 배가 뒤집어지지 않도록 조심하는 것도 필요하지.

바람이 돛을 부풀게 하고 배를 앞으로 추진시켜요. 동시에 물은 배가 잠긴 부분에 작용해요.

바람에 부푼 돛은 마치 비행기 날개와 같은 모습이에요.

돛을 조종하려면 도르래가 필요해요.

사람이 위치를 잡으며 **바람과 균형**을 맞춰 배가 뒤집히지 않도록 해요.

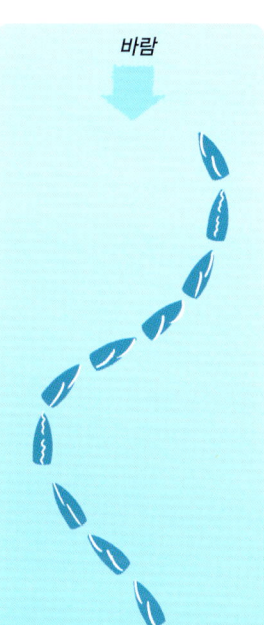

정면에서 바람을 맞으며 나가려면 **지그재그**로 항해해야 해요. 여러 차례 방향을 조종해서 항로를 바꿔야 해요.

유체 역학적 힘

배가 나아갑니다.

❶ 키를 조종해서 돛단배의 방향을 잡아 줘요.

공기 역학적 힘

❷ 공기의 흐름이 만드는 공기역학 효과로 배가 앞으로 가요.

❸ 물속에서 움직이는 용골이 유체역학 효과에 의해 배를 멈추게 하거나 다른 방향으로 움직이게 해요.

키 / 용골

원리를 알아볼까요? 겹도르래

겹도르래는 고정 도르래와 이동 도르래를 두 개 이상 연결한 도르래예요.

도르래를 사용하면 돛을 팽팽하게 당길 때 힘이 덜 들어요.

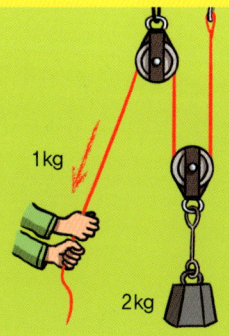

두 개의 도르래로 된 겹도르래를 이용하면 들어 올리는 힘은 반으로 줄어들고 도르래 밧줄은 두 배로 길어져요.

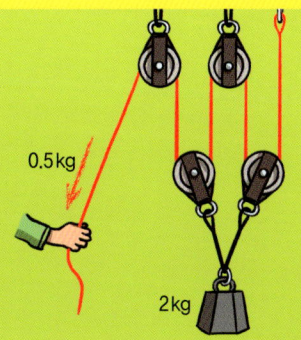

네 개의 도르래가 달린 겹도르래를 이용하면 힘은 1/4로 줄어들고 줄의 길이는 네 배로 늘어나요.
도르래가 많을수록 힘은 그만큼 줄어들어요.

80 수중 호흡기

잠수부 등에 달린 실린더에는 무엇이 들어 있나요?

압축 공기가 들어 있단다. 이 공기 덕분에 물속에서도 몸을 자유롭게 움직일 수 있지. 하지만 물속에서 압축 공기를 이용해 호흡하는 건 압력을 받는 일이라서 압력을 조절하는 호흡기가 필요하단다.

물속에서 호흡하려면 주입되는 공기의 압력과 물의 압력이 같아야 해요.
호흡기가 공기 압력을 수압에 맞춰요.
물의 압력은 바다 깊숙이 들어갈수록 높아져요.

압축 공기가 나오는 양은 물의 압력에 따라 달라져요.

호스에 흐르는 공기는 공기 탱크 속의 공기보다 덜 압축되어 있어요.

물안경은 방수예요. 물안경 안쪽의 공기 덕분에 눈을 뜬 채 잠수할 수 있어요.

호흡기는 두 개의 방으로 나뉘어 있어요. 물의 압력과 공기의 압력은 같아요.

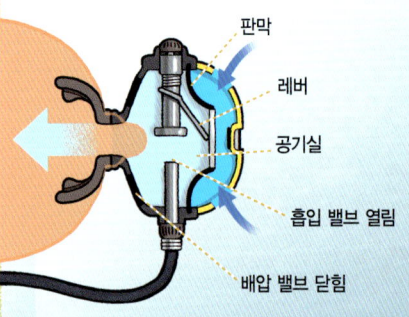

판막 / 레버 / 공기실 / 흡입 밸브 열림 / 배압 밸브 닫힘

❶ 잠수부가 공기실 안의 **공기를 들이마셔요**. 판막이 움직이면서 레버를 올리면 흡입 밸브가 열리고 통에 있는 공기가 들어와요.

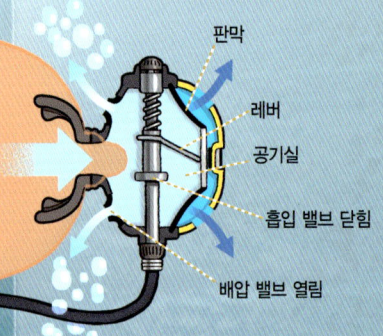

판막 / 레버 / 공기실 / 흡입 밸브 닫힘 / 배압 밸브 열림

❷ 잠수부가 **숨을 내쉬어요**. 공기실의 부피가 증가하고 판막이 움직이며 흡입 밸브를 닫아요. 배압 밸브가 열리고 공기가 밖으로 나가요.

수중 전등으로 물속에서 주변을 볼 수 있어요. 다른 사람의 눈에도 잘 띄게 해 주지요.

압축 공기로 작동하는 **작살총**이에요.

바다

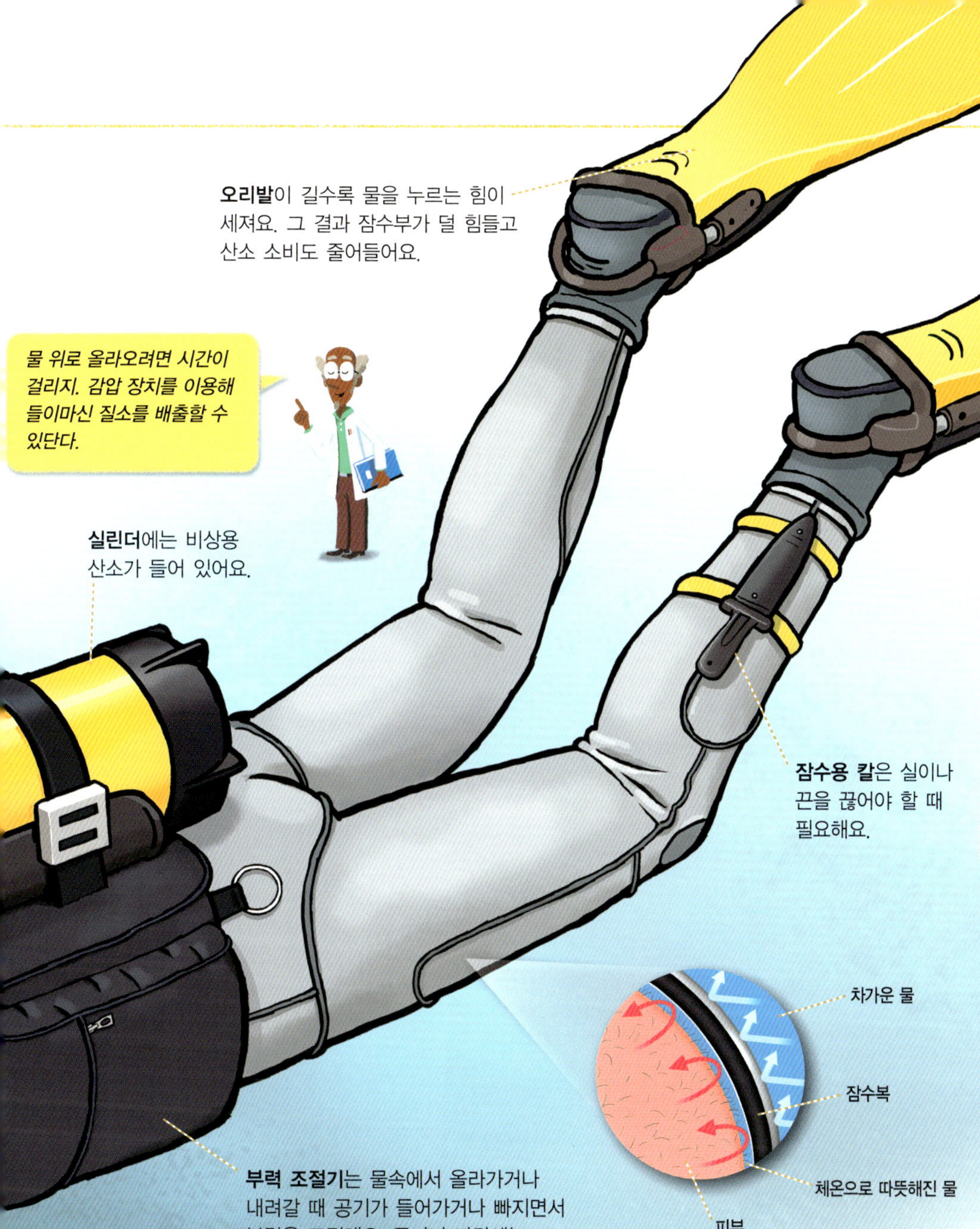

오리발이 길수록 물을 누르는 힘이 세져요. 그 결과 잠수부가 덜 힘들고 산소 소비도 줄어들어요.

물 위로 올라오려면 시간이 걸리지. 감압 장치를 이용해 들이마신 질소를 배출할 수 있단다.

실린더에는 비상용 산소가 들어 있어요.

잠수용 칼은 실이나 끈을 끊어야 할 때 필요해요.

재미있는 이야기

적의 눈에 띄지 말아야 하는 해군 잠수병은 공기 방울을 만들지 않는 특수한 호흡 장치를 사용해요. 즉, 내쉰 공기를 화학적으로 재처리해 다시 들이마실 수 있게 해요.

예전에는?

초기에 만들어진 금속으로 된 호흡 장치는 호스로 수면 위의 공기 압축기와 연결되어 있었어요. 1943년 프랑스 엔지니어 가냥과 해군 대령 쿠스토가 자동 호흡 조절기를 개량해 자급식 수중 호흡 기계를 발명했어요.

— 차가운 물
— 잠수복
— 체온으로 따뜻해진 물
— 피부

합성 고무의 일종인 **네오프렌**으로 만든 잠수복은 추위를 막아 줘요. 잠수복 중에는 방수가 아닌 것도 있어요. 이런 잠수복은 몸과 잠수복 사이에 얇은 물의 막이 형성되어 단열 효과를 내요.

부력 조절기는 물속에서 올라가거나 내려갈 때 공기가 들어가거나 빠지면서 부력을 조절해요. 주머니 바닥에는 납이 들어 있어요.

물속에서 흉부와 폐는 **물의 압력**을 받아요. 밑으로 내려갈수록 폐가 받는 압력이 커져요.

척척 박사님의 보너스

물속에서 올라가거나 내려갈 때 가끔씩 멈춰야 한단다. 혈액 속에 녹아든 질소가 가스 방울이 되지 않도록 하기 위해서지. 질소가 갑자기 감압되면 기체 상태로 변해 잠수부가 사망할 수도 있어.

잠수 컴퓨터는 수심, 온도, 장소, 공기 탱크, 감압 장치 등을 고려해 최적의 잠수 프로그램을 설정해요.

수심이 일정 수준 이상이 되면 압력이 너무 커져요. 이때는 특수한 호흡 장치와 혼합 가스가 필요해요.

스키와 고정 장치

 **똑똑 박사님, 스키는 눈 위로 미끄러지는 나무판 같은 거죠?**

 옛날에는 그랬지. 하지만 요새는 첨단 기술로 스키를 만들어서 그냥 판이라고 생각하면 안 된단다. 그런데 스키가 눈 위를 미끄러지는 게 아니라는 건 알고 있니?

스키는 스키를 타는 사람의 무게를 지탱하고 바닥의 굴곡을 견뎌요.

스키를 타는 사람의 몸무게에 따라 스키의 **길이**를 선택해요.

스키 밑판에는 자동차 바퀴처럼 **홈**이 새겨져 있어 물이 배출돼요.

여러 겹의 판으로 가볍고 유연하면서도 튼튼한 스키를 만들어요.

포물선형 스키는 회전할 때 스키를 약간만 기울이면 돼요.

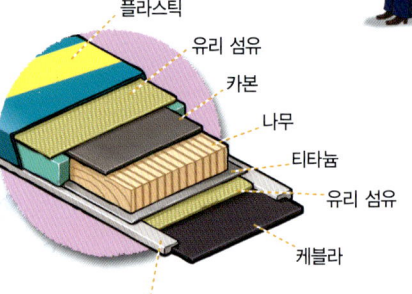
- 플라스틱
- 유리 섬유
- 카본
- 나무
- 티타늄
- 유리 섬유
- 케블라

스키를 멈출 때 **금속 날**을 이용해요.

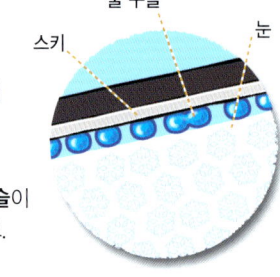
물 구슬 / 스키 / 눈

스키가 **눈**과 마찰하면 뜨거워져요.

눈이 녹으면서 **물 구슬**이 스키 밑판에 형성해요.

스키는 바로 이 미세한 물 구슬 위로 미끄러져요.

① **고정 장치**는 넘어질 때 풀려야 해요. 단단히 고정되지 않으면 조금만 움직여도 풀려요. 하지만 지나치게 단단히 고정되어 있으면 넘어져도 풀리지 않아 무릎에 충격이 갈 수 있어요.

토 피스 / 힐 피스

② **고정 장치**는 신발의 앞쪽과 뒤쪽을 조이고 있어요. 조이는 정도는 **스프링 조절 정도**에 따라 달라져요.

③ 토피스와 신발 사이가 벌어지면 **토 피스**가 신발을 돌아가게 해 스키에서 떨어지게 해요.

발받침

④ 스키가 부딪히거나 갑자기 멈추면 **힐피스**가 뒤로 밀리면서 발받침이 들리고 신발 뒤축이 스키에서 벗겨져요.

브레이크 암

⑤ 스키 신발을 벗으면 **브레이크 암**이 스키가 미끄러지지 않도록 해 줘요.

82 제설기와 스노캣

척척 박사님, 슬로프에 뿌리는 눈은 물을 얼린 거죠?

그렇지. 원리는 간단하단다. 물방울을 차가운 공기 속에 뿌려서 얼리는 거야. 그리고 바닥을 다져서 스키를 탈 수 있는 슬로프로 만든단다.

❶ 제설기

물이 기계의 노즐에서 나오면서 눈으로 변해요. 단 공기가 차갑고 건조해야 해요.

❸ 물이 **노즐**에서 나올 때 압력이 변화되면서 작은 물방울이 되어 공중에 뿌려져요.

❶ 제설기의 물은 호수, 하천, 댐 저수지에서 가져와요.

❷ 압축기가 압축된 물과 공기를 밖으로 보내요.

❹ 공기가 차갑고 건조하기 때문에 **물방울**이 얼어 버려요.

얼음 알갱이에는 진짜 눈의 결정체가 없지.

❺ **얼음 알갱이들**이 뭉치면서 그 안에 공기가 들어가요. 이 공기 때문에 눈이 쌓인 바닥이 푹신해져요.

❷ 스노캣

무한궤도가 있어 경사면도 올라갈 수 있는 스노캣은 스키나 스노보드를 탈 수 있도록 길을 만들어요.

❸ 밀링 머신의 **밀대**가 눈을 다져 표면을 고르게 만들어요.

❶ 날이 눈을 밀어 편편하게 해요.

밀링 머신의 작업 속도와 깊이는 스키장의 상태에 맞춰 조절해요.

밀대를 이용해 눈의 표면을 고르게 해요. 밀링 머신이 눈 속으로 깊이 들어갈수록 눈은 더욱 푹신해져요.

❷ **밀링 머신**이 돌면서 얼음 덩어리를 부숴요.

스노캣이 눈을 눌러 다지나요?

맞아. 하지만 필요한 만큼만 눌러야 한단다. 너무 많이 다지면 눈이 지나치게 단단해져서 스키 타기가 쉽지 않고, 너무 약하게 다지면 눈이 금방 녹거든.

83 케이블카와 체어리프트

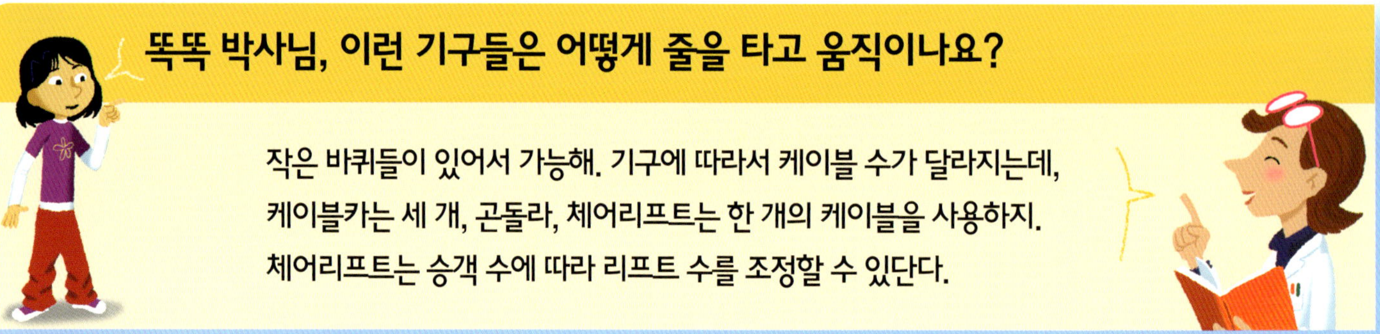

똑똑 박사님, 이런 기구들은 어떻게 줄을 타고 움직이나요?

작은 바퀴들이 있어서 가능해. 기구에 따라서 케이블 수가 달라지는데, 케이블카는 세 개, 곤돌라, 체어리프트는 한 개의 케이블을 사용하지. 체어리프트는 승객 수에 따라 리프트 수를 조정할 수 있단다.

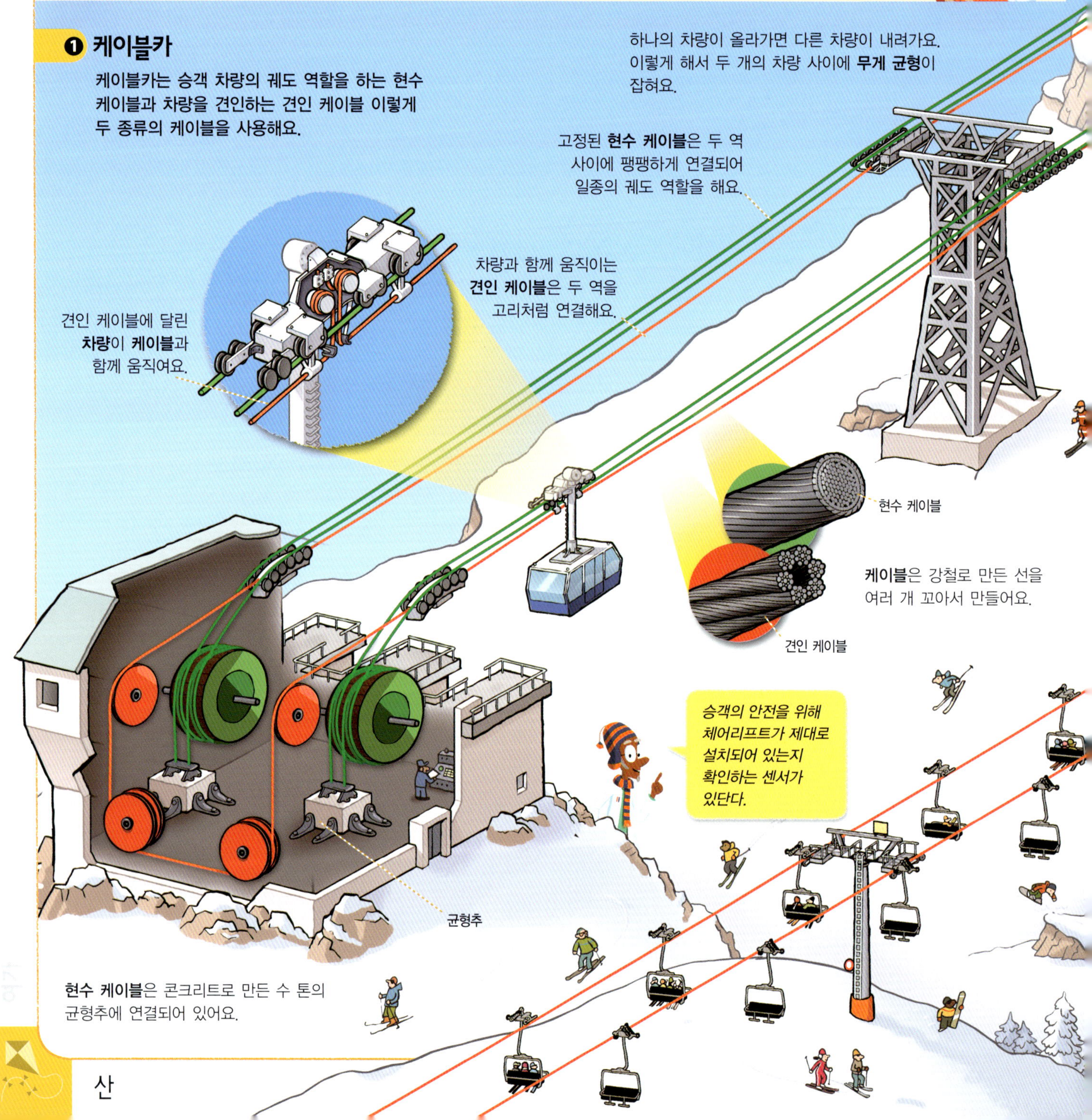

❶ 케이블카

케이블카는 승객 차량의 궤도 역할을 하는 현수 케이블과 차량을 견인하는 견인 케이블 이렇게 두 종류의 케이블을 사용해요.

하나의 차량이 올라가면 다른 차량이 내려가요. 이렇게 해서 두 개의 차량 사이에 **무게 균형**이 잡혀요.

고정된 **현수 케이블**은 두 역 사이에 팽팽하게 연결되어 일종의 궤도 역할을 해요.

차량과 함께 움직이는 **견인 케이블**은 두 역을 고리처럼 연결해요.

견인 케이블에 달린 **차량**이 케이블과 함께 움직여요.

현수 케이블

케이블은 강철로 만든 선을 여러 개 꼬아서 만들어요.

견인 케이블

승객의 안전을 위해 체어리프트가 제대로 설치되어 있는지 확인하는 센서가 있단다.

균형추

현수 케이블은 콘크리트로 만든 수 톤의 균형추에 연결되어 있어요.

산

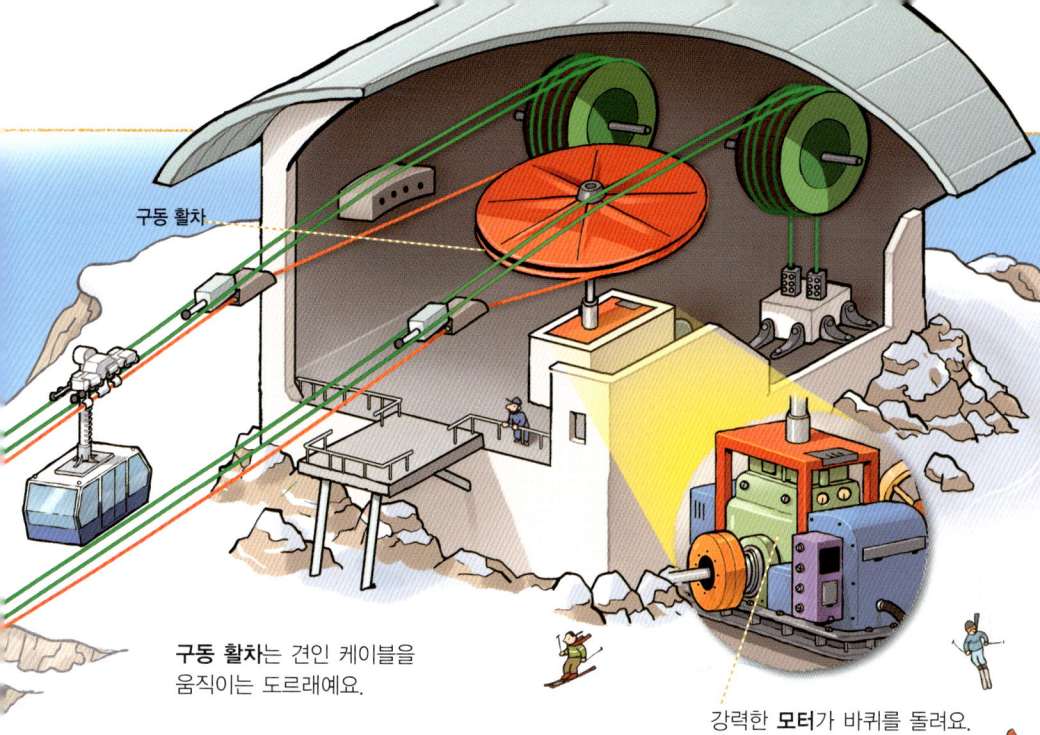

구동 활차

구동 활차는 견인 케이블을 움직이는 도르래예요.

강력한 모터가 바퀴를 돌려요.

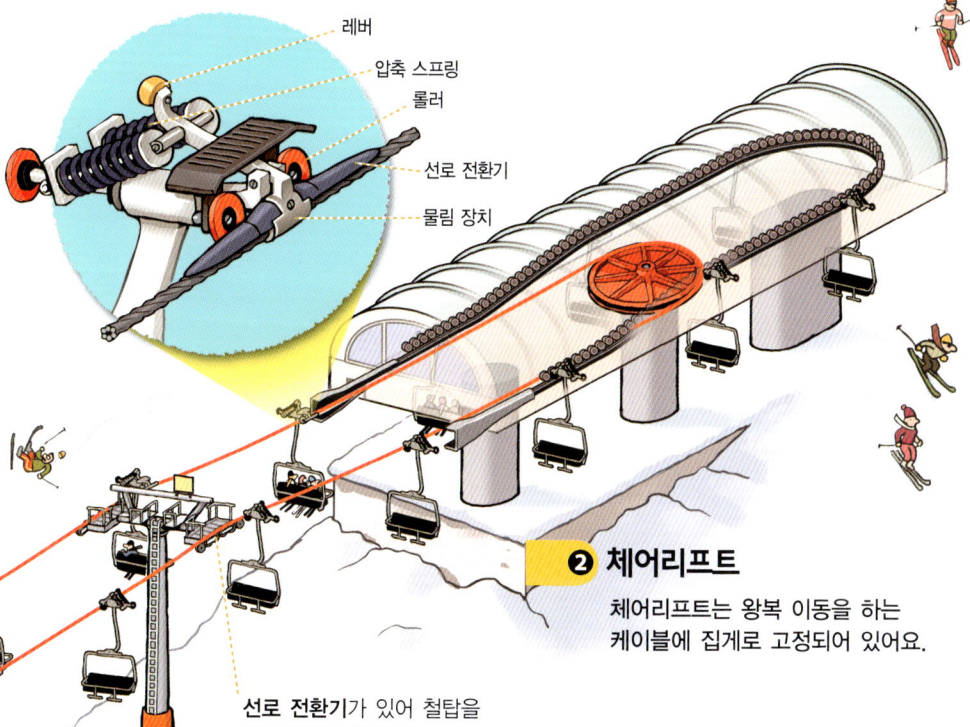

레버
압축 스프링
롤러
선로 전환기
물림 장치

② 체어리프트

체어리프트는 왕복 이동을 하는 케이블에 집게로 고정되어 있어요.

선로 전환기가 있어 철탑을 지나가기가 쉬워요.

① 집게의 **물림 장치**가 케이블을 고정하고 있어요. 두 개의 강력한 스프링이 있어서 견고하게 조여져요.

② 도착역에 닿으면 **레버**에 압력이 가해져 물림 장치가 풀어져요. 리프트가 케이블에서 분리되고 **롤러**에 연결돼요.

③ 리프트는 승객이 쉽게 내릴 수 있도록 천천히 움직여요. 그러나 완전히 멈추지는 않아요.

④ 리프트는 곧 케이블에 다시 연결되어 승객을 계속 운송해요.

재미있는 이야기

1900년경 처음 스키를 타기 시작할 때는 여럿이 원격 썰매를 타고 위로 올라갔어요. 1930년경 처음으로 스키 리프트를 만들어 더 많은 승객들을 더 빨리, 더 높이 올려 보내게 됐어요.

예전에는?

케이블 철도 역시 한 개의 케이블을 이용해 두 개의 차량을 움직이는 방식이에요. 내려가는 객실이 올라가는 객실을 끌어 올리는 역할을 하므로 에너지 소비를 줄일 수 있어요.

미래는 어떨까요?

케이블카 속도는 전차와 비슷한 30km/h이에요. 도심 공간을 효율적으로 활용하기 위해 몇몇 나라에서는 도심형 케이블카를 설치해 운행하고 있어요.

84 콤바인

콤바인이라는 기계는 밀짚에서 밀알을 어떻게 분리하나요?

콤바인은 수확과 탈곡이 한꺼번에 이루어지는 기계란다. 볏짚에서 알곡을 분리하기 위해서 두드리고 흔들고 바람을 부는 영리한 방식으로 껍질을 벗겨 내지. 먼지보다 무거운 알곡은 곡물 탱크로 떨어지거든.

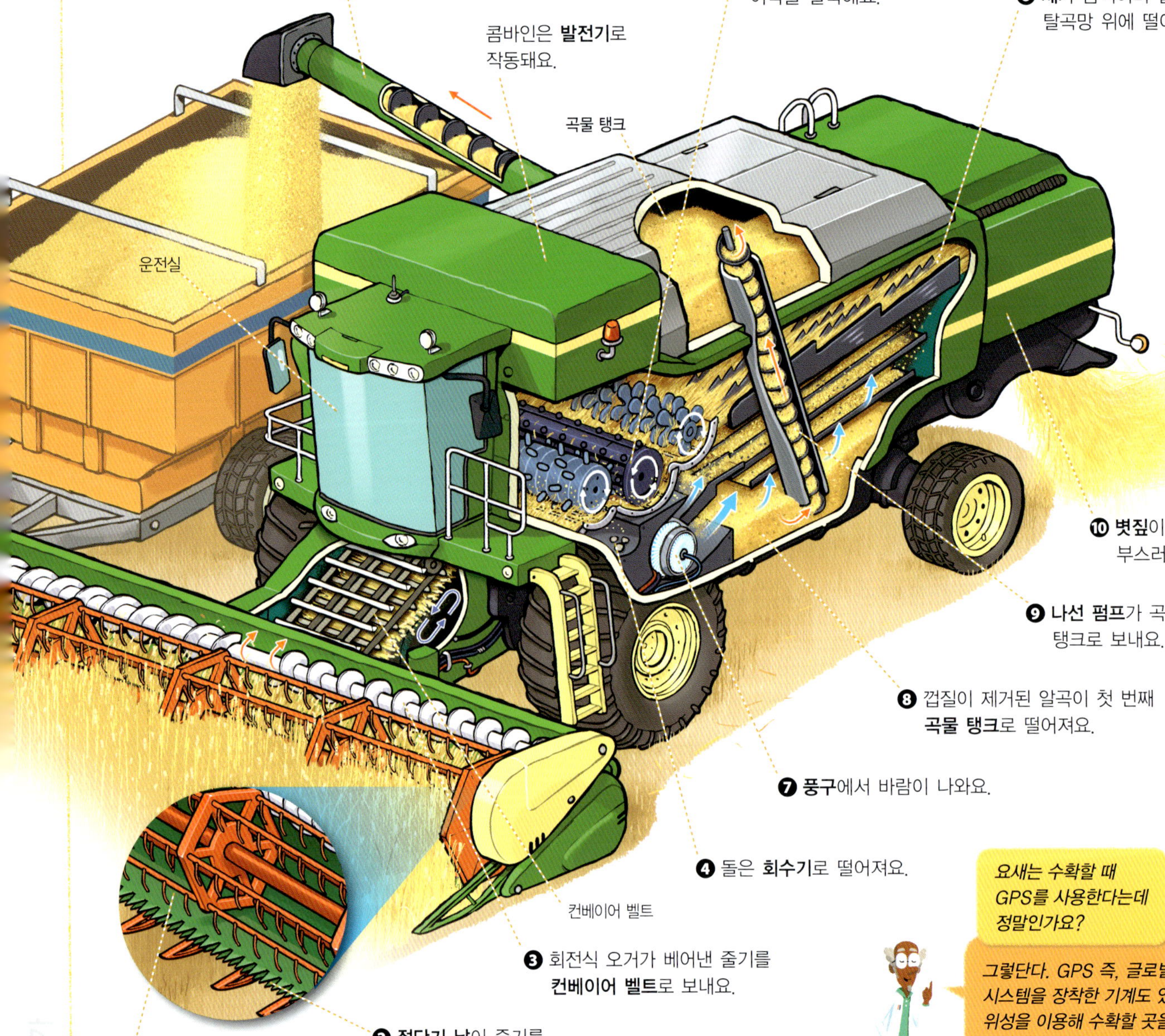

- 알곡이 트레일러로 옮겨져요.
- 콤바인은 **발전기**로 작동돼요.
- 곡물 탱크
- ❺ 작은 망치가 달린 **로터**가 이삭을 탈곡해요.
- ❻ **체**가 움직이며 알곡을 탈곡망 위에 떨어뜨려요.
- 운전실
- ❿ **볏짚**이 잘게 부스러져요.
- ❾ **나선 펌프**가 곡물을 탱크로 보내요.
- ❽ 껍질이 제거된 알곡이 첫 번째 **곡물 탱크**로 떨어져요.
- ❼ **풍구**에서 바람이 나와요.
- ❹ 돌은 **회수기**로 떨어져요.
- 컨베이어 벨트
- ❸ 회전식 오거가 베어낸 줄기를 **컨베이어 벨트**로 보내요.
- ❷ **절단기 날**이 줄기를 베어요.
- ❶ 갈퀴가 달린 **릴**이 줄기를 쓰러뜨려요.

요새는 수확할 때 GPS를 사용한다는데 정말인가요?

그렇단다. GPS 즉, 글로벌 포지셔닝 시스템을 장착한 기계도 있지. 위성을 이용해 수확할 곳을 어떻게 이동할 것인지 정하고 수확 기계를 작동시킨단다. 운전자 없이 말이야.

시골

85 온실 재배

척척 박사님, 어떻게 흙이 없는 곳에서 토마토가 자랄 수 있나요?

흙이 없어도 토마토가 자라는 데 필요로 하는 게 모두 있거든. 자동화된 온실은 농작물 공장이라 할 수 있지. 품질 좋은 토마토를 얻기 위해 기계가 모든 걸 계산하고 측정하고 최적화한단다.

햇볕이 드는 정도에 따라 **보일러**를 가동해 온실의 온도를 일정하게 유지해요.

컴퓨터가 영양소 공급, 난방, 환기 등을 조절해요.

컴퓨터는 온실에 설치된 **제어 콘솔**을 이용해 환풍기나 호스를 작동시키거나 정지시켜요.

한번 해 봐요!

물냉이를 키우는데 흙이 반드시 필요한 건 아니에요. 물냉이 씨앗을 물에 적신 솜에 넣고 물을 살짝 뿌린 후 따뜻하고 빛이 잘 드는 곳에 놓아요. 며칠 후면 새싹이 돋아나요.

- 씨앗
- 탈지면
- 키친타월

척척 박사님의 보너스

온실 속, 유리병 속, 베란다는 따뜻해요. 바람이 없고 공기가 햇빛에 데워지기 때문이에요. 또 유리가 햇빛의 손실을 막아 줘요. 이것이 온실 효과예요.

바닥의 흰색 **플라스틱 필름**이 빛을 골고루 반사해 줘요.

난방 파이프는 꽃을 따는 밀차의 레일로도 쓰여요.

온실 속에 **벌집**을 놓아 벌들이 꽃가루를 나를 수 있도록 해요.

경작물은 일정한 간격으로 구멍이 뚫려있는 **호스**로 필요한 양의 영양분을 얻어요.

온실 보일러는 난방만 하는 게 아닌가요?

그렇단다. 이산화탄소도 만들어 낸단다. 이산화탄소는 토마토 성장에 반드시 필요하거든. 토마토 잎이 햇빛에 화학 반응을 일으켜 그 결과로 이산화탄소가 산소로 바뀌고 유기 물질도 생성된단다. 이런 작용을 광합성이라고 하지.

86 자동 착유기

와! 기계가 저절로 우유를 짜네요. 어떻게 하는 거죠?

고성능 컴퓨터 때문이지. 젖소 각각의 정보를 데이터로 가지고 있어서 각 소의 유방 형태에 맞춰 우유를 짠단다. 착유기는 저장한 데이터를 이용해 유두컵을 정확히 유두 아래에 오도록 한단다.

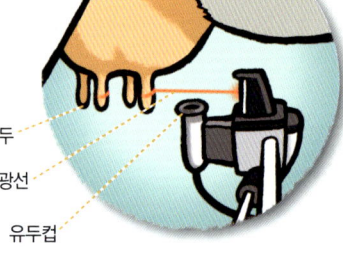

동영상을 분석하고 광선이 거리를 측정하여 기계가 유두의 위치를 정확히 확인한 후 유두컵을 이동시켜요.

유두
광선
유두컵

① 자동 착유기가 **전자 태그**의 정보를 받아 어떤 소인지 확인해요.

원격에서 인식할 수 있는 **전자 태그**가 소의 귀에 달려 있어요.

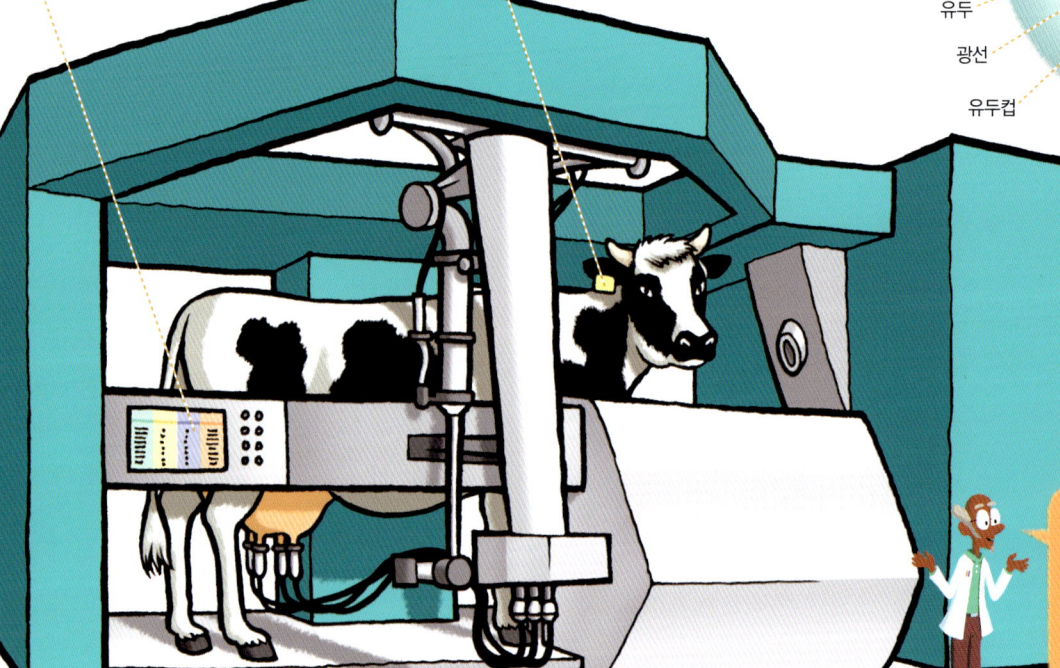

이미 젖을 짠 소면 어떻게 하죠?

착유기가 전파로 미세한 전기를 방전해 전자 태그에 신호를 보내지. 그러면 소는 기계에서 나와야 한다는 걸 알게 된단다.

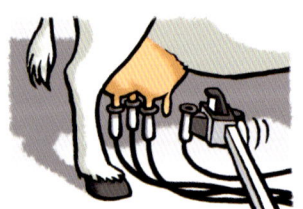

② 소가 들어오면 유두를 씻어요. 유두컵을 든 **기계 팔**이 정확한 위치에 오면 착유를 시작해요.

③ 나오는 **우유의 양**이 줄기 시작하면 착유를 중단해요. 유두와 유두컵을 다시 씻으면 착유기는 다음 착유를 시작할 수 있어요.

④ 소는 나이, 무게, 산유량 등을 고려해 계산된 **영양 보충제**를 먹여요.

⑤ 우유를 분석한 뒤 식혀서 섭씨 4도의 탱크에 넣어 **우유 가공 공장**으로 즉시 운반해요.

87 무선 인식

'무선 인식' 이란 먼 거리에서 정보를 인식하는 기술로 컴퓨터에 연결하는 판독기와 태그를 사용해요. 태그는 전자 칩과 안테나로 되어있고, 정보를 수십 미터까지 보낼 수 있어요.

컴퓨터 칩 / 안테나는 코일이에요.

1 출입구에 내장된 **판독기**가 **전파**를 보내요.

2 전파 구역에 들어온 **카드**가 반응하여 안테나가 전기를 만들고 **칩**이 작동해요.

3 카드 속의 **안테나**를 이용해 칩에서 판독기로 인식된 정보를 보내요.

4 판독기는 이 정보를 **중앙 컴퓨터**로 전송해요.

정보는 눈 깜빡할 사이 광속으로 전송된단다.

5 고객을 인식한 중앙 컴퓨터가 출입구가 열리도록 해요.

사람에게 이용하는 것은 민감한 문제란다. 어떤 경우는 개인의 자유를 침해할 수 있거든.

어디에 쓸까요?

무선 인식(RFID)의 용도는 우편물이나 소화물 이동 추적, 현금 이송 보호, 자동차나 이용자 출입 통제, 도서관에서 도서 출납, 사람 인식 등 매우 다양해요.
전자 태그는 무선 인식 태그라고도 하며, 앞으로 더 많은 분야에서 활용될 거에요.

시간 측정
전자 태그를 선수의 등 번호나 운동화에 부착하면 출발선과 도착선을 통과하는 것을 인식해 **시간을 측정**할 수 있어요.

전자 태그

원격 감시
값이 나가는 우편물의 이동을 실시간으로 **추적**할 수 있어요. 전자 태그가 보내오는 신호로 우편물의 위치와 비정상적인 이동을 파악할 수 있어요.

정보 기록
고양이의 피부에 태그를 이식하면 고양이를 잃어버렸을 때 쉽게 찾을 수 있어요. 인간에게 적용하면 사고가 났을 때 부상자의 **의료 기록**을 쉽게 볼 수 있겠지요.

88 망원경

똑똑 박사님, 반사 망원경과 굴절 망원경은 어떻게 다른가요?

굴절 망원경이 두 개의 돋보기로 하늘을 관찰하는 것이라면 반사 망원경은 오목 거울로 보는 것과 같단다.

1 망원경

지구가 회전하기 때문에 지구에서 보는 하늘의 모습은 계속 변해요.

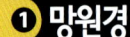

❶ 태양 빛을 받은 별들이 빛나는 점이 되어 밤하늘을 수놓고 있어요.

❷ **주경**에 하늘의 모습이 나타나요.

❸ 빛나는 점들의 모습이 **부경**에 비쳐요.

❹ 이렇게 나타난 상은 **접안렌즈**를 통해 볼 수 있어요.

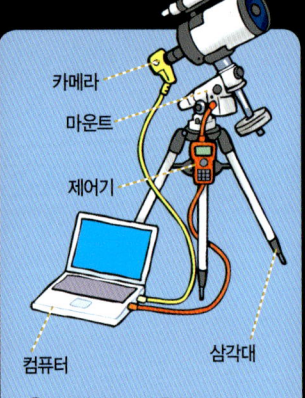

❻ **카메라**는 관측한 별의 영상을 컴퓨터로 전송해요.

❺ **컴퓨터**는 관찰하는 별의 이동을 분석하고 마운트의 모터에 명령을 내려요.

굴절 망원경 파인더에는 렌즈가 있고 반사 망원경에는 거울이 있지.

2 우주 망원경

우주에 발사되어 설치된 망원경이에요. 지구의 대기는 우주 관측에 방해를 주는데 이런 방해 없이 우주를 관측하기 위해서 쏘아 올렸지요. 우주 망원경에서 영상을 찍어 지구로 보내요.

위성으로 전송된 디지털 영상은 다시 **지상 안테나**를 거쳐 천문학자에게 전송되어요.

태양광 패널이 필요한 전기 에너지를 공급해요.

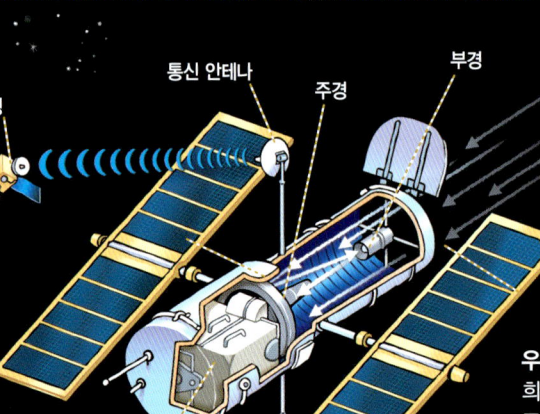

우주 망원경은 매우 희미한 별빛도 포착할 수 있어요.

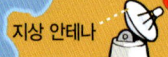

원리를 알아볼까요?

89 렌즈, 프리즘, 거울

사진기나 쌍안경, 굴절 망원경은 모두 광학 기구예요. 사람의 눈처럼 물체의 상을 형성하는 렌즈를 갖고 있어요. 하지만 상을 크게 만들거나 선명하게 할 수 있는 렌즈이지요. 프리즘과 거울은 빛의 방향을 바꾸는 데 쓰이기도 해요.

빛은 공기나 물, 유리처럼 투명하고 균질한 환경에서 직선으로 퍼져요. 만약 빛이 공기에서 물로 옮겨가게 되면 빛의 방향이 휘게 돼요. 이를 빛의 '굴절 현상'이라고 해요.

볼록한 렌즈는 광선을 모아줘요.

오목한 렌즈는 광선을 분산시켜요.

프리즘은 보통 삼각형 모양이예요. 광선이 프리즘의 한 면을 통과할 때마다 굴절하지요.

직각 프리즘을 지나는 광선은 완전히 굴절해요.

거울은 빛을 반사하는 불투명한 반사 물질이에요.

직각 프리즘 · 볼록 렌즈 · 오목 렌즈 · 프리즘 · 빛의 방향

광선은 프리즘의 첫째 면을 통과하며 굴절해요. 프리즘을 다 통과하면서 한 번 더 굴절해요.

보호 유리 · 반사막 · 불투명 막 · 거울

돋보기로 무당벌레를 보면 무당벌레가 보내는 광선이 볼록 렌즈를 통과할 때 굴절해요. 우리 눈은 이렇게 굴절된 광선을 실제 무당벌레가 보내는 것으로 받아들여요. 그래서 실제보다 커다란 무당벌레를 보는 것이에요.

굴절 망원경은 두 개의 렌즈로 되어 있어요. **대물렌즈**는 뒤집힌 상을 형성하고 **접안렌즈**는 멀리 있는 물체를 크게 보이게 해요.

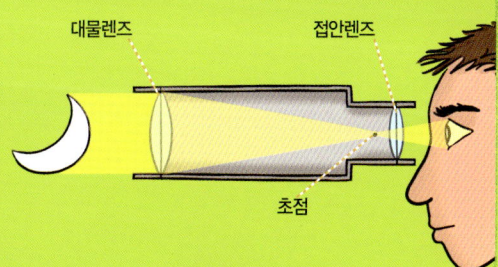

대물렌즈 · 접안렌즈 · 초점

어디에 쓸까요?

렌즈는 손전등, 프로젝터, 등대에서 볼 수 있어요. 또 굴절 망원경, 현미경, 사진기, 비디오 프로젝터, 쌍안경처럼 다른 렌즈나 프리즘, 거울에 연결해서 쓰이기도 해요.

렌즈는 스마트 폰에서도 없어서는 안 될 부품이지요.

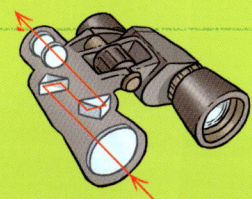

쌍안경
쌍안경은 **두 개의 렌즈**가 장착된 두 개의 경통으로 구성되어 있어요. 프리즘을 사용해 경통의 길이를 줄일 수 있어요.

사진기
빛이 대물렌즈를 통과하며 디지털 센서에 집중돼요. **프리즘**과 **거울**이 빛을 접안렌즈로 보내요.

등대
등대에는 얇고 무게가 덜 나가는 **프레넬 렌즈**가 들어 있어요. 렌즈에 홈이 파여져 있어 빛을 직선으로 내보내므로 아주 멀리서도 빛이 보여요.

제4장

이동 수단에 필요한

교통

산악자전거

척척박사님, 산악자전거는 일반 자전거와 많이 다른가요?

산악자전거의 틀, 핸들, 타이어는 일반 자전거와 다르단다. 산길에서도 아스팔트에서처럼 편안하게 잘 달리도록 만들었어. 그러나 굴러가는 한 넘어지지 않는다는 점에서는 모든 자전거가 똑같지.

변속기는 크기가 다른 톱니바퀴들을 이용해 속도를 바꾸는 장치예요.

1단
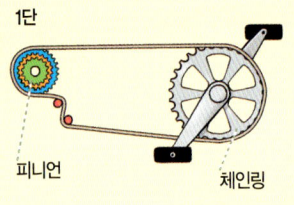
피니언 / 체인링

2단
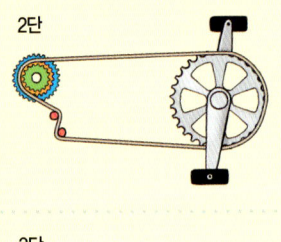

3단
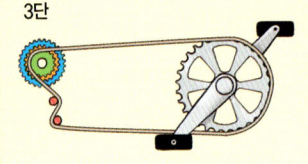

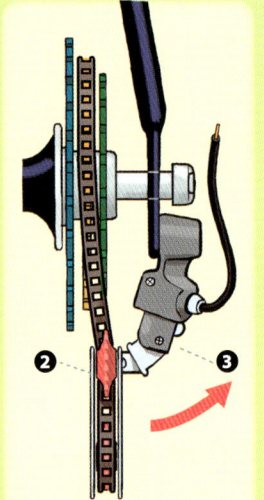
케이블 / 변속기 / 체인

❶ **케이블**은 변속 명령을 변속기에 전달해요.

❷ **변속기**가 위치를 바꾸고 원하는 속도에 해당하는 톱니바퀴에 체인을 걸어요.

❸ **체인**의 길이는 변하지 않으므로 변속기는 체인을 잡아당겨 톱니에 맞물려 빠지지 않도록 해요.

변속을 하면 뒤 타이어 회전수, 다시 말해서 페달을 한 번 밟을 때 자전거가 간 거리가 달라져요. 가장 작은 피니언이 맞물렸을 때 속도가 가장 빨라요. 왼쪽 그림에서 3단이 가장 빠른 속도를 내요.

반사경은 빛을 반사해 밤에 다른 사람이 볼 수 있어요.

피니언

프리휠이 있어 내리막길에서는 페달을 밟지 않아도 돼요.

체인링이 한 바퀴 돌 때 **피니언**은 여러 번 회전해요. 그래서 페달을 한 번 밟으면 바퀴는 여러 번 회전하지요.

전기 자전거는 소형 오토바이 같은 건가요?

그렇지 않단다. 소형 오토바이가 계속 돌아가는 엔진을 갖고 있다면, 전기 자전거는 페달을 돌려 동력을 얻지. 배터리로 작동되는 모터가 뒤 타이어 축에 장착되어 페달을 밟을 때만 가동되지.

도로

측정기는 속도와 주행 거리를 알려 줘요.

안장의 각도는 자전거 타는 사람의 무게가 두 바퀴에 고르게 분산되도록 조정되요.

안장의 **겔**은 진동을 줄여 주고 폭신하게 해 줘요.

자전거에 전구를 달아서 쓰려면 전기를 일으키는 장치인 다이너모를 연결해야 한단다.

다이너모는 일종의 발전기로, 자석 안에 코일이 들어 있어요. 다이너모는 자전거 바퀴에 닿아 있어서 자전거 바퀴가 돌아가면 **코일**이 돌아가면서 자석과 반응해 전기가 만들어져요.

바퀴가 돌 때마다 **자석**이 센서 앞을 지나가고 센서는 **측정기**에 자극을 보내요. 이런 방식으로 바퀴의 회전수를 측정해 속도와 주행 거리가 표시돼요.

센서
자석

타이어와 바퀴살의 스프링이 울퉁불퉁한 바닥을 지나갈 때 충격을 줄여 줘요.

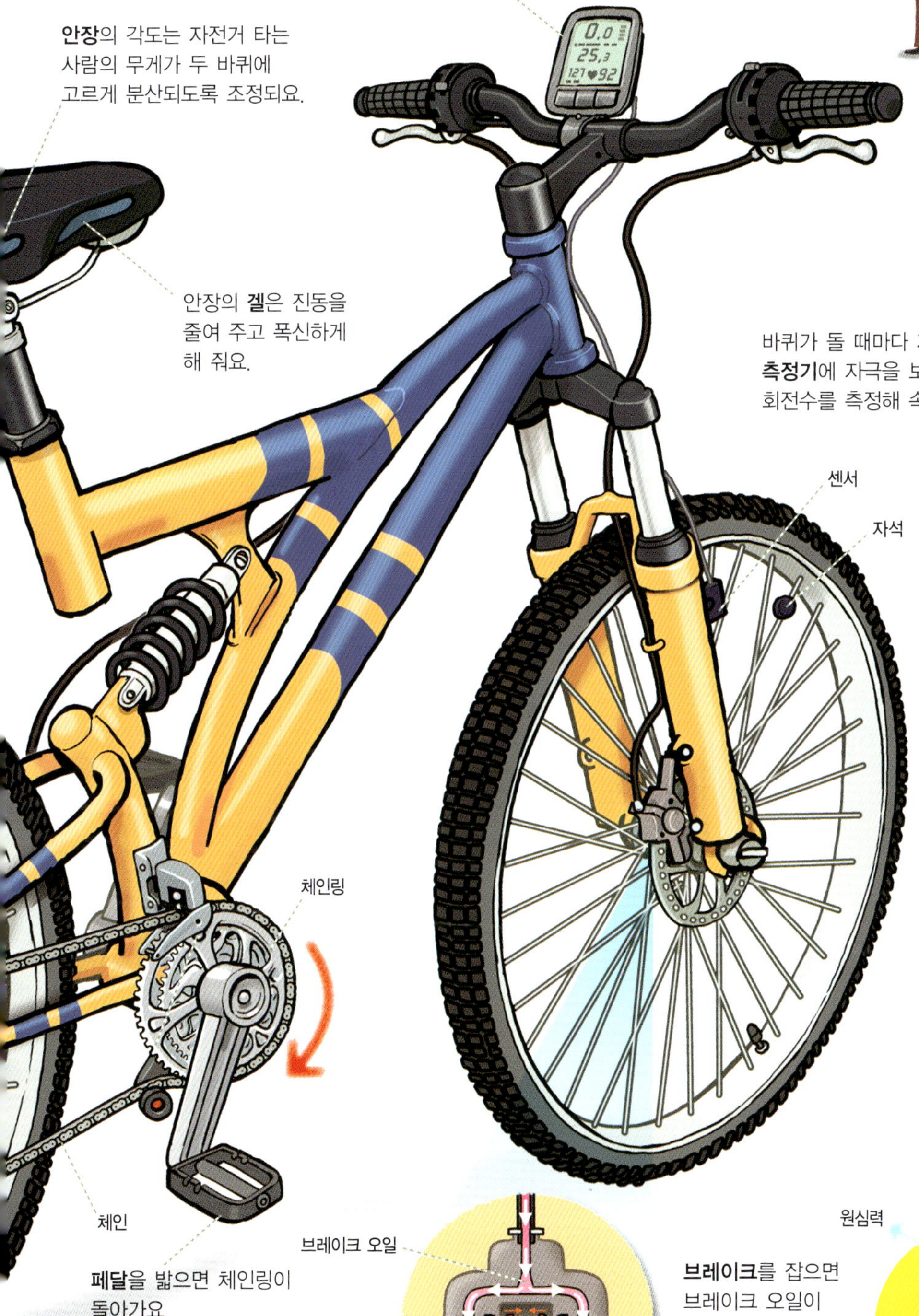

체인링

원리를 알아볼까요? 움직이면서 균형 잡기

자전거가 굴러가기 시작하면 자이로스코프 효과와 원심력이 작용해 넘어지지 않고 균형을 잡게 돼요.

회전체가 이동할 때 원래의 방향을 유지하는 현상을 **자이로스코프 작용**이라고 해요. 자이로스코프 작용에 의해서 자전거가 넘어지지 않고 달리는 것이지요. **팽이**도 같은 원리로 돌아가요.

체인

페달을 밟으면 체인링이 돌아가요.

브레이크 오일
브레이크 패드
피스톤
디스크

원심력

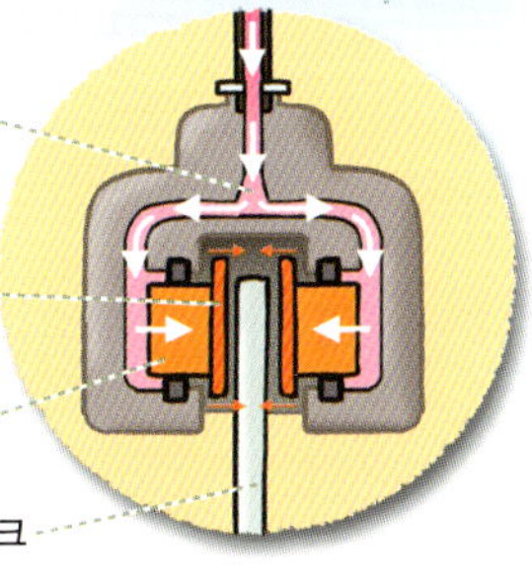

브레이크를 잡으면 브레이크 오일이 **피스톤**과 **브레이크 패드**를 밀어내고, 브레이크 패드와 피스톤은 **디스크**를 조여요. 자전거가 멈춰요.

체인 고리들이 바퀴의 톱니에 맞물려요.

자전거를 타면서 방향을 바꾸면 자전거는 회전하려는 방향의 반대쪽으로 밀려나는 **원심력**을 받아요. 자전거를 타는 사람은 회전하려는 쪽으로 몸을 기울여 균형을 유지해요.

91 자동차

자동차 보닛 안을 보면 뭐가 뭔지 하나도 모르겠어요.

자동차는 매우 복잡한 기계란다. 전선을 비롯해 핸들이나 엔진에 작동 명령을 전달하는 장치, 휘발유를 보내는 호스나 가스를 내뿜는 배기관 등 아주 많은 장치가 들어 있거든.

❶ 자동차 **열쇠**, 마그네틱 카드, 시동 버튼으로 **전기 회로**를 작동시켜요.

❷ **배터리**는 시동 장치에 전기를 공급해 점화 플러그에 불꽃을 일으켜요.

❸ 시동 장치인 **전기 모터**가 엔진을 가동시켜요.

❹ 연료 탱크에서 나온 **연료**가 공기와 함께 엔진에 분사돼요.

냉각기인 **라디에이터** 속에서 흐르는 물이 엔진의 열을 식혀요.

❺ 엔진이 만드는 **운동에너지**로 자동차가 움직여요.

파워 스티어링은 핸들을 돌리는 힘을 줄여 주는 장치예요. 운전대에 달린 마이크로프로세서가 작은 전기 모터를 조종해요. **조향 칼럼**의 톱니가 랙과 맞물리면서 자동차가 방향을 돌려요.

크랭크축의 회전은 변속기로 전달돼요. 그러나 운전자가 **클러치**를 밟고 있거나 기어가 중립으로 있으면 크랭크축의 회전력이 바퀴로 전달되지 않아요.

클러치를 밟고 **변속 레버**를 돌린 후 클러치에서 발을 떼면 변속이 이루어져요.

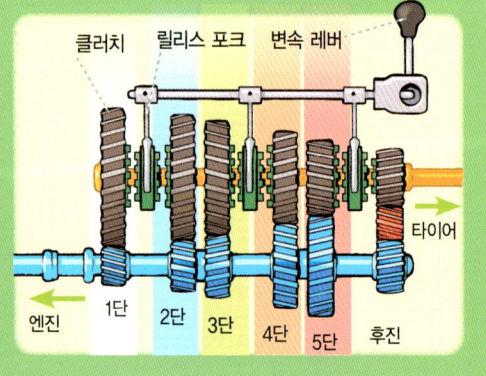

도로

촉매기는 배기가스를 정화해서 유독성을 줄여주지.

❻ **소음기**는 자동차의 엔진에서 나오는 소리를 줄여요.

연료 탱크

현가 장치는 바닥의 진동으로 인한 충격을 줄여 줘요.

소음기

현가 장치

기어 박스

동 키

가속 페달을 밟으면 더 많은 연료가 공급돼요.

브레이크 페달

클러치 페달

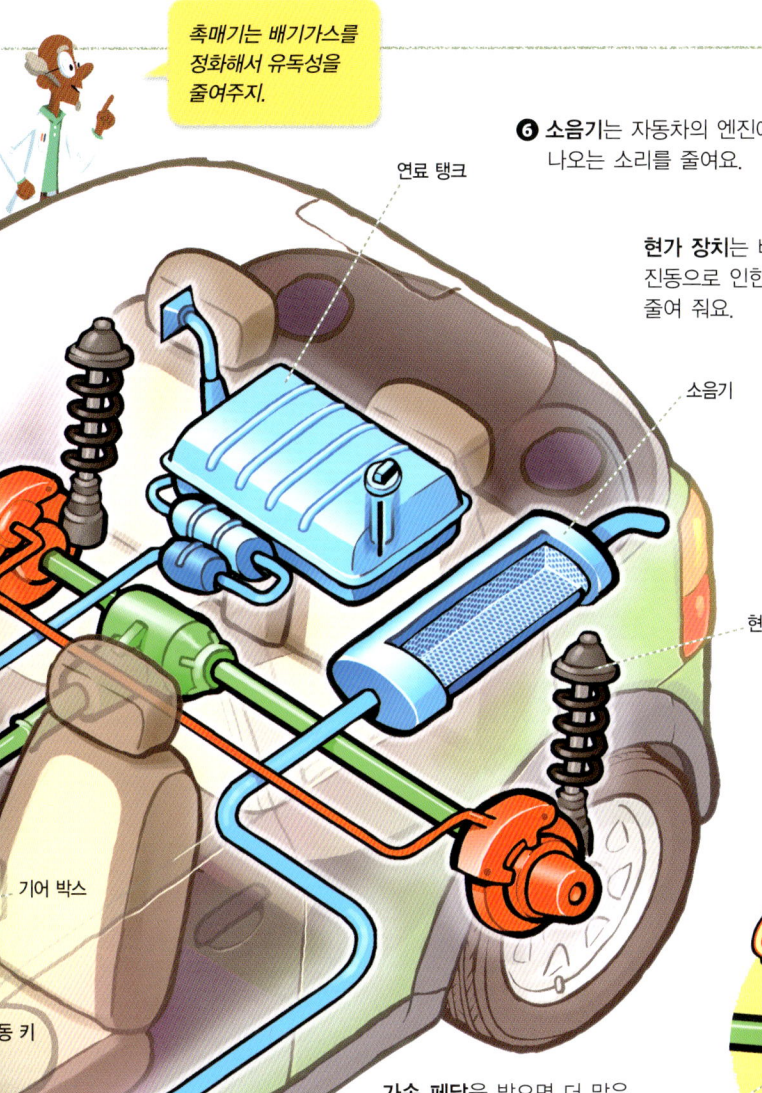

자동차가 회전할 때 두 개의 동력 타이어는 같은 속도로 회전하지 않아요. 차동 기어 장치 **디퍼렌셜**이 두 개의 타이어에 에너지를 적절히 분산해요.

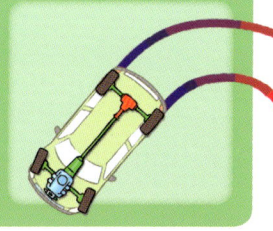

미끄럼 방지 장치(ABS)는 제동 장치로 타이어가 잠기는 것을 막아 타이어가 미끄러지지 않게 하는 전자 제어 장치예요.

마이크로프로세서가 센서를 통해 속도를 모니터하다가 브레이크 페달을 조금이라도 밟게 되면 **브레이크 디스크**를 제어해요.

브레이크 페달

브레이크 오일 탱크

압축 오일이 브레이크 패드와 피스톤을 눌러요.

양쪽의 **브레이크 패드**가 타이어의 디스크를 힘껏 누르면 타이어가 잠겨요.

피스톤

디스크

커넥팅 로드가 피스톤의 동력을 크랭크축에 전달하면 타이어가 굴러가요.

자동차의 피스톤 엔진은 연료와 산소를 연소시켜 발생된 가스의 팽창력으로 피스톤을 움직이게 해요. 4개의 피스톤이 각각 아래와 같이 움직여 크랭크축의 회전 운동을 일으켜요.

흡기	압축	동력 전달	배기
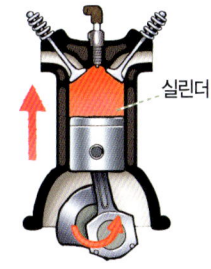		점화 플러그	배기 밸브
흡기 밸브 / 피스톤 / 크랭크축	실린더	불꽃	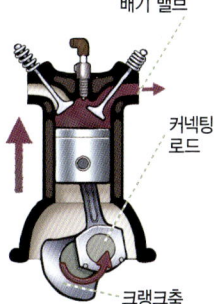 커넥팅 로드 / 크랭크축
① 피스톤이 내려가면서 공기와 연료의 혼합물을 빨아들여요.	② 피스톤이 올라오며 혼합물을 압축해 실린더 속에 집어넣어요.	③ 점화 플러그가 혼합물을 점화시키고 피스톤은 다시 내려가요.	④ 피스톤이 다시 올라오며 연소 가스를 배기 밸브로 밀어내요.

92 에어백과 장애물 감지기

에어백은 어떻게 터지나요, 척척 박사님?

센서가 작동한단다. 자동차들은 점점 똑똑해지고 있지. 여러 개의 센서와 컴퓨터가 운전을 제어하고 만일의 경우 매우 빠르게 반응하여 운전자와 승객을 보호해 준단다.

❶ 에어백

차에 충격이 가해지면 안전벨트가 당겨지고 전면과 측면의 에어백이 부풀어 올라요. 안전벨트의 결점을 보완해 주는 안전장치 프리텐셔너가 작동해요.

가스가 화학 반응을 일으켜 **피스톤**을 밀어내면 피스톤이 벨트의 버클을 조여요.

❶ 센서가 갑작스러운 감속을 감지해요.

❷ 첫 번째 **프리텐셔너**가 작동하면 안전벨트가 허리 위에서 팽팽하게 당겨져요.

❸ 두 번째 **프리텐셔너**가 가슴 위쪽에서 벨트를 조절해요.

❹ **에어백**이 작동돼요.

에어백이 작동되는 순간 **화학 반응**이 일어나면서 가스가 나와 에어백이 부풀어 올라요.

센서
피스톤
가스
프리텐셔너
프리텐셔너

여러 종류의 안전장치

❶ 튜브리스 타이어

◀ 타이어에 못이 박히면 타이어 안쪽에 바른 **특수 물질**이 못을 덮어 공기 누출을 차단해요. 자동으로 구멍이 막아지기 때문에 구멍이 나도 순식간에 바람이 빠지지 않아요.

❷ 합판 유리

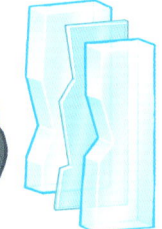

◀ 2장의 유리판 사이에 유연한 **플라스틱 막**을 끼워 넣은 앞 유리창은 깨질 때 산산조각이 나지 않아요.

❸ 시동 잠금장치

◀ 시동 잠금장치는 운전자의 **알코올 농도**를 측정해요. 분석 결과가 정상이고 안전벨트를 매면 시동이 걸려요. 음주 운전을 막기 위해 몇몇 나라에서 도입하고 있어요.

❷ 장애물 감지기

차의 전방과 후방을 감시하는 감지기 덕분에 충돌을 피할 수 있어요.

❶ 자동차가 앞서 가는 자동차가 보내는 **레이저 광선**을 포착해요.

❷ **감지기**가 장애물의 거리와 속도를 계산해 충돌 위험이 어느 정도인지 판단해요.

❸ 운전사가 반응하지 않으면 **브레이크**가 자동으로 작동해요.

레이저 광선
감지기

카메라가 달려 운전자는 자동차 뒤쪽을 볼 수 있단다.

도로

하이브리드 자동차

똑똑 박사님, 하이브리드 자동차는 일반 자동차와 무엇이 다른가요?

일반 자동차는 엔진으로만 움직이지만 하이브리드 자동차는 엔진과 함께 모터를 이용한단다. 연료를 절약하고 배기가스를 줄이기 위해서지.

컴퓨터가 운전 상황에 따라 엔진과 모터 중에서 하나를 가동해요.

모터에 동력을 제공하는 **배터리**는 자동차 속도를 줄이면 충전돼요. 충전소의 배전선에 연결해 충전할 수도 있어요.

엔진이 돌아갈 때 **발전기**가 전기를 생산해요. 이 전기로 배터리를 충전하거나 모터에 에너지를 공급해요.

컴퓨터가 두 원동기에 힘을 적절히 배분해요.

배전선에 연결 · 배터리 · 연료 케이블 · 모터 · 제어 컴퓨터 · 발전기 · 엔진

모터는 일반 배터리보다 네 배나 많은 에너지를 저장할 수 있는 배터리를 이용해요.

저속에서는 휘발유나 경유를 사용하는 엔진의 효율이 떨어져요. 연료 소비가 많기 때문이에요.

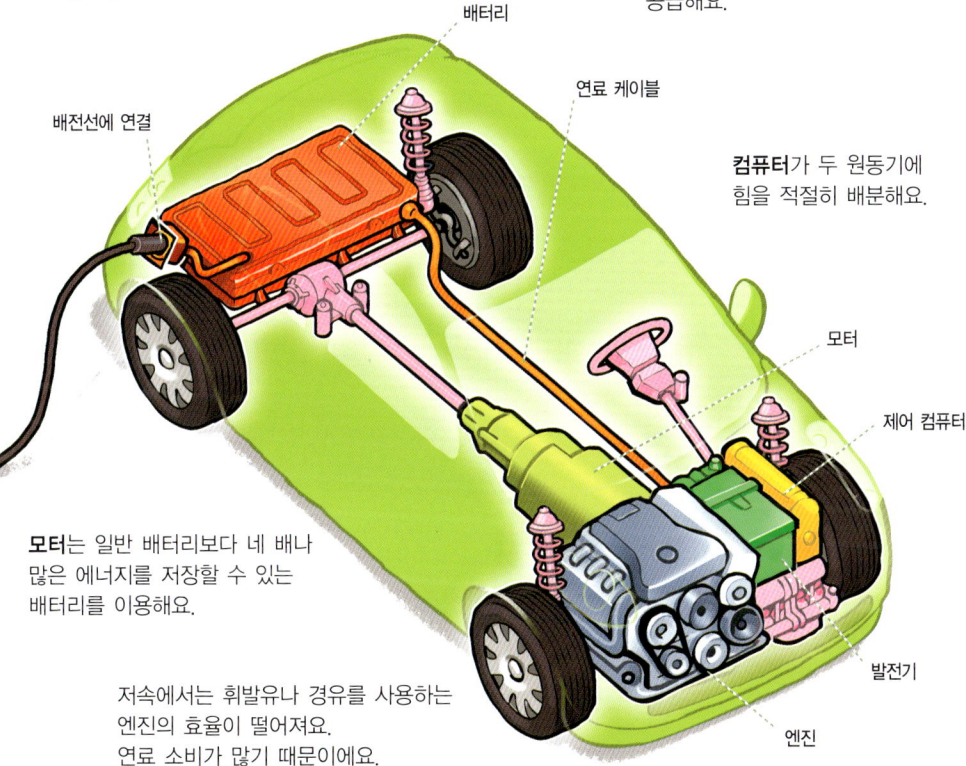

예전에는?

1899년 '항상 불만'이라는 이름을 가진 로켓 모양의 이 자동차는 배터리로 주행하였는데 최고 시속은 105km였어요.

미래는 어떨까요?

코일로 만든 모터를 타이어에 장착한다면 네 개의 모터와 타이어가 차량을 움직일 거예요.

① 시동을 걸고 출발할 때는 **모터**만으로도 충분해요.

② 시속 30~40km 이상에서는 **엔진**이 동력을 공급해요.

③ 언덕을 올라가거나 추월을 할 때는 **두 개의 원동기**가 같이 돌아가요.

④ 제동을 걸거나 속도를 줄이면 운동에너지가 **전기에너지**로 바뀌면서 **배터리가 충전**돼요.

94 GPS

척척 박사님, GPS는 어떻게 우리의 위치를 계속 추적할 수 있죠?

GPS(위성 항법 장치)는 계산기란다. 끊임없이 자동차와 세 개 이상의 위성들 사이의 거리를 측정하지. 이 거리를 계산해서 정확한 위치를 알아낸단다.

위치 추적 시스템은 세 개 이상의 위성을 이용해 정확한 시간과 거리를 측정해 위치를 계산해요.

❶ GPS 장치를 작동시켜 위성에서 보내오는 전파를 받아요.

❷ 위성은 1초당 1천 번 지구를 기준으로 계산한 자신의 위치를 전송하며, 이때 정확한 전송 시간도 함께 보내요.

미국 GPS, 유럽의 갈릴레오, 러시아의 글로나스가 유명한 위치 추적 시스템이란다.

❸ GPS 장치가 이 전파의 **송신 시간**을 바탕으로 자동차와 위성 사이의 거리를 계산해요.

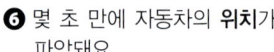
전화기
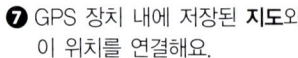
전화기

❹ 첫 번째 위성과의 거리에 따라 지구 위에 원을 그려요. 세 개의 위성에서 그린 원이 겹치는 지점이 바로 **정확한 위치**가 돼요.

❺ **네 번째 위성**과의 거리로 이 위치가 정확한지 확인해요.

❻ 몇 초 만에 자동차의 **위치**가 파악돼요.

❼ GPS 장치 내에 저장된 **지도**와 이 위치를 연결해요.

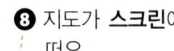

음성으로 안내 받을 수 있어요.

10미터 지점에서 우회전하세요!

❽ 지도가 **스크린**에 떠요.

20m 앞에서 우회전
터치스크린
내비게이션 받침대

❾ **소프트웨어**를 이용해 도로 교통 상황에 따른 최적의 경로를 제안해요.

선박의 GPS도 같은 건가요?

❿ 위치 추적 과정을 반복하며 자동차를 따라가요.

물론이지. 땅, 바다, 하늘 어디든지 위치 추적 원리는 같단다. 요즘에는 휴대 전화로 GPS를 이용할 수 있지.

도로

95 레이더

과속 감시 카메라의 레이더가 자동차의 사진을 찍으면 어떻게 되나요?

레이더는 자동차의 속도를 측정해. 과속하면 순간적으로 사진을 찍는데 이 사진을 원격 처리하여 운전자에게 발송한단다.

레이더는 속도 측정 촬영기예요. 자동차가 반사하는 전파를 받아 차의 속도를 측정해요.

자동차가 이동하므로 레이더가 보낸 주파수와 자동차가 반사한 주파수는 달라요.

척척 박사님의 보너스

재질이나 형태와 상관없이 모든 자동차는 레이더가 보낸 전파를 반사하지. 레이더 탐지가 불가능한 스텔스 비행기가 아니니까!

- 레이더가 훼손되면 경보가 울려요.
- 플래시
- 카메라
- 라우터
- 레이더 계산기
- 강화 유리
- 통신 케이블

컴퓨터가 레이더를 제어해요.

❶ 레이더가 끊임없이 자동차를 향해 **전파**를 보내고 자동차는 이를 **반사**해요.

❷ **계산기**가 레이더가 보낸 전파와 차에서 반사된 전파 주파수를 비교해 속도를 측정해요.

❸ 과속이면 **디지털카메라**가 사진을 찍어요. 플래시가 터져요.

❹ **라우터**가 이 사진을 수백 킬로미터 떨어진 교통 관리 센터로 즉시 보내요.

예전에는?

거리 측정 망원경을 이용해 자동차의 속도를 측정했어요. 망원경이 자동차에 레이저 자극을 보내면 레이저가 돌아오는 시간을 시간 측정기로 재서 거리와 속도를 계산해요.

❶ **센터**에서 사진 파일을 받아요. 사진에는 날짜, 시간, 속도가 나와 있어요.

❷ **사진 분석 소프트웨어**가 자동차 번호판의 흰 부분과 검은 부분을 구분해 숫자와 글자를 해독해요.

❸ **중앙 관리 파일**을 검색하면 자동차 소유자의 연락처를 알아낼 수 있어요.

❹ **교통 법규 위반 과태료 고지서**가 인쇄되어 운전자에게 발송돼요. 운전자 면허증에 자동으로 벌점이 부과돼요.

교통 관리 시스템

척척 박사님, 도로에 차가 엄청 많은데 어떻게 잘 다닐 수 있죠?

교통량을 실시간으로 알려주기 때문에 차가 막히는 곳을 피해서 갈 수 있지. 도로 전광판, 정류장 전광판, 휴대 전화로 도로 상황을 알 수 있고 버스가 정류장에 언제 도착하는지도 알 수 있지.

도로망 전체에 설치된 여러 센서가 실시간으로 교통 정보를 중앙 컴퓨터로 전송해요.

모든 버스의 위치를 **위성**이 추적해 전송해요. 앞차와 뒤차 사이의 거리를 알 수 있어요.

이러한 정보는 버스 운전사와 중앙 교통 정보 센터에 전송되고, **버스 정류장 전광판**에 표시돼요.

전광판
비디오카메라

비디오카메라 영상을 컴퓨터로 분석해 차량의 수를 알 수 있어요.

중앙 컴퓨터에 연결된 **전광판**이 도로 정체 상황이나 주요 지점 예상 도착 시간을 알려줘요.

소방차나 구급차가 지나갈 때는 길을 터 줘야 해요. 소중한 생명을 구해야 하니까요.

버튼

사람이 잘 다니지 않는 곳은 **버튼**을 누르면 신호등이 켜지는 장치를 해 두어요.

재미있는 이야기

우리나라 대통령이 행차할 때는 모든 교통 신호등을 통제해서 대통령 차량이 파란불로 신호등을 통과할 수 있도록 조종해요. 대통령이 신속히 이동할 수 있겠지요?

똑똑 박사님의 보너스

어느 나라의 도로에서는 자동차가 계속 파란불로 통과할 수 있게 신호등을 조절해 놓았어요. 그런 시스템을 '그린 웨이브'라고 불러요.

도로

97 주유소

똑똑 박사님, 주유소도 환경을 오염시키나요?

맞아. 하지만 최근에는 환경 보호를 위해 주유소의 토양 오염을 검사해. 휘발유 저장 탱크를 채우거나 주유할 때 나오는 증기를 회수하도록 규제하고 있지.

주유소에는 연료를 옮겨 넣을 때 증발하는 휘발유 증기(유증기)를 모으는 장치가 있어요.

❶ 유조차가 **지하 기름 탱크**에 연료를 넣어요.

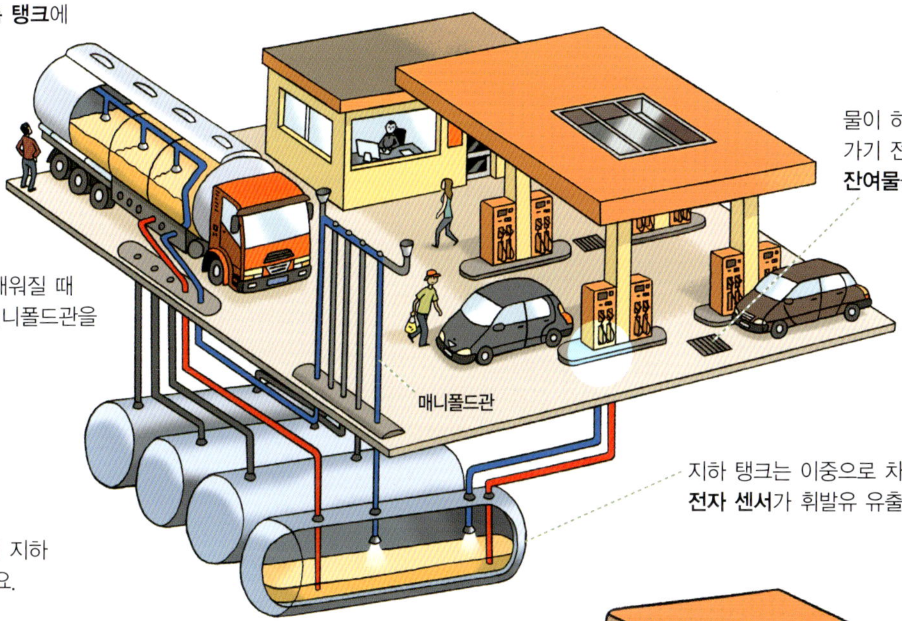

❷ 지하 탱크에 연료가 채워질 때 발생하는 **유증기**를 매니폴드관을 이용해 배출해요.

❸ 유증기가 응축되어 지하 기름 탱크로 모여요.

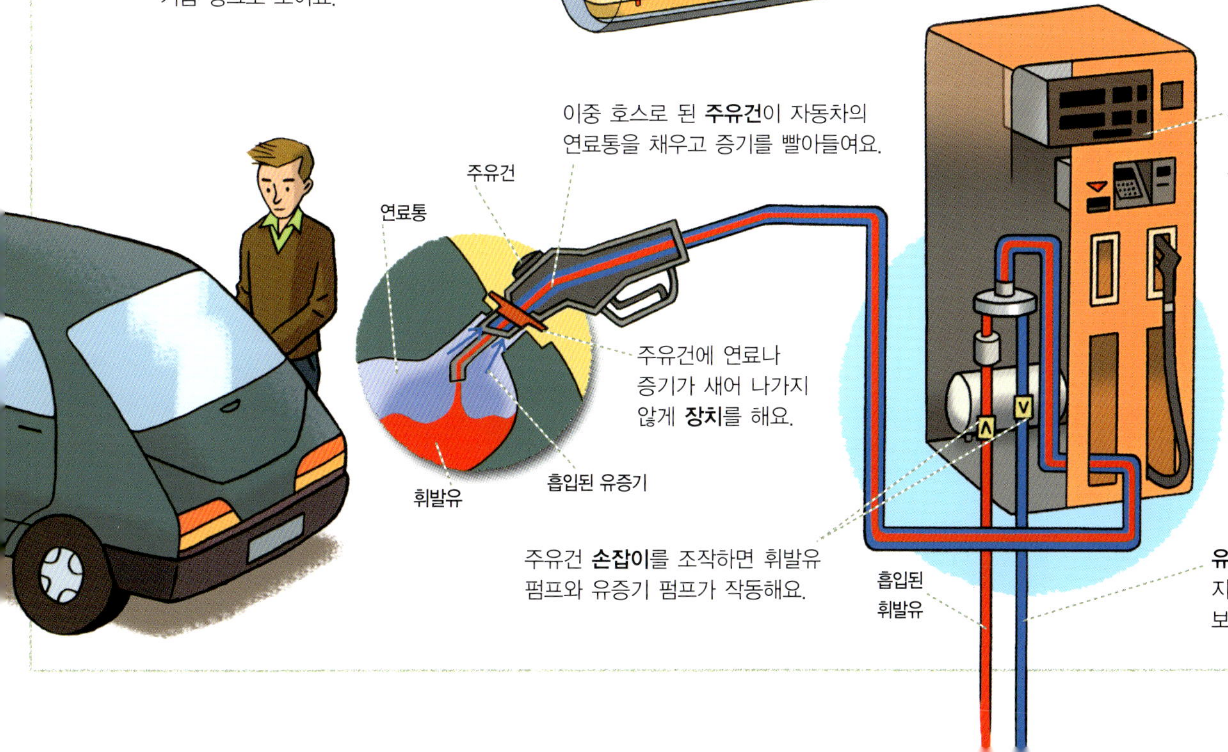

주유 펌프가 주유소 사무실이나 자동 정산기에 연결되어 있어요.

물이 하수관으로 흘러들어 가기 전에 처리해 휘발유 **잔여물**을 회수해요.

매니폴드관

지하 탱크는 이중으로 차단되어 있어요. **전자 센서**가 휘발유 유출을 감지해요.

이중 호스로 된 **주유건**이 자동차의 연료통을 채우고 증기를 빨아들여요.

연료통 / 주유건 / 휘발유 / 흡입된 유증기

주유건에 연료나 증기가 새어 나가지 않게 **장치**를 해요.

주유건 **손잡이**를 조작하면 휘발유 펌프와 유증기 펌프가 작동해요.

흡입된 휘발유

주유건을 들면 계량기가 0으로 돌아가요.

유증기가 주유소 지하 기름 탱크로 보내져요.

98 기차

요즘 기차는 어떻게 그렇게 빨리 달릴 수 있나요?

전기 엔진 덕분이란다. 시속 300~500km 속도에서 안전하게 승객을 운송하려면 유선형 형태의 기차 설계와 철로의 설계가 매우 중요하지. 고속 철도 기술은 프랑스, 중국, 우리나라가 높은 기술력을 자랑한단다.

프랑스 알스톰 회사에서 만든 AGV는 차세대 초고속 기차로 차량 전체에 엔진이 나눠져 있어요.

팬터그래프가 전차 선로의 전력을 받아들여요.

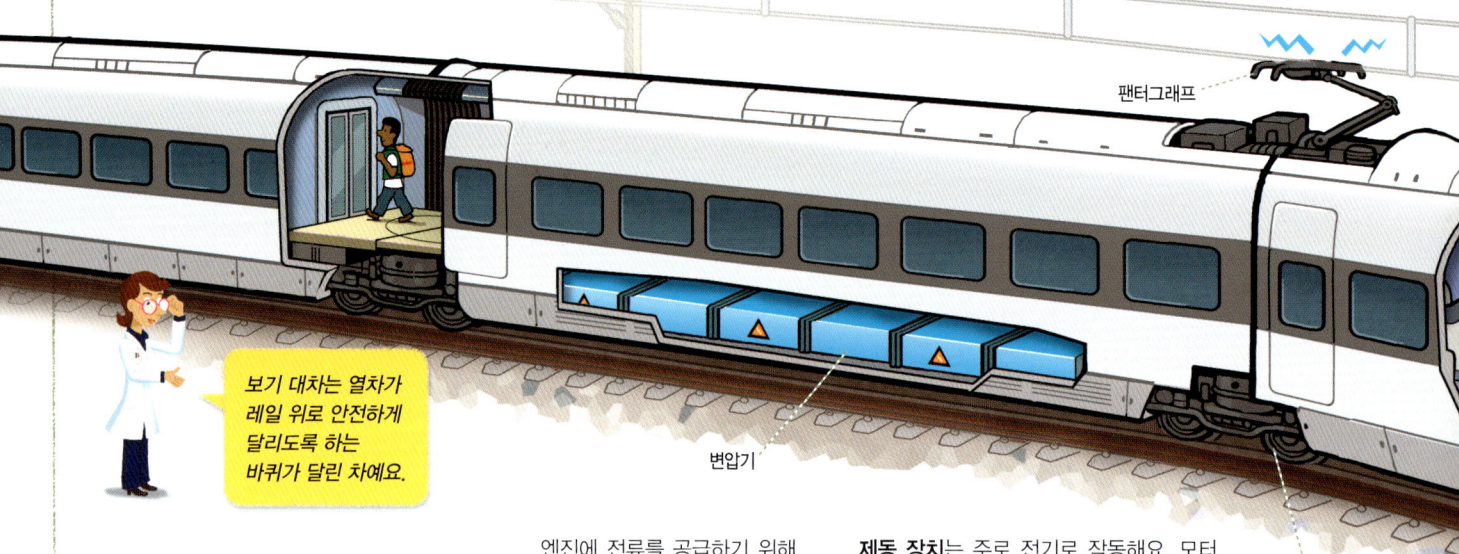

팬터그래프

보기 대차는 열차가 레일 위로 안전하게 달리도록 하는 바퀴가 달린 차예요.

변압기

보기 대차

보기 대차와 모터 대차가 객차와 객차 사이에 있어요. 그 결과 열차가 탈선했을 때 전복할 위험이 줄어들어요.

엔진에 전류를 공급하기 위해 **변압기**가 전압을 내려요.

제동 장치는 주로 전기로 작동해요. 모터 대차에 전기가 공급되지 않으면 기차는 서행해요. 필요한 경우 보기 대차의 제동 장치도 사용해요.

여러종류의 열차들

디젤 전기 기관차

전기 철로가 아닌 구역에서는 기관차에서 전기를 생산해요. 경유를 사용하는 **디젤 엔진**이 발전기를 작동시키고 발전기가 만드는 전기로 **전기 엔진**이 돌아가며 바퀴가 움직여요.

자기 부상 열차

바퀴가 없는 **자기 부상 열차**는 궤도와의 마찰이 없어 더욱 빠르게 달릴 수 있어요.

자기 부상 열차는 선로와 열차에 들어 있는 전자석 사이의 **인력과 척력**을 이용해 움직여요.

선로의 전자석은 N극과 S극이 교대로 움직이면서 열차의 자석을 당기거나 밀어내는데 이런 작용으로 열차가 이동해요.

디젤 엔진, 발전기, 전기 엔진, 연료 탱크, 전지

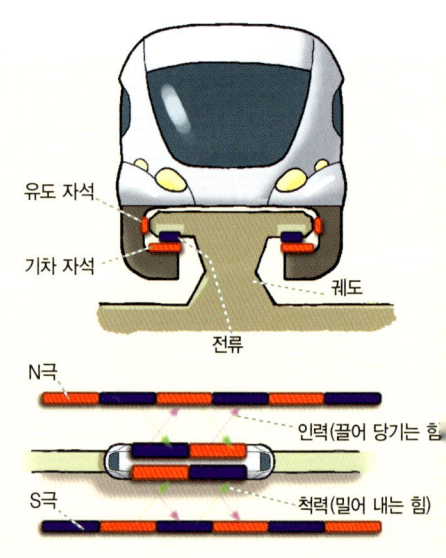

유도 자석, 기차 자석, 궤도, 전류, N극, 인력(끌어 당기는 힘), S극, 척력(밀어 내는 힘)

기차역

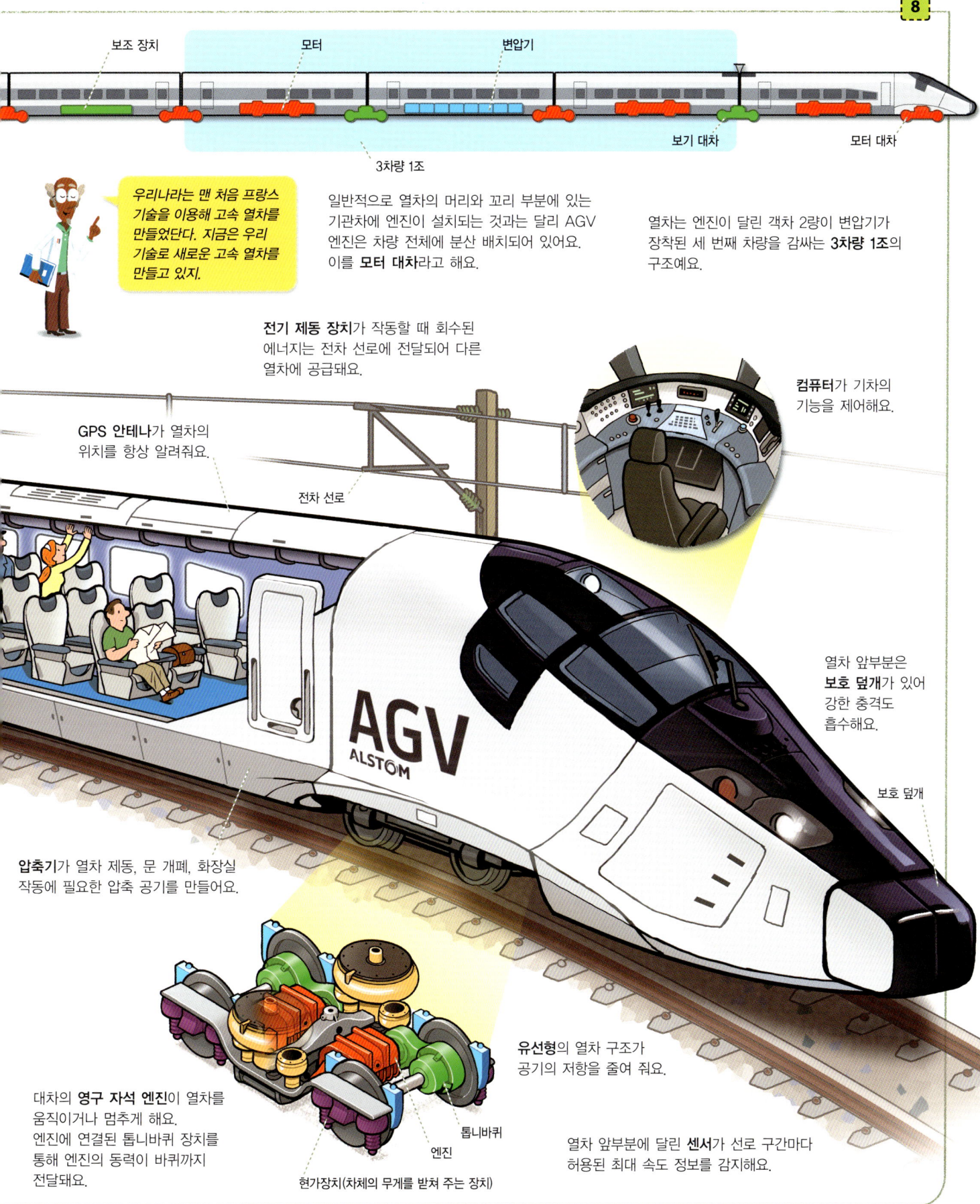

선로와 선로 전환기

어떻게 하나의 선로에 여러 대의 열차가 다닐 수 있나요?

그건 좀 복잡한 문제란다. 신호등과 선로 전환기를 통해 철도 교통을 지휘하고 열차들의 간격을 조정하며 또 기관사에게 정보를 제공해야 하거든.

신호등은 하나의 열차 구간에 여러 대의 열차가 다니지 못하게 해요.

❷ **노란불** 두 개가 켜졌어요. **주황색 열차**는 속도를 줄이고 선로를 변경을 해야 해요.

레일 사이에 놓인 **자동 경보기**가 신호등을 작동하기 전에 기관사에게 경보음을 보내요.

- 구리선 솔
- 자동 경보기

❸ **파란 불**이 켜져서 **파란색 열차**는 지나갈 수 있어요.

❶ **빨간불** 두 개가 켜졌어요. **녹색 열차**는 회색 열차가 지나가도록 멈춰야 해요.

구간은 신호등과 신호등 사이를 말해요. 한 구간에는 한 대의 열차만이 운행할 수 있어요.

❺ **노란불**이 켜졌어요. 다음 구간에 **파란색 열차**가 있다는 신호예요.

첨단 선로

선로 전환기는 열차가 어떤 철로를 지나갈지 알려줘요. 두 개 첨단 선로가 전기로 원격 조종돼요.

❹ **빨간불**이 켜지면 해당 구간에 **회색 열차**가 있다고 알리는 거예요.

왜 고속철 선로에는 표지판이 없나요?

고속철은 매우 빠른 속도로 달리기 때문에 표지판을 읽을 수가 없지. 표지판 대신 선로에 장착한 센서가 기관사에게 정보를 준단다.

척척 박사님의 보너스

컴퓨터가 철도 신호원을 도와준단다. 열차의 우선순위와 열차 통행량에 따라 신호등과 선로 전환기를 작동시키지.

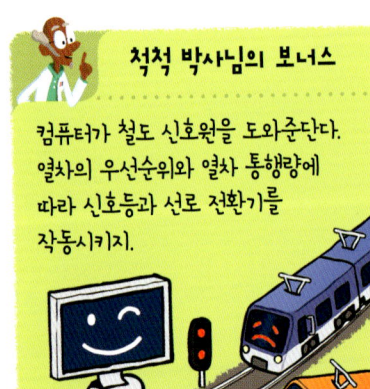

비슷하지만 달라요!

전차에는 센서가 있어 선로 위를 달리는 내내 위치 정보를 보내요. 이 정보는 도로 교통 신호 체계 관리에 사용해요.

똑똑 박사님의 보너스

선로의 표지판은 규정 속도와 정차할 역, 그리고 팬터그래프(전차 지붕 위에 달려 전기를 끌어 들이는 장치)를 올리거나 내리는 등의 운행 지침을 일러 줘요.

기차역

100 열차 시간표 음성 안내

전화에서 응답해 주는 사람은 열차 시간표를 모조리 외우고 있나요?

전화 응답기의 목소리는 진짜 사람이 수화기에 대고 대답해 주는 것이 아니란다. 사실은 질문을 듣고 이해해서 빨리 대답해 줄 수 있는 기계가 말을 하는 거야.

❶ 안내에 따라 출발역과 도착역을 말해요. 예를 들어, 용산역 출발 부산역 도착 시간을 물어요.

❷ 말이 **디지털 신호**로 변환돼요.

❸ **컴퓨터**가 이 신호를 초당 백 번의 속도로 잘라요. 이렇게 잘린 신호 조각은 **디지털 영상**이 돼요.

컴퓨터가 어떻게 질문을 이해하나요?

질문의 의미를 이해하는 게 아니란다. 고성능 소프트웨어를 이용해 음성을 인식하고 키워드를 감지하여 다른 어휘들을 예측하는 거지.

❹ 컴퓨터는 이 **신호 조각**들을 연결해 가능한 단어로 **재구성**해요.

❺ 컴퓨터는 재구성된 단어의 디지털 이미지와 **사전 어휘**의 이미지를 비교해요.

❻ 출발역이 용산역이 맞는지 도착역이 부산역이 맞는지 컴퓨터가 물어봐요.

 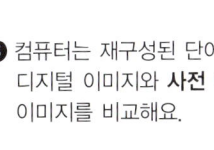

비슷하지만 달라요!

역에서 기차 도착을 알리는 안내 방송도 미리 녹음된 단어들을 결합해 만드는 음성 합성 장치 소프트웨어를 사용해요.

❼ 출발역과 도착역의 열차 시간표 **데이터베이스**를 검색해요.

계속해서 다른 열차 시간도 안내 받을 수 있단다. 코레일에서 음성 인식 ARS 예약 서비스를 하고 있으니 이용해 보렴.

❽ **소프트웨어**가 적절한 어휘를 모으고 시간표 정보를 첨가해 **답 문장**을 만들어요.

똑똑 박사님의 보너스

외국어 학습용 소프트웨어에도 음성을 인식하는 기능을 사용해요. 바른 문장과 학생이 대답한 문장을 모니터로 비교해 보며 학습 효과를 거둘 수 있어요.

❾ 이렇게 만든 디지털 문장을 **음성 합성기**가 음성으로 바꿔 답해요. "용산발 부산행 다음 기차는 오후 4시 14분에 있습니다."

101 모터보트

똑똑 박사님, 배나 제트스키에도 엔진이 있네요. 모두 같은 방법으로 움직이나요?

아니, 추진 방법은 서로 달라. 엔진이 프로펠러를 돌리기도 하고, 물을 밀어내기도 해. 또 에어쿠션을 만들기도 하지. 각각 레저 활동이나 운송에 알맞은 방법으로 항해한단다.

❶ 제트 스키

제트 스키는 물을 끌어 올렸다가 빠르게 뒤로 내보내는 방식으로 움직여요.

핸들을 움직이면 **배수관**의 위치가 바뀌어 방향을 틀 수 있어요.

❷ **압축된 물**이 배수관으로 뿜어져 나와요.

❸ **물줄기**가 왼쪽으로 향하면 제트 스키는 오른쪽으로 나가고 물줄기가 오른쪽을 향하면 제트 스키는 왼쪽으로 나가요.

핸들

배수관

엔진이 강력한 터빈을 돌려요.

❶ 선체에 달린 삽 모양의 기관이 터빈 쪽으로 물을 빨아들여요.

❷ 공기 부양선

튜브같이 생긴 고무 안에 공기가 들어 있어 물에 떠요. 프로펠러를 이용해 앞으로 나가요.

나란히 달린 두 개의 **방향키**가 앞으로 나가거나 회전하게 해요.

방향키

프로펠러

프로펠러가 돌아가며 배를 앞으로 나가게 해요.

고무 스커트

고무 스커트 아래 **에어쿠션**이 있어 배가 물의 저항을 받아도 멈추지 않아요.

공기

> 모래사장, 갯벌, 눈 위에서 타는 공기 부양선도 있어요.

❸ 수중익선

수중익선은 공중에 뜨는 배예요. 물 밖으로 나와 있어 파도나 물살의 저항을 별로 받지 않아요.

특수하게 생긴 **날개** 때문에 물이 날개 아래보다 위에서 더 빨리 흘러요. 이 속도 때문에 위로 향하는 힘이 생겨 배가 위로 뜨게 돼요.

물속에 들어가는 **수중 날개**는 비행기 날개의 형태예요.

수중 날개

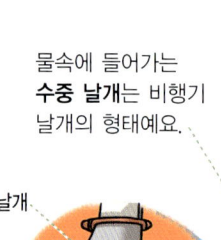

워터 제트가 배를 추진시켜요.

바다

❹ 순항 여객선

기계실에 있는 디젤 엔진이나 중유 엔진이 프로펠러를 돌려요.

연소 가스는 **굴뚝**으로 배출돼요.

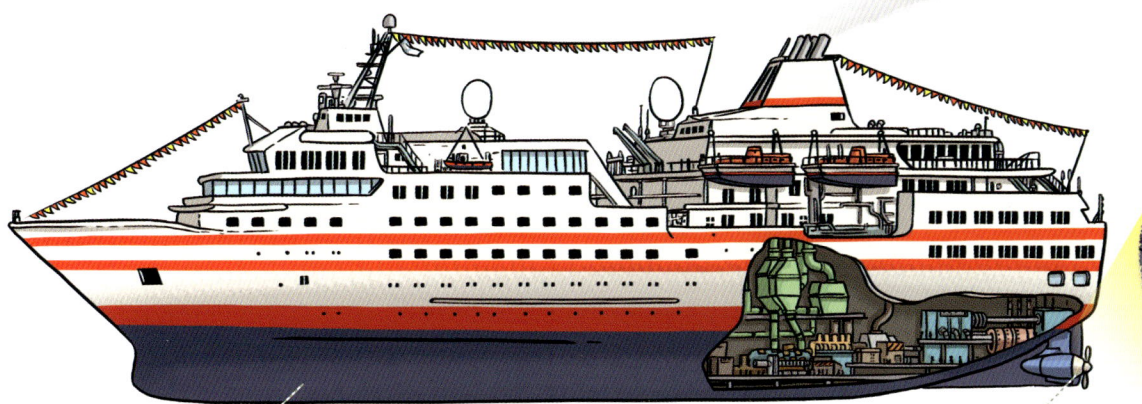

방향 전환 받침대

철로 만든 **선체**는 물의 저항을 줄이도록 설계되었어요.

순항 여객선의 중량은 수백 톤에 달하지만, 아르키메데스가 발견한 **부력의 원리**로 물에 뜰 수 있어요.

프로펠러가 배를 추진해요. 프로펠러는 방향 전환이 가능한 **받침대**에 장착되어 있어요.

❺ 소형 모터보트

선체 뒤에 달린 불꽃 점화 기관이 배를 추진시키는 프로펠러를 작동시켜요.

원기둥꼴 톱니바퀴가 프로펠러를 돌아가게 해요.

엔진이 **선미축**을 돌려요.

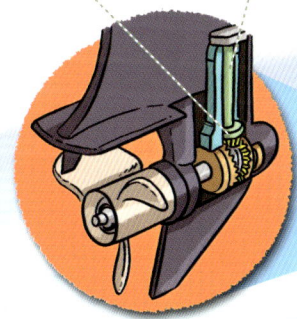

소형 모터보트 **엔진**의 방향이 프로펠러의 방향이며 배가 가는 방향을 정해요.

매우 강력한 엔진에 두 개의 프로펠러가 달려 있어요. 프로펠러 두 개가 서로 **반대 방향**으로 회전하기 때문에 배가 한쪽으로 기울지 않아요.

원리를 알아볼까요?

프로펠러

프로펠러는 비행기 날개처럼 생긴 나사예요. 회전하는 프로펠러가 앞에서는 물을 빨아들이고 뒤로는 쏟아 내요.

비행기가 프로펠러를 이용해 공기 속을 날아가듯 배는 프로펠러를 이용해 물속에서 나아가요.

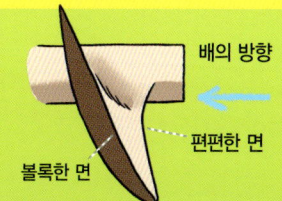

배의 방향 / 볼록한 면 / 편편한 면

프로펠러의 깃은 기울어져 있고 **편편한 면**과 **볼록한 면**으로 이루어져 있어요.

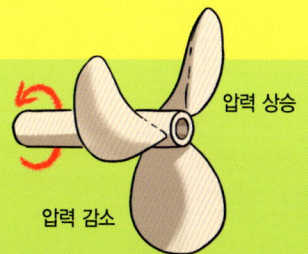

압력 상승 / 압력 감소

프로펠러가 회전하면 프로펠러의 편편한 면 쪽에서 물이 **압축**되어 흐름이 느려지고 볼록한 면에서는 반대 현상이 나타나요.

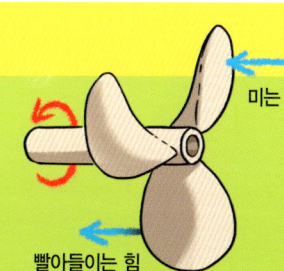

미는 힘 / 빨아들이는 힘

압력과 속도에서 차이가 나면서 한쪽에서는 **미는 힘**이, 한쪽에는 **빨아들이는 힘**이 발생해요.

102 핵 잠수함

세계를 일주하는 잠수함은 필요한 것을 모두 싣고 다니나요?

아니, 최소한의 것만을 갖고 다닌단다. 잠수함은 필요한 산소와 물, 전기를 자체 생산하지. 잠수함은 전기 엔진으로 움직인단다. 공기가 없는 물속에서 불꽃 점화 기관은 작동하지 않을 테니 말이야.

❶ 원자로

원자로 속의 우라늄 원자는 중성자에 의해 두 개로 쪼개지는 핵분열을 해요. 이때 발생한 많은 양의 열은 전기를 생산하는 데 사용돼요.

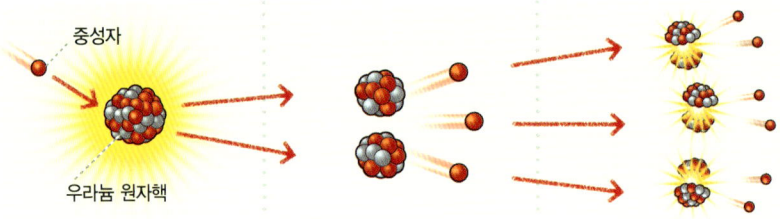

중성자가 우라늄 원자를 깨뜨려요.

핵분열이 일어나 원자핵이 둘로 쪼개지고 중성자들이 방출돼요.

방출된 중성자가 **새 원자**를 부수고 쪼개요. 이러한 연쇄 반응에서 많은 열이 발생해요.

발전기는 자전거에서 전기를 일으키는 장치인 다이너모와 같단다. 회전하면서 전기를 만들거든!

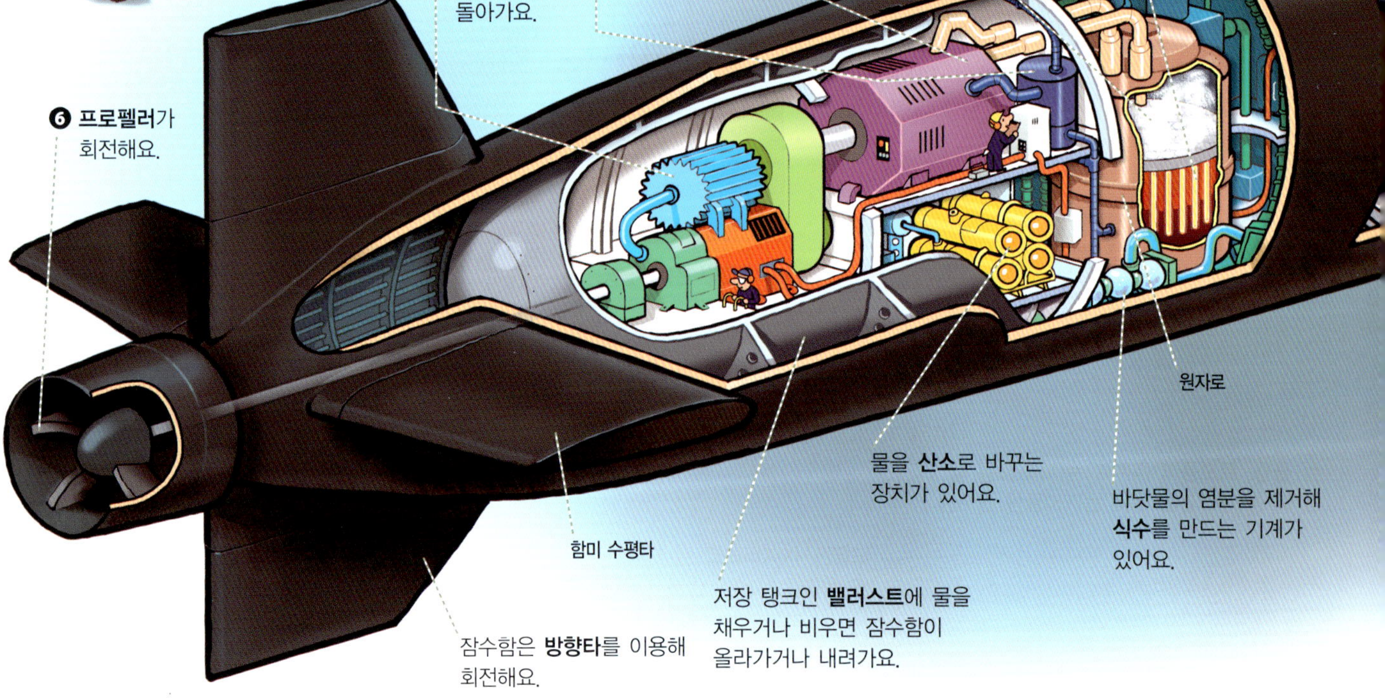

❶ **우라늄 봉**은 열원이에요.

❷ **회로의 물**이 가열되며 증기로 변해요.

❸ 수증기가 **터빈 날개**를 돌려요.

❹ 전체가 물로 **냉각**돼요.

❺ **발전기**가 돌아가요.

❻ **프로펠러**가 회전해요.

원자로

물을 **산소**로 바꾸는 장치가 있어요.

바닷물의 염분을 제거해 **식수**를 만드는 기계가 있어요.

함미 수평타

저장 탱크인 **밸러스트**에 물을 채우거나 비우면 잠수함이 올라가거나 내려가요.

잠수함은 **방향타**를 이용해 회전해요.

바다

❷ **잠망경**
빛을 왜곡시켜 물 위를 볼 수 있게 해요.

프리즘

렌즈를 이용해 이미지를 확대, 축소하거나 선명하게 할 수 있어요.

부침타는 잠수함을 상하로 기울게 해요.

스노클은 수중 통기 장치예요.

두 개의 **프리즘**이 이미지의 방향을 바꿔요.

잠망경

사령탑에는 통신 장비가 있어요.

원리를 알아볼까요?

아르키메데스의 부력

액체 안에 잠겨 있는 물체는 물체가 밀어낸 양의 액체의 무게만큼 아래에서 위로 향하는 힘을 받아요. 이를 **아르키메데스의 부력**이라고 해요.

수십만 톤의 석탄을 실어 나르는 배는 어떻게 물에 떠 있을 수 있을까요?

배의 무게가 물의 부력으로 상쇄되기 때문이에요. 아르키메데스의 부력은 **공기**에도 적용돼요. 열기구는 그 무게와 공기 부력 사이의 차이에 의해 올라가거나 내려가요.

잠수함의 무게가 아르키메데스의 부력보다 크면 침몰하겠지요!

어디에 쓸까요?

아르키메데스의 부력
밸러스트
무게

밸러스트에 공기가 차요. 무게와 부력 사이에 균형이 생겨요. 잠수함은 물 위를 떠다녀요.

밸러스트에 물을 채워요. 공기가 배출돼요. 잠수함의 무게가 부력보다 커지고 잠수함은 수면 아래로 가라앉아요.

압축 공기

밸러스트의 물을 압축 공기로 빼내요. 잠수함의 무게가 부력보다 작아져요. 잠수함이 올라가요.

수중 음파 탐지기가 바닷속 소리를 탐지해요.

내용골은 내구성이 강한 강철로 되어 있어요. 해저 깊이 들어갈수록 높아지는 **수압**에 견뎌야 하기 때문이에요.

배터리는 전기를 저장해요.

❸ **음파 탐지기**
잠수함은 배에 창문이 없어서 물속에서 아무것도 보지 못해요. 대신 음파 탐지기를 이용해 위치를 파악해요.

잠수함이 물속에서 발신하는 **소리**가 장애물을 만나 반사돼요.

장애물과 잠수함 사이의 거리에 따라 소리의 **반사 강도**가 달라져요.

발신
반사
모니터

장애물 위치가 **모니터**에 떠요.

103 전자 여권

척척 박사님, 출입국 심사대에서는 제 여권으로 무엇을 하나요?

요즘에는 개인 신원 정보, 사진, 지문 등 바이오 인식 정보를 담은 전자 칩이 들어있는 전자 여권을 이용하여 출입국 심사를 한단다. 생체 데이터가 원격에서 판독되어 모니터에 표시되지.

빈 페이지에 출입국 검사대 세관 직원이 **스탬프**를 찍어요.

칩에 연결된 **안테나**예요. 판독기가 내보내는 전파를 받은 안테나가 저장된 데이터를 전송해요.

전자칩에는 성, 이름, 국적, 사진, 지문 등의 개인 정보와 바이오 정보가 저장되어 있어요.

경찰은 어떻게 지문을 확인하나요?

지문 판독기를 이용해서 확인해. 여행객이 소형 스캐너 위에 손가락을 올려놓으면 판독기가 지문을 디지털 이미지로 바꾸지. 소프트웨어를 이용해서 지문 이미지와 저장된 이미지를 비교하고 둘 사이의 아주 미세한 차이도 탐지해 낸단다.

빳빳한 종이로 만든 **겉표지**에는 발행 국가가 표시되어 있어요.

지문은 여권에 인쇄되어 있지 않단다.

여권 사진은 귀가 보이고, 눈과 눈썹이 잘 보이도록 하고, 수정하지 않은 사진이어야 해요.

이 두 줄은 바코드처럼 **광학 판독기**로 읽을 수 있어요.

내구성이 있는 플라스틱 종이 두 장이 매우 납작한 **전자 부품**을 감싸고 있어요.

여권은 홀로그램이 들어간 **특수 종이**로 만들어요.

똑똑 박사님의 보너스

여권의 칩 속에 저장된 정보는 암호화되어 있어 디지털 열쇠가 있어야만 판독하거나 해독할 수 있어요. 인터넷상에서 계좌 번호를 전송할 때와 마찬가지예요.

공항

보안 검색

척척 박사님, 보안 검색대에서 어떻게 위험 물질을 찾아내나요?

두 가지 장치를 이용한단다. 우선 보안 검색대를 통과할 때 아주 작은 금속 물질이라도 있으면 탐지해 내지. 그리고 수하물 검색대의 터널을 지나가는 짐을 투명하게 들여다보며 찾아내지.

❶ 보안 검색대

보안 검색대는 금속 물질을 탐지해요.

경보음이 울리지 않게 하려면 열쇠나 동전을 꺼내 놓아야 해요.

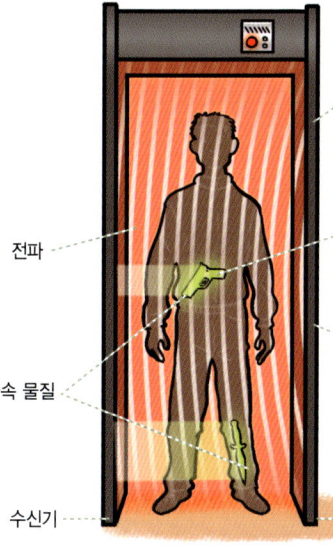

전파 / 금속 물질 / 수신기 / 송신기

❶ **송신기**의 전자 회로가 전파를 만들어요.

❷ **전파**가 금속 물질을 만나면 정지해요.

❸ 금속 물질이 검색대를 통과하면서 전파를 막아 **수신기**가 전파를 받지 못해요. 이때 검색대가 **경보음**을 내며 이상 상황을 알려요.

❷ 수하물 검색대

엑스선을 이용해 짐 속의 내용물을 모니터로 봐요.

❹ 이렇게 나타난 영상을 **위험 물건**의 목록과 비교해요.

❸ 물체의 **구성 재질**이나 **밀도**에 따라 여러 가지 색으로 표현되어 나타나요.

❷ **컴퓨터**가 물체의 이미지를 입체 영상으로 보여 줘요.

❶ **엑스선 스캐너**에 짐을 검색하는 네 개의 카메라가 달려 있어요.

엑스선은 단단하고 무거운 물체보다 가볍고 부드러운 물체를 더 잘 통과해요. 금속 물질을 만나면 통과하지 못해요.

수상한 물건이 의심되면 경찰관이 수하물을 수색하지.

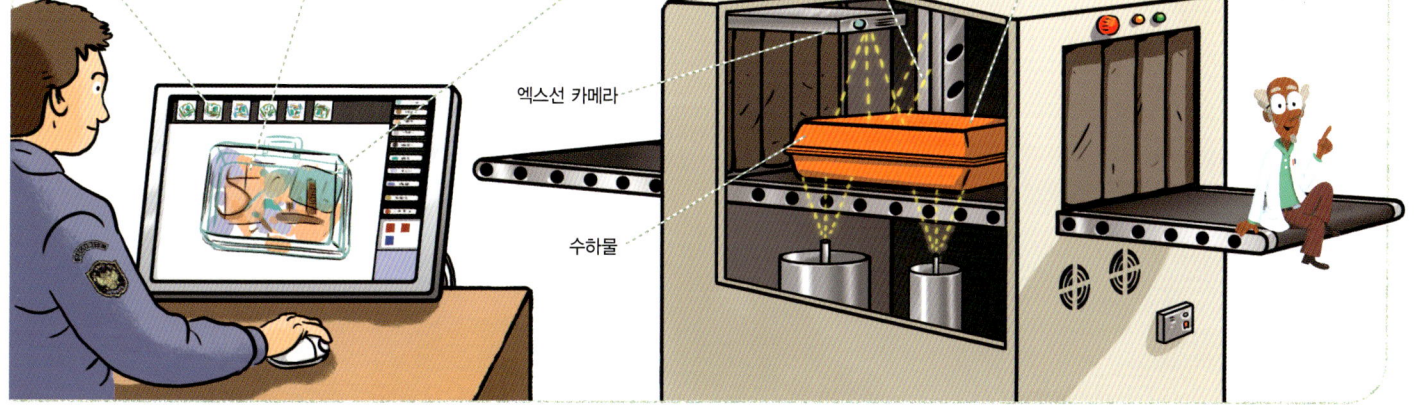

엑스선 카메라 / 수하물

105 관측 레이더

척척 박사님, 공항 레이더는 고속도로에 있는 레이더와 같은 건가요?

그렇단다. 레이더는 모두 전파를 내보내고 되돌아오는 것을 탐지해서 거리, 방향, 속도 등을 측정한단다. 하지만 공항 레이더는 비행기의 속도를 감시하기보다는 비행기의 위치를 파악하기 위해 사용하지.

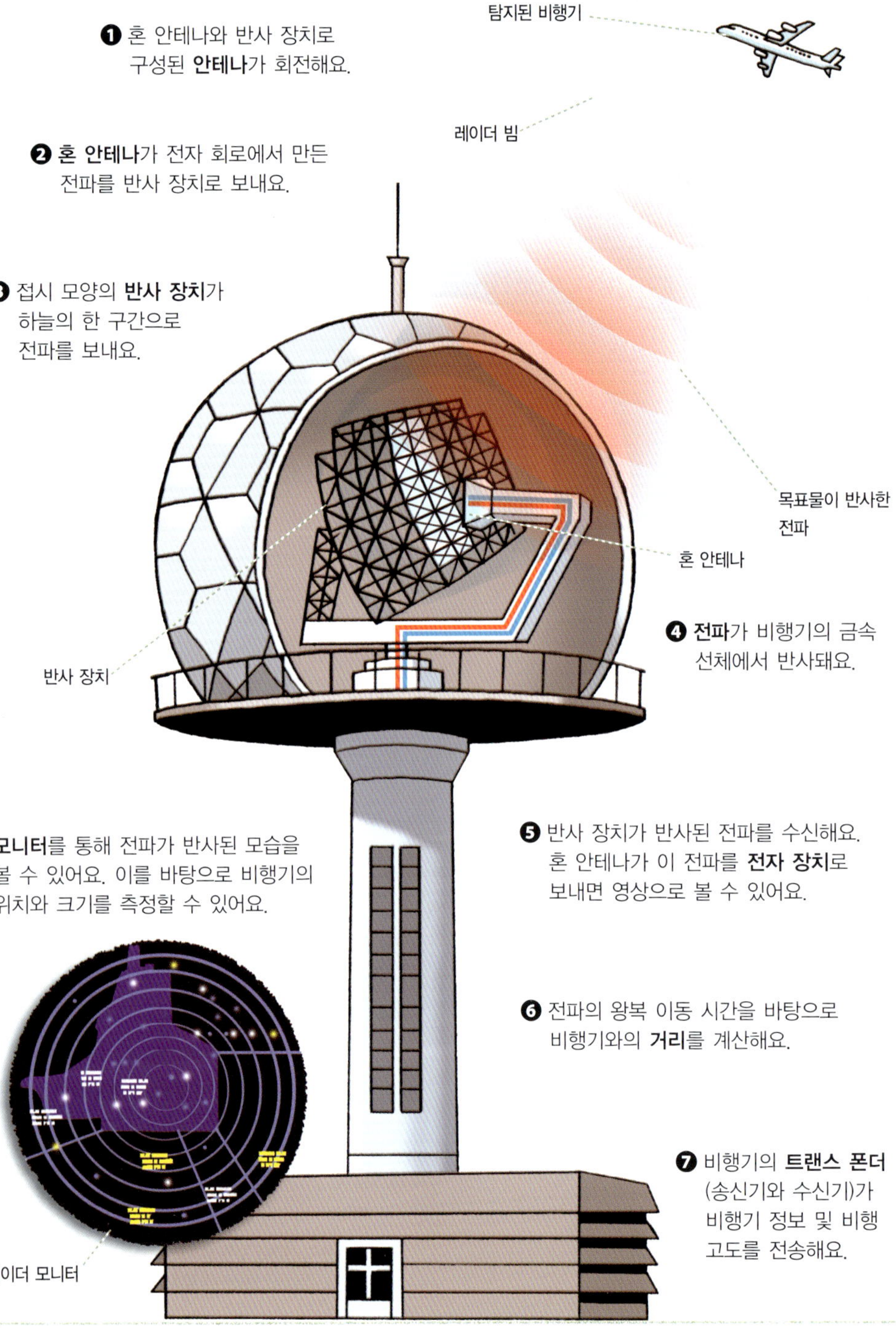

❶ 혼 안테나와 반사 장치로 구성된 **안테나**가 회전해요.

❷ 혼 안테나가 전자 회로에서 만든 전파를 반사 장치로 보내요.

❸ 접시 모양의 **반사 장치**가 하늘의 한 구간으로 전파를 보내요.

탐지된 비행기
레이더 빔
목표물이 반사한 전파
혼 안테나
반사 장치

❹ **전파**가 비행기의 금속 선체에서 반사돼요.

모니터를 통해 전파가 반사된 모습을 볼 수 있어요. 이를 바탕으로 비행기의 위치와 크기를 측정할 수 있어요.

❺ 반사 장치가 반사된 전파를 수신해요. 혼 안테나가 이 전파를 **전자 장치**로 보내면 영상으로 볼 수 있어요.

❻ 전파의 왕복 이동 시간을 바탕으로 비행기와의 **거리**를 계산해요.

❼ 비행기의 **트랜스 폰더**(송신기와 수신기)가 비행기 정보 및 비행 고도를 전송해요.

레이더 모니터

비슷하지만 달라요!

이제 비행기의 전자 태그를 이용해 항공 교통 상황을 쉽게 알 수 있어요. 각 비행기마다 정확한 위치를 알 수 있어 훨씬 안전해졌어요.

비슷하지만 달라요!

스텔스 전투기는 각진 선체와 특수한 표면 처리로 레이더가 쏘는 전파를 반사하지 않아요. 그래서 레이더에 탐지되지 않지요.

'레이더'와 '소나'의 차이는 무엇인가요?

기본 원리는 같아. 다만, 레이더는 전파를 듣지만 소나는 음파를 듣는단다.

공항

106 공항

똑똑 박사님, 컴퓨터 하나로 이 비행기들을 전부 지휘하나요?

여러 대의 컴퓨터라고 해야겠지. 왜냐하면, 아주 많은 나라에서 동시에 비행기를 띄우잖니! 항공 교통은 여러 단계와 지역으로 통제된단다. 따라서 모든 비행기는 항공 관측 레이더와 관제사의 지침을 따라야 해.

공항은 이착륙 활주로, 유도로, 여객 청사, 관제탑 등 여러 구역으로 나뉘어 있어요.

소프트웨어를 사용해 실시간으로 지상의 모든 움직임을 모니터로 볼 수 있어요.

❸ 운행 중에는 해당 지역의 관제 센터에서 보내는 **지시 사항**을 받으며 **지상 무선 표지**로 위치를 파악해요.

❷ 센터의 승인을 받으면 관제탑에서 **이륙 지시**를 내려요.

기상 관측소가 기상 예보, 풍속과 풍향, 대기 온도, 지상 기온 등을 항시 제공해요.

관제사는 활주로를 관찰하고 모든 움직임을 감시해요. 진행 중인 비행 상황에 대해 계속해서 정보를 받아요.

❶ 항공관제 센터에 **비행 계획서**를 제출해요.

대규모 공항에서는 이륙용 활주로와 착륙용 활주로가 분리되어 있지요.

여객 청사는 승객들이 비행기를 타기 위해 머무르는 곳이에요.

승객들이 오르고 내리도록 비행기가 멈춰 있어요.

모든 비행기는 **GPS**를 통해 위치가 파악되고 유도로가 정해져요.

1 **착륙 공항**에 접근한 비행기는 관할 관제탑의 지시를 받아 하강해요.

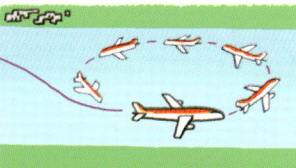

2 비행기가 **대기 구역**에 있어요. 다른 비행기들처럼 관제탑이 정한 고도로 커다란 원을 그리며 날아요.

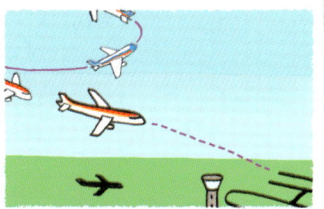

3 관제탑의 **착륙 허가**가 내려지면 하강해요.

4 조종사는 **지상 무선 표지**들이 보내는 전파를 통해 활주로와의 거리나 기체의 방향을 알 수 있어요.

107 비행기와 글라이더

척척 박사님, 수백 톤 나가는 비행기가 어떻게 날 수 있죠?

기체를 끌어올리고 기체 무게를 상쇄할 수 있는 날개 덕분이지.
비행기는 하늘을 날 때 엔진을 이용하고 글라이더는 기류를 이용한단다.
회전할 때는 날개가 바람을 타는 방향과 기체의 균형을 조절하지.

❶ 제트 여객기

제트 여객기는 터보제트 엔진의 힘으로 앞으로 나아가요.

착륙을 위해 제동할 때는 엔진의 터빈을 거꾸로 돌아가게 하지요.

비행기는 **보조 날개**, **승강타**, **방향타**를 이용해 방향을 잡고 날아가요.

보조 날개

날개가 비행기를 끌어 올려요.

날개는 **연료 탱크**로도 쓰여요.

꼬리 안정판

후방 **수평 안정판**과 **꼬리 안정판**이 비행기의 균형을 조절해요.

수평 안정판

보조 날개의 모양을 바꾸면 기체가 기울여지고 방향을 바꿀 수 있어요. 비행기가 착륙한 후 멈출 때 보조 날개가 세워져요.

이륙하면 **착륙 장치**가 들어가요.

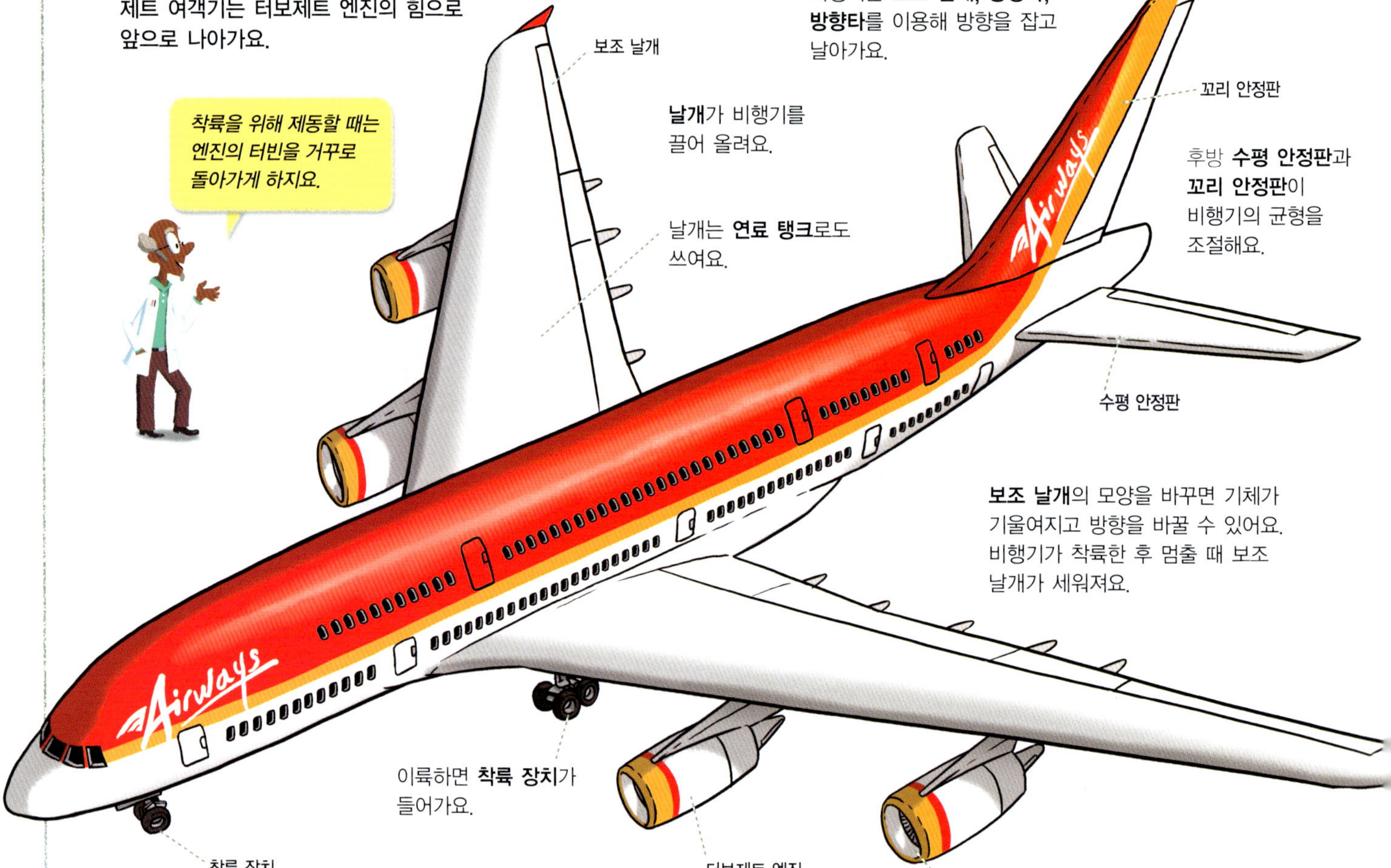

착륙 장치

터보제트 엔진

공기 흡입구

터보제트 엔진

❶ 터빈 날개로 공기가 흡입되고 **압축기**로 압축돼요. 공기의 온도가 올라가요.

❷ 압축 공기는 **연소실**에서 연료와 혼합되고 연소돼요.

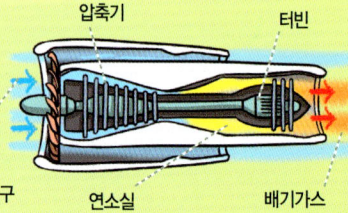

압축기 터빈

공기 흡입구 연소실 배기가스

❸ 많은 양의 **가스**가 고속으로 배출돼요. 이 힘으로 비행기가 앞으로 나아가요.

❹ 흡입된 공기 일부가 **배기가스**와 결합해 앞으로 나아가는 힘을 증가시켜요.

하늘

조종사는 승강타, 방향타, 보조날개를 움직여 세 개의 축을 중심으로 비행기를 회전시켜요.

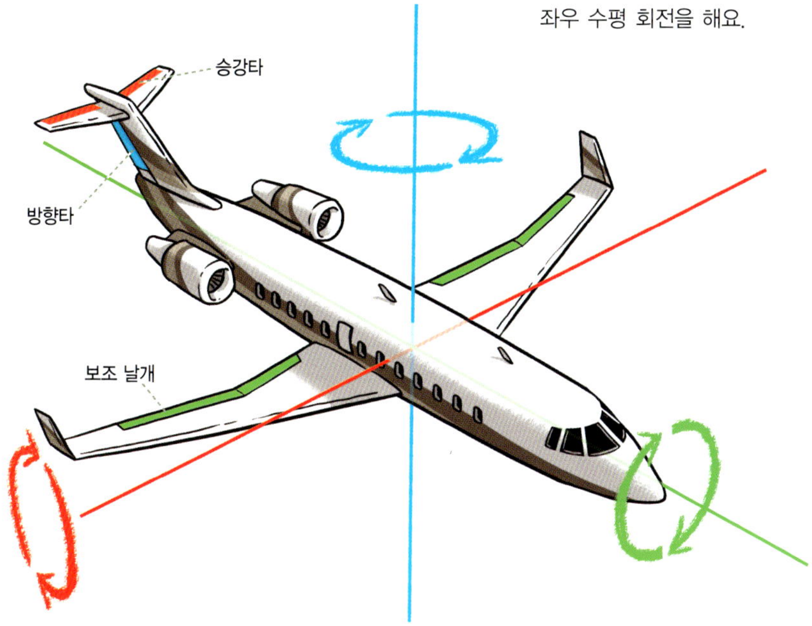

❶ 요축 : 방향타 페달을 눌러 **방향타**를 조종하면 비행기가 좌우 수평 회전을 해요.

❸ 피치축 : 조종간을 앞으로 당기거나 뒤로 밀어 **승강타**가 움직이면 기체가 상승하거나 하강해요.

❷ 롤축 : 비행기 방향을 조종하는 조종간을 좌우로 움직여 **보조 날개**를 작동시키면 기체가 좌우로 기울어져요.

❷ 글라이더

엔진이 없는 글라이더는 다른 비행기에 실려 높이 올라간 후 공기의 흐름을 타고 날아다녀요.

승강타와 **방향타** 그리고 **보조 날개**로 글라이더를 조종해요.

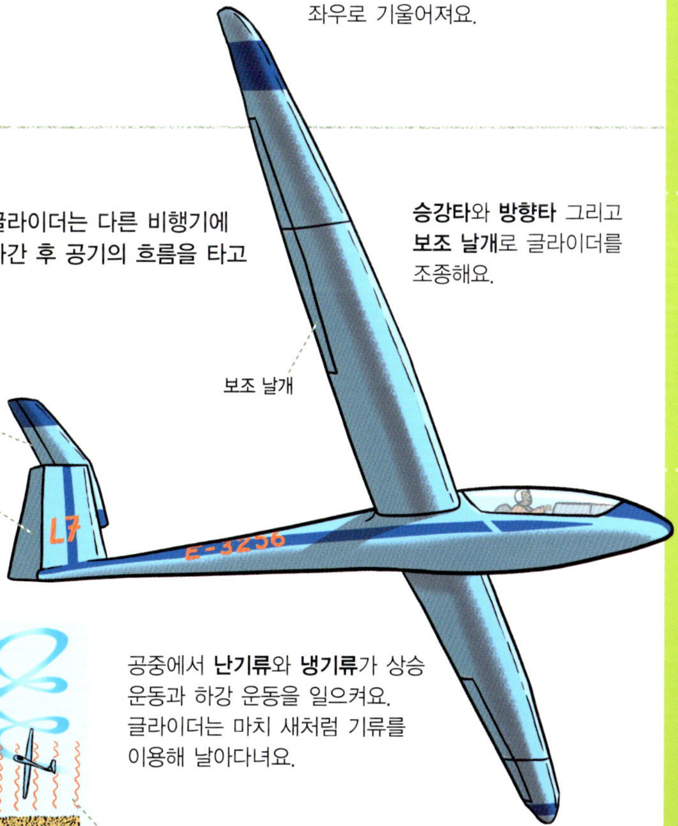

공중에서 **난기류**와 **냉기류**가 상승 운동과 하강 운동을 일으켜요. 글라이더는 마치 새처럼 기류를 이용해 날아다녀요.

원리를 알아볼까요? 공기역학

비행기는 **공기의 영향**을 받아요. **항력**은 비행기가 가는 방향에 반대로 작용하고 **양력**은 비행기를 공중에 떠 있게 해요.

날개가 바람을 만나면 공기의 흐름이 둘로 나뉘어요. 날개의 형태 때문에 공기가 날개 아래보다 날개 위에서 더 빠르게 흘러요.

그 결과 날개 아래 압력과 날개 위의 **압력 차이**가 발생해요. 날개 아래쪽이 날개 위보다 압력이 높아서 날개는 위로 들려요.
이것을 **양력**이라고 해요.

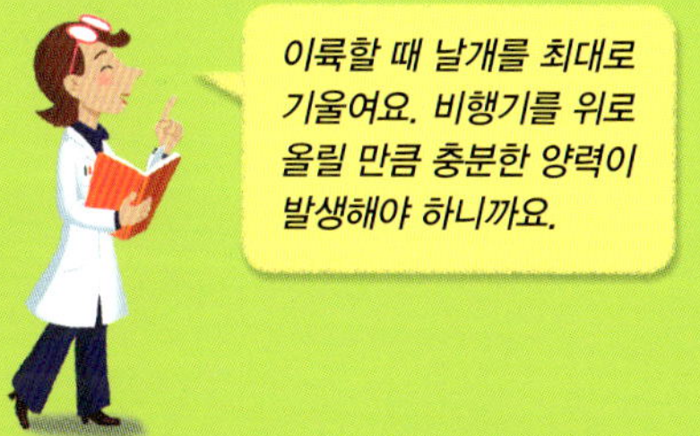

이륙할 때 날개를 최대로 기울여요. 비행기를 위로 올릴 만큼 충분한 양력이 발생해야 하니까요.

같은 원리로 종이에 대고 숨을 내쉬면 종이가 들려요. 기류가 위로 올리는 힘, 즉 **양력**을 만들었기 때문이에요.

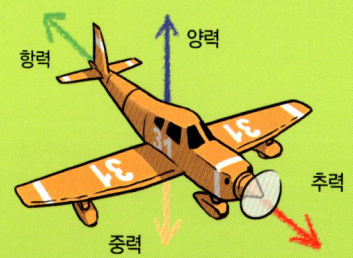

비행기가 날려면 엔진이 **항력**(운동 방향과 반대쪽으로 작용하는 힘)보다 큰 힘을 만들어 내야 하고 **양력**(위로 뜨려는 힘)은 **중력**보다 커야 해요.

108 여객기 조종실

조종실의 수많은 버튼과 계기들은 어디에 쓰는 거죠?

버튼과 계기들은 전자 디스플레이 시스템이란다.
조종석의 기기는 모두 두 벌로 되어 있어.
기장과 부기장 모두 비행 정보를 갖고 함께 조종하기 위해서지.

컴퓨터가 조종사를 보조해 줘요. 비행 속도, 연료 소비, 비행 계획 실행 등을 계산하고 제어해요.

천장 패널에는 다양한 조종 장치와 각종 점등 장치, 객실 여압 장치 등이 있어요.

비행 정보가 블랙박스에 저장되어 추락하면 사고 원인을 알 수 있도록 해요.

속도, 기수, 고도 등은 **자동 조종 장치**로 조종돼요.

조종간

중앙 조종대에는 속도 제동 레버와 가스 조절 레버가 있어요

기술 표시창

비행 상태 표시창
속도 / 고도계 / 수평선

조종사는 **비행 상태 표시창**을 보고 비행 속도, 고도, 방향을 확인해요.

레이더 항로 표시기
접근 비행기 / 난기류 / 기체 위치

레이더 항로 표시기에는 가까이 있는 비행기, 공항, 구름층 등의 정보가 표시돼요.

엔진 조작 표시기

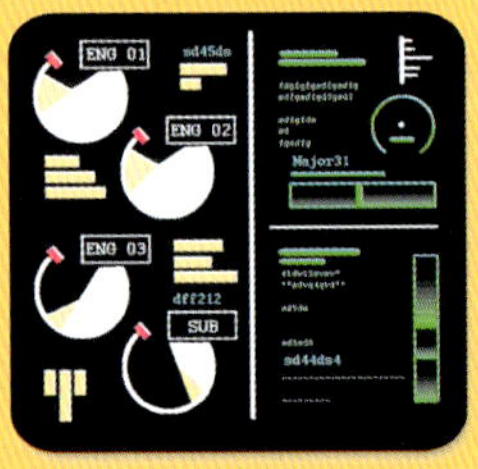

엔진 조작 표시기는 각 엔진 상태와 온도를 알려 줘요.

항법 계산기

조종사는 **항법 계산기**에 비행 데이터를 입력해요. 항법 계산기가 비행 속도, 연료 소비, 비행 계획서 이행 확인을 점검하고 제어해요.

하늘

109 사출 좌석

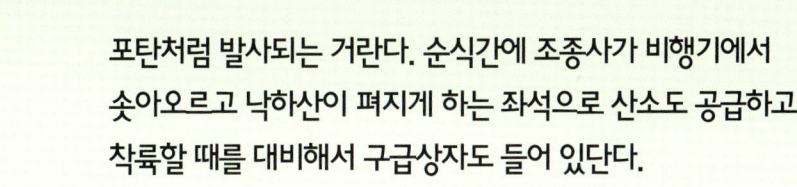

척척 박사님, 어떻게 전투기 좌석이 솟아오르죠?

포탄처럼 발사되는 거란다. 순식간에 조종사가 비행기에서 솟아오르고 낙하산이 펴지게 하는 좌석으로 산소도 공급하고 착륙할 때를 대비해서 구급상자도 들어 있단다.

사출 작용으로 조종사가 비행기 경로 밖으로 튕겨져 나가야 해요. 동시에 사람이 견딜만한 속도로 이루어져야 해요.

좌석은 안테나처럼 늘어나는 **파이프**에 고정되어 있어요. 파이프가 사출을 유도해요.

사출(쏘아서 내 보냄) 파이프의 **주 카트리지**가 점화하면 **보조 카트리지**들도 따라서 점화돼요.

등받이에는 **주 낙하산**이 들어 있어요.

마스크는 매우 높은 고도에서 필요한 산소를 공급해요.

멜빵 의자인 **하니스**가 조종사를 1인용 좌석에 밀착시켜요.

좌석이 포탄처럼 발사되어 솟아 오르면 가속으로 인해 혈액이 하체로 흐르게 되고 뇌에 혈액 공급이 부족하게 돼요. 이를 방지하기 위해 **내중력복**을 입어요.

수동 조종 레버

안전 손잡이

사출 직전에 조종사의 다리를 뒤로 잡아 줘요.

> 내중력복은 조종사의 하반신 근육을 압박하여 피가 내려오지 못하도록 한단다.

❶ 조종사가 손잡이를 당기면 카트리지 가스가 실린더를 움직여 **하니스**를 당겨요. **캐노피**가 떨어져 나가고 사출 시스템이 가동돼요.

꼬리 안정판 / 캐노피

❷ 0.25초 후 : 좌석이 매우 빠른 속도로 솟아올라 비행기와 부딪히지 않도록 해요. **카트리지**가 계속해서 조종사를 추진시켜요.

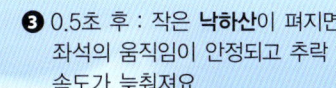

작은 낙하산

❸ 0.5초 후 : 작은 **낙하산**이 펴지면 좌석의 움직임이 안정되고 추락 속도가 늦춰져요.

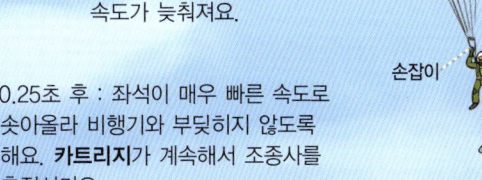

주 낙하산

손잡이

❹ 1.5초 후 : **하니스**가 풀리며 조종사가 좌석에서 분리돼요. **주 낙하산**이 펼쳐지고 조종사는 손잡이를 이용해 방향을 조종해요.

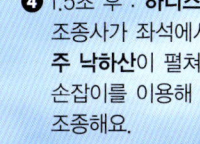

구급상자

110 열기구와 비행선

척척 박사님, 열기구가 뜨는 원리는 비행기와 같나요?

아니란다. 열기구는 비행기와는 달리 공기보다 가볍지. 중력에 반하여 아래에서 위로 올리는 부력이 발생하는데 이 힘을 이용해 하늘을 떠다닌단다. 이것을 아르키메데스의 부력이라 하지.

❶ 열기구

커다란 공기주머니 안에 공기가 데워지면 외부 공기보다 가벼워지면서 열기구가 하늘로 올라가요.

아르키메데스의 부력

공기주머니는 천으로 만들어요.

밸브

열기구가 처음 하늘로 올라갈 때, 혹은 비행 중에 위로 올라가야 할 때 버너로 풍선 안의 공기를 데워요.

조종 장치로 밸브를 열어요.

바구니 모양의 **곤돌라**에 승객을 태워요. 곤돌라에는 액체 프로판 가스통이 들어 있어요.

버너

가스통

중력

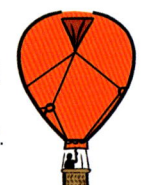
❶ **밸브**가 닫혀 있으면 더운 공기가 열기구를 올라가게 해요. **부력**이 열기구 무게보다 크기 때문이에요.

❷ 밸브가 열리면 공기가 식으면서 열기구의 무게가 증가해요. 열기구의 무게가 부력과 같아지면 풍선은 **균형**을 유지해요.

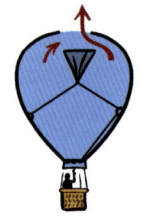
❸ 열기구 무게가 부력보다 커지면 아래로 내려와요.

❷ 비행선

비행선은 프로펠러와 공기주머니를 이용해 하늘을 날아요. 주머니 속에는 공기보다 가벼운 헬륨 가스가 들어 있어요.

풍선 속의 **공기량**을 조절할 수 있어요.

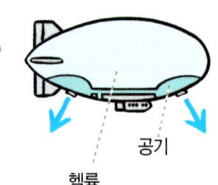
헬륨 / 공기

풍선의 **공기를 빼면** 비행선의 무게가 줄어들어 하늘로 올라가요.

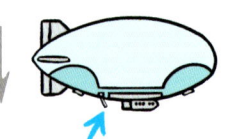
풍선에 **공기를 넣으면** 비행선은 내려가요.

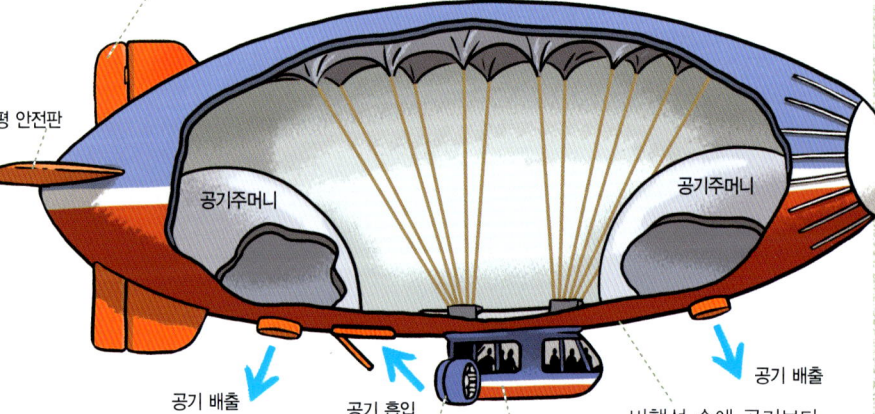

방향타는 회전할 때 사용해요.

수평 안전판

공기주머니

공기 배출

공기 흡입

곤돌라

공기 배출

수평 안전판이 비행선의 이동 방향을 유도해요.

프로펠러 엔진이 비행선을 앞으로 움직이게 해요.

비행선 속에 공기보다 가볍고 불이 붙지 않는 **헬륨 가스**가 들어 있어요.

하늘

헬리콥터

척척 박사님, 헬리콥터는 날아갈 때 왜 몸을 기울여야 하나요?

좋은 질문이다. 헬리콥터 조종은 프로펠러 날개의 각도에 달려있단다. 앞으로 나아가려면 날개를 어느 정도 기울여야 해. 그래서 헬리콥터도 기울어지는 거지.

조종사는 로터 블레이드의 각도를 조절해 방향을 바꿔요. 블레이드의 각도를 조절하는 것은 두 개의 회전판이에요. 상부 회전판이 상하로 움직이면 하부 회전판은 기울어져요.

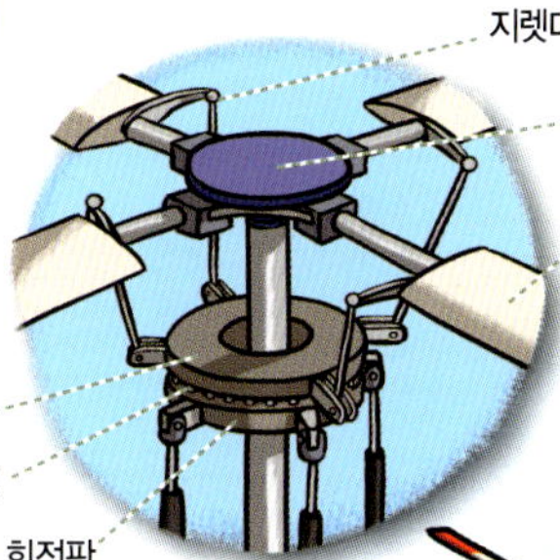

- 지렛대
- 허브
- 블레이드
- 상부 회전판
- 볼 베어링
- 하부 회전판

헬리콥터 블레이드는 비행기의 날개와 마찬가지로 가운데 부분이 불룩 나온 형태예요. 그래서 회전할 때 공기 흐름이 위로 들어 올리는 **양력**을 만들어요.

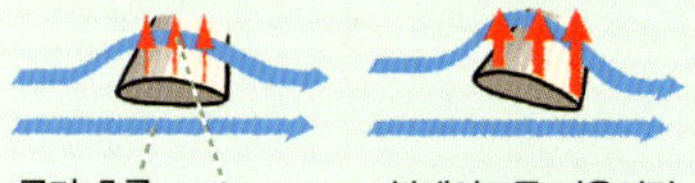

- 공기 흐름 / 양력
- 블레이드를 기울이면 양력이 증가해요.

로터 / 블레이드

동체 무게보다 양력이 크면 동체가 위로 올라가요.

수직으로 된 **테일 로터**가 없다면 헬리콥터는 날개깃이 돌아가더라도 제자리에서 회전만 할 거예요.

엔진이 로터와 블레이드를 1분에 수백 번 돌아가게 해요.

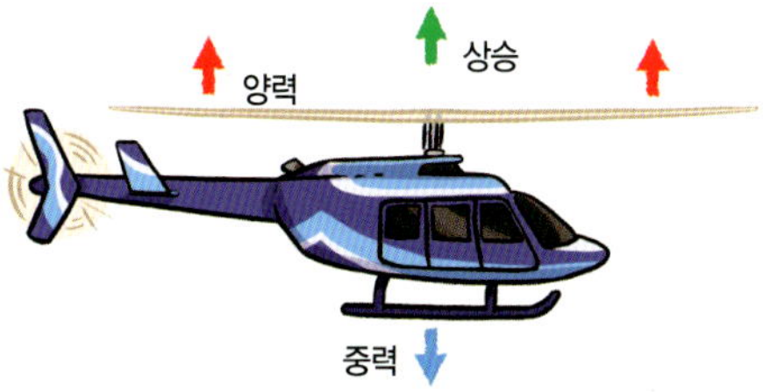

① 위로 올라가기 위해 조종사는 **회전판**을 올리고 모든 **블레이드**를 똑같이 기울게 해요.
- 양력 / 상승 / 중력

② 앞으로 나아가려면 앞부분의 양력보다 **뒷부분의 양력**이 더 커지도록 **블레이드**를 기울여요. 그러면 헬리콥터가 기울어요.
- 양력 / 전진 / 중력

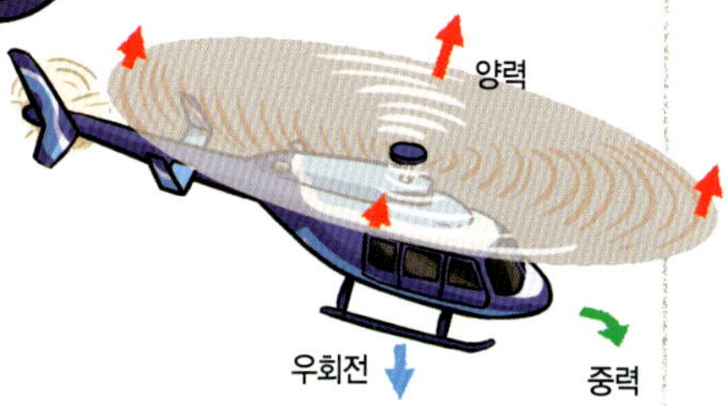

③ 오른쪽으로 회전하려면 **왼쪽의 양력**이 더 커지도록 **블레이드**를 기울여요.
- 양력 / 우회전 / 중력

로켓

로켓을 발사하면 왜 로켓의 일부분이 떨어져 나가나요?

그것은 연료 탱크를 다 사용해서 필요가 없어진 부분을 하나씩 버리는 거란다. 이렇게 해서 가벼워진 로켓은 속도가 더 빨라지고 위성 투하 고도에 이르게 된단다.

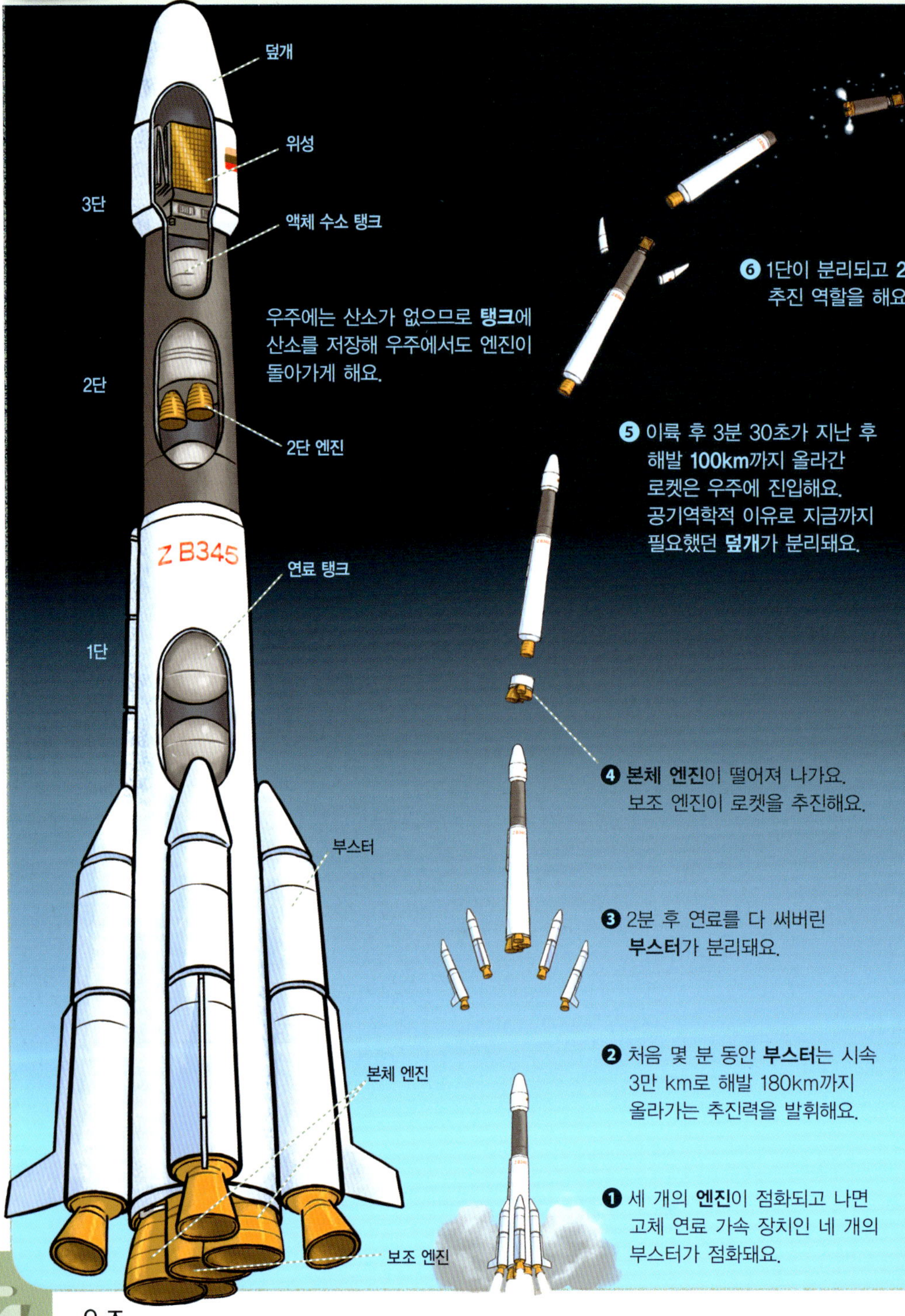

[로켓 구조 라벨]
- 덮개
- 위성
- 3단
- 액체 수소 탱크
- 우주에는 산소가 없으므로 **탱크**에 산소를 저장해 우주에서도 엔진이 돌아가게 해요.
- 2단
- 2단 엔진
- Z B345
- 연료 탱크
- 1단
- 부스터
- 본체 엔진
- 보조 엔진

❼ 통신 위성이 궤도에 들어가요.

❻ 1단이 분리되고 2단 엔진이 추진 역할을 해요.

❺ 이륙 후 3분 30초가 지난 후 해발 100km까지 올라간 로켓은 우주에 진입해요. 공기역학적 이유로 지금까지 필요했던 덮개가 분리돼요.

조종사는 어디에 있나요?

조종사는 없단다. 조종사가 있다면 그건 바로 비행 프로그램을 실행하는 컴퓨터지.

❹ 본체 엔진이 떨어져 나가요. 보조 엔진이 로켓을 추진해요.

❸ 2분 후 연료를 다 써버린 부스터가 분리돼요.

❷ 처음 몇 분 동안 부스터는 시속 3만 km로 해발 180km까지 올라가는 추진력을 발휘해요.

❶ 세 개의 엔진이 점화되고 나면 고체 연료 가속 장치인 네 개의 부스터가 점화돼요.

한번 해 봐요!

플라스틱 물통에 물을 조금 채워요. 코르크 마개에 구멍을 뚫어 공기 주입기를 연결해요. 물통을 닫고 지지대를 이용해 실외에 거꾸로 세워 놓아요. 어른과 함께 공기 주입기로 공기를 가득 집어넣어요. 순간 물 로켓이 발사돼요. 십여 미터 높이까지 올라가기도 해요.

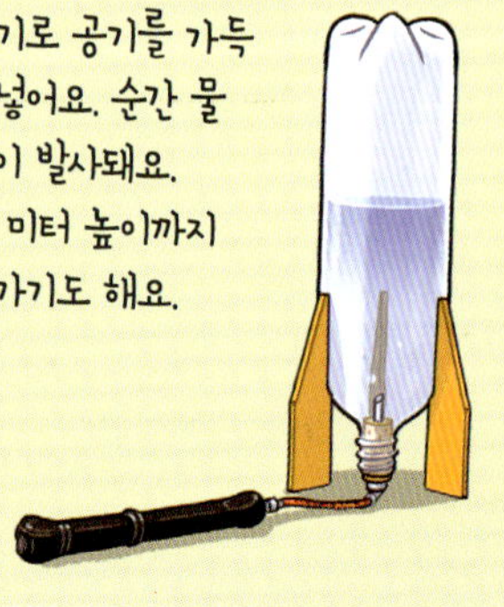

우주 왕복선

똑똑 박사님, 우주 왕복선은 로켓인가요? 아니면 비행기인가요?

로켓이기도 하고 비행기이기도 해. 우주로 갈 때는 로켓과 같은 방식으로 추진되지만 돌아올 때는 글라이더처럼 방향 조절 날개를 이용해 지구에 착륙하지.

스페이스십 원은 우주여행을 위해 미국의 민간 회사가 만든 우주선이에요. 우주선을 타고 대기권 밖에서 잠시 머무는 짧은 여행을 할 수 있어요.

로켓 엔진은 고무같이 생긴 고체 연료와 가스를 이용해요.

선실에는 조종사와 두 명의 승객을 위한 세 개의 좌석이 있어요.

엔진 점화 시 **화학 반응**이 일어나 대량의 가스를 만들고 이 가스가 우주선을 추진시켜요.

우주선 날개는 수평으로 펼치거나 수직으로 접을 수 있어요.

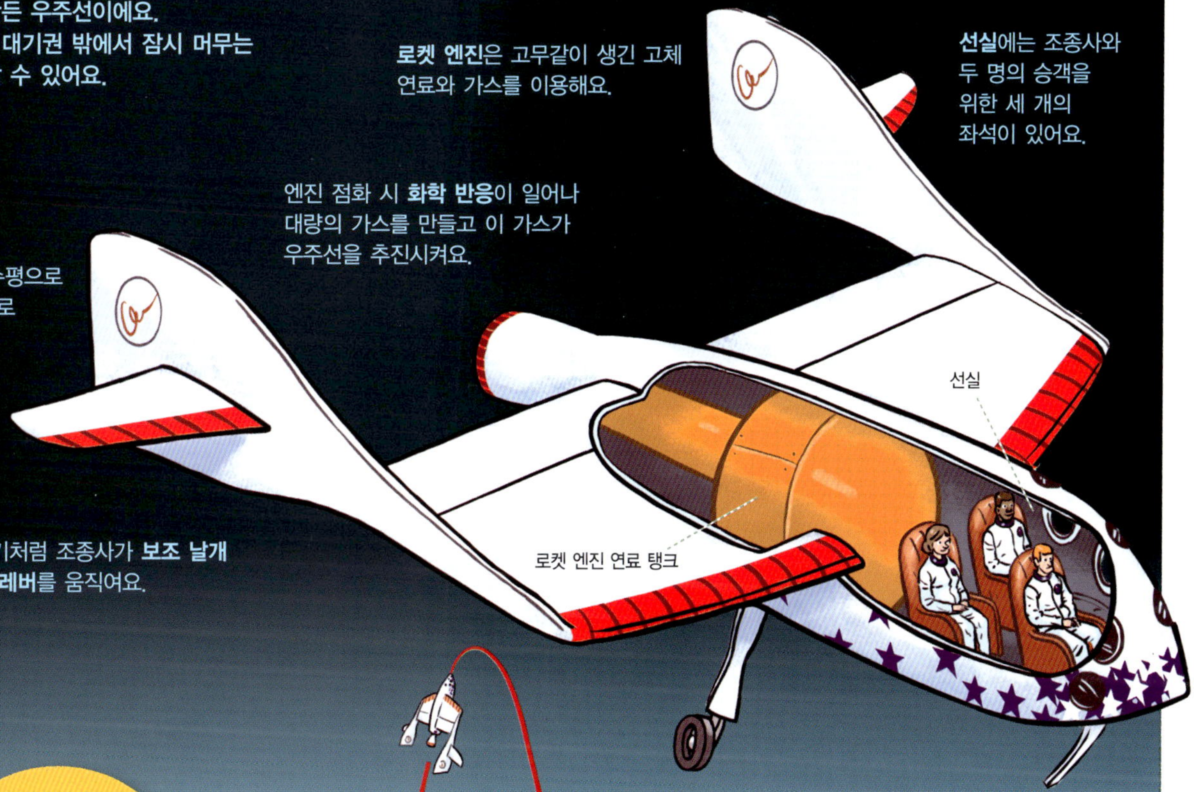

비행기처럼 조종사가 **보조 날개 조종 레버**를 움직여요.

선실
로켓 엔진 연료 탱크

모선
우주선

❶ 우주 왕복선은 **모선**에 장착되어 올라가다가 고도 16km에 이르면 분리되어 **자체 비행**을 시작해요.

❷ **로켓 엔진**을 이용해 시속 3천5백 m로 상승해요. 해발 50km에 이르면 엔진을 끄고 비행을 계속해요.

❸ 해발 100km를 넘어가면 우주로 진입해요. 이제 미리 **계산된 경로**에 따라 **하강**을 시작해요.

❹ 대기권에 진입하기 전 해발 80km에서 전환 날개가 수직으로 접히며 **제동 장치** 역할을 하고 방향을 조절해요.

❺ 해발 20km에서 날개는 다시 수평이 돼요. 우주선은 하강하는 동안 활강하다가 활주로에 **착륙**해요.

용어 설명

고정자
전동기나 발전기의 일부분이에요. 회전자 주위에 고정시켜 회전자계를 형성하지요.

광섬유
유리나 플라스틱으로 만든 매우 가는 실로 빛이나 디지털 데이터를 전송하는 데 사용해요.

광자
빛의 기본 입자(물질을 구성하는 미세한 크기의 물체)로 질량은 없지만 에너지를 운반해요.

광전지
빛에너지를 전기에너지로 바꾸는 장치예요.

기어
속도나 방향을 바꾸는 톱니바퀴 장치예요. 자동차나 자전거에 있어요.

나노 기술
나노 기술은 나노미터 즉, 10억분의 1미터 수준의 물질을 만드는 기술이에요.

대류
대류도 전도와 마찬가지로 열이 이동하는 방법이에요. 하지만 대류에 의해 열이 전달될 때는 공기나 물이 움직여요. 냄비에 물을 넣고 끓이면 데워진 물은 위로 올라가고 찬물은 아래로 내려가요.

도플러 효과
자동차가 달리는 소리를 듣는다고 생각하면 도플러 효과를 이해할 수 있어요. 달리는 자동차는 나와 가까워질수록 소리가 커졌다가 멀어지면 소리가 작아져요. 이 두 소리가 갖는 주파수의 차이로 차량의 속도를 계산할 수 있어요.

디지털
정보를 유한한 자릿수의 숫자로 나타내는 방식이에요. 정보를 표현하는 방법에 있어서 아날로그가 모양으로 표시된다면, 디지털은 정확하게 '0과 1'이라는 수치로 표시해요.

디지털화
0과 1로만 표시된 숫자의 형태로 데이터를 저장하거나 전송하는 방식을 말해요.

레이더
공중에서 물체를 탐지하는 장치로 자동차 속도 위반 단속에 사용해요.

레이저
빛을 증폭시키는 장치인 레이저는 성분이 일정하고 단일한 색으로 된 빛을 방출해요. 레이저는 CD를 굽거나 읽을 때 사용하기도 해요.

렌즈
유리나 플라스틱으로 만들어진 렌즈는 평평하지 않은 면을 최소한 한 개는 갖고 있어요. 빛을 모으거나 퍼뜨리기 위해서예요.

마그누스 효과
공이 날아가는 경로에서 발견된 기체역학 현상으로, 실린더형 범선의 추진에도 적용돼요. 회전하는 실린더에 바람이 불면 실린더 앞쪽에서는 공기가 흡입되며 빠르게 움직이지만, 뒷부분에서는 공기 흐름이 느려져요. 이로 인한 고압과 저압의 압력 차이로 배가 움직여요.

마이크
소리를 전기 신호로 바꾸는 전자 부품이에요.

마이크로프로세서
컴퓨터를 비롯한 모든 자동화 기기의 '뇌'라 할 수 있는 가장 중요한 부품이에요.

무선 인식 (RFID)
'전파 식별'이라고도 하는 무선 인식은 전지가 들어 있지 않은 카드나 태그의 칩 속에 저장된 정보를 원격으로 인식하는 기술이에요.

물질
고체, 기체, 액체는 모두 물질의 기본 요소인 원자로 이루어져 있어요. 원자의 배열과 연결 상태에 따라 물질의 형태와 속성이 달라져요.

바이트
정보 데이터의 양을 측정하는 단위로 1바이트는 8비트(0 혹은 1)이에요. 1킬로바이트는 1024바이트, 1메가바이트는 1024킬로바이트, 1기가바이트는 1024메가바이트예요.

비트
이진법의 한 자리를 비트라고 해요. 즉, 비트는 0이거나 1이에요. 8비트는 1바이트예요.

반도체
도체가 되거나 절연체가 되는 실리콘 물질을 말해요. LED 발광 소자, 광전지, 태양 전지, 트랜지스터에 반도체가 사용돼요.

발광
백열광(촛불이나 전구의 필라멘트)과는 달리 발광은 차가운 빛을 방출해요. 반딧불이는 화학 반응으로 빛을 내고, LED는 전자 현상으로 빛을 내요.

발광 다이오드(LED)
빛을 내는 전자부품이에요. 대형 전광판에서 글자나 이미지를 만들 때, TV 리모컨에서 TV 본체에 신호를 보내는 광선 등으로 사용해요.

발전기
운동에너지나 화학에너지 등을 전기에너지로 바꾸는 기계예요. 전지, 축전지(혹은 배터리), 태양광 패널, 교류 발전기를 전기 발전기라고 해요. 자전거의 다이너모도 발전기의 하나예요.

배터리
배터리는 여러 개의 축전지로 되어 있어요. 축전지마다 산성 혹은 염기성의 전해액에 잠겨 있는 두 개의 전극(음극과 양극)을 가지고 있어요. 축전지는 화학 반응에 의해 전기를 생산하거나 충전돼요.

❶ 이온(전자를 잃어버린 리튬 원자)들이 전해액 속에서 두 개의 전극 사이를 왕복 운동해요. 전류가 컴퓨터에 전원을 보내요. 일련의 화학 반응이 일어나 두 전극의 성질이 변하고 축전지는 방전돼요.

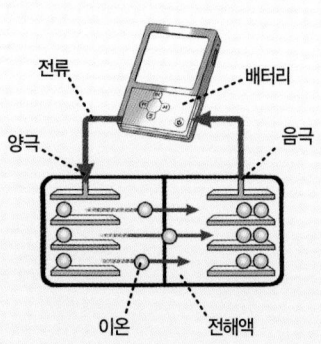

❷ 충전기에 전원을 연결해요. 전류가 전극과 전해액을 처음 상태로 되돌려요. 축전지는 충전돼요.

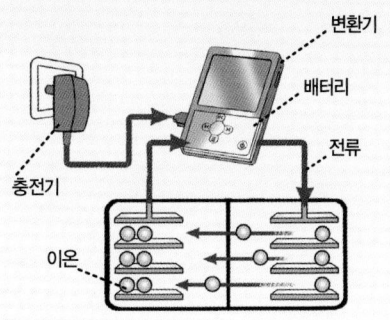

밸러스트
밸러스트는 배나 열기구에 균형과 안정을 위해 사용하는 장치예요. 잠수함에서는 밸러스트에 바닷물을 채우거나 비워 배를 가라앉거나 띄우게 할 수 있어요.

변환기
변환기는 전류의 성질을 바꿔 주는 코일로 만들어져요. 교류 전력을 직류 전력으로 바꾸거나 직류 전력을 교류 전력으로 바꿔요.

복사
전도와 대류에 이어 열을 전달하는 또 하나의 방법이에요. 물체로부터 열이나 전자기파가 사방으로 방출되는 것을 뜻해요.

분자
분자는 동일한 원자들이나 서로 다른 원자들로 이루어져 있어요. 하나의 산소 원자와 두 개의 수소 원자가 만나 전자를 공유하고 물 분자를 만들어요. 설탕은 탄소, 수소, 산소 원자의 결합이에요. 플라스틱은 수십 개 혹은 수백 개의 분자, 즉 거대 분자들이 연결된 것이지요.

블루투스
근거리에 있는 디지털 기기들을 무선으로 연결해 데이터를 전송하는 기술을 말해요.

빛
빛은 전자파예요. 빛에는 가시광선과 적외선이나 자외선과 같은 비가시광선이 있어요. 빛은 태양이나 백열전구처럼 따뜻할 수도 있고 형광등이나 반딧불처럼 차가울 수도 있어요.

색
빛의 삼원색인 빨강, 파랑, 녹색 광선을 섞으면 흰색 광선이 돼요. 이처럼 삼원색을 섞어 색을 얻는 방법을 '가색법'이라고 해요. 그림이나 인쇄에서 사용하는 색은 염료를 이용해요. 청록색, 자홍색, 노란색 염료를 섞으면 이 색들이 모두 들어간 색이 나와요. 이것을 '감색법'이라고 해요.

센서
압력, 온도, 빛 등의 변화를 감지해 전기 신호로 바꿔주는 기계 장치나 전자 부품을 말해요.

수력
물이 떨어지면서 생기는 힘이에요. 물의 운동에너지나 위치 에너지를 이용해 동력을 얻을 수 있어요. 물레방아와 같은 수력 기계를 만들어 이용하거나, 댐을 만들어 이용할 수도 있어요. 이처럼 물과 기름을 사용하는 기계나 장치를 연구하는 학문을 '수력학'이라고 해요.

수정 진동자
손목시계나 괘종시계의 핵심 부품으로 천연 혹은 인공 수정으로 만들어요. 수정 진동자는 전기장 안에서 규칙적으로 진동해요.

수중 음파 탐지기
레이더와 비슷한 장치로 음파를 사용해요. 소리의 반사를 측정하여 해저를 탐지하거나 초음파 검사처럼 몸속을 검사할 수 있어요.

수증기
액체나 고체가 증발 또는 승화하여 생긴 기체예요. 수증기는 눈에 보이지 않아요. 물을 끓이면 냄비 위로 안개처럼 응축된 수증기가 올라와요. 이것은 미세한 물방울이에요.

실리콘
모래에 들어 있는 화학 원소로 유리의 주요 구성 물질이며 반도체 같은 대부분의 전자 부품에 들어 있어요.

아날로그
바늘로 시간을 나타내는 시계, 수은주의 길이로 온도를 나타내는 온도계와 같이 수치를 연속된 물리량으로 나타내는 일이에요. 소리나 영상을 계속 변하는 신호로 저장하거나 전송해요.

아르키메데스의 부력
물이나 공기 속에 빠진 물체가 그 물체에 작용하는 압력에 의해 중력에 반하여 위로 뜨려는 힘을 말해요.

안테나
전파를 송신하거나 수신하는 장치로, 핸드폰이나 작은 기기 안에는 초소형 안테나가 들어가요.

압력
압력은 공기, 물, 인간 등이 어떤 물체에 가하는 힘이에요.

압전기
수정이나 기타의 결정체에 가하는 압력을 변화시키면 전하(정전기)가 발생해요. 이 현상으로 나타나는 전압을 압전기라고 해요. 수정 진동자에 전압을 넣으면 변형돼요. 규칙적 진동은 손목시계나 괘종시계의 시간 축으로 사용돼요.

액정
액체와 고체의 중간 상태가 액정이에요. 액정을 구성하는 물질은 전류가 흐르면 방향을 바꿔요. 모니터에 사용하면 빛이 들어오게 하거나 차단해요.

양력
움직이는 날개에 공기가 만들어 내는 효과예요. 날개 아래는 고압을, 날개 위는 저압을 형성하여 날개가 위로 오르게 해요.

양성자
원자핵을 구성하는 소립자로 양전하를 가지며 그 양은 전자의 음전하와 같아요.

에너지
물체가 가지고 있는 일을 할 수 있는 능력을 말해요. 에너지는 저절로 생기거나 사라지지 않으며 보존돼요. 운동에너지가 전기에너지로 변하듯 형태가 변할 뿐이지요.

엑스선
신체나 수하물의 내부까지 검사할 때 사용하는 전자 광선이에요.

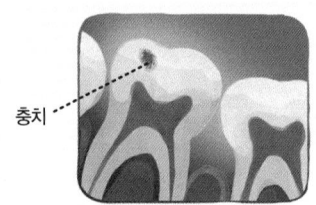

치아 방사선 사진

연료
연료는 연소되면서 열에너지를 발생시키는 가스, 석유, 나무 등을 가리켜요.

열
물체의 온도를 변화시키는 열에너지가 전달되는 방식이에요. 항상 따뜻한 것에서 차가운 것으로 이동해요

온도 조절기
온도 조절기를 이용해 오븐, 냉장고, 온수기, 난방기의 온도를 일정하게 유지할 수 있어요. 난방기 안의 액체가 가열되면 온도 조절기가 전기 스위치를 눌러 난방을 중단해요. 액체가 차가워지면 온도 조절기가 전원을 다시 연결해요. 이렇게 난방의 가동과 중단을 반복하여 일정 온도를 유지해요.

와이파이
무선 데이터 전송 기술이자 인터넷 접속 방식을 말해요.

원심력
원심력은 회전하는 물체가 중심에서 멀어지려는 힘을 뜻해요. 구심력은 원심력의 반대 현상이에요.

원자
원자는 핵 주위를 둘러싼 여러 개의 전자로 되어 있어요. 핵은 다시 매우 작은 입자들인 양성자와 중성자로 구성되어 있지요.

웜
피니언과 연결해 톱니바퀴 장치를 구성해요.

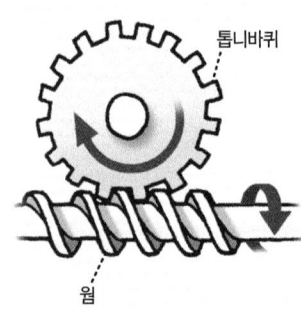

음파
공기를 통해 퍼지는 기계적 파동으로, 돌을 물에 던지면 만들어지는 작은 물결처럼 생각하면 돼요.

이진법

십진법 숫자를 다음의 표를 이용해 이진법으로 바꿀 수 있어요. 표의 각 열은 1, 2, 4, 8, 16, 32, 64, 128…… 을 나타내요. 따라서 5=4+1이므로 0101, 7은 0111, 6은 0110이 돼요

컴퓨터의 마이크로프로세서는 이진법으로만 계산해요. 7과 6을 더할 때 우선 이 두 숫자를 0과 1로 이루어진 이진법 숫자로 바꿔요.

이진법					십진법
8	4	2	1		
0	1	0	1	↔	5
1	1	0	0	↔	12
0	1	1	1	↔	7
0	1	1	0	↔	6

그리고 오른쪽으로부터 시작해 첫째 행의 두 숫자를 더해요. 이 두 전기 상태가 트랜지스터를 작동시키고 이진법 계산 1+0=1이 이루어져요.

같은 방법으로 둘째 행의 숫자를 더해요. 1+1=0이 되고 1이 올라가요.

셋째 행의 숫자를 더해요. 1+1에 두 번째 계산에서 올라온 1을 더해요. 1이 남고 1이 위로 올라가요.

마지막 행은 0+0이고 여기에 올라온 1을 더해 0+0+1=1이 돼요. 최종 답은 1101 즉, 13이 되지요. 십진법으로 6과 7을 더했을 때와 같은 결과예요.

이진수

0과 1, 두 개의 숫자만을 나열해 표시한 수예요. 컴퓨터는 이진수만을 처리하기 때문에 십진수는 이진수로 바꿔요. 예를 들어서 99는 01100011로 표시돼요.

자기장

자기력이 있는 자석 둘레의 공간을 말해요.

자석

자석은 주위에 자기장을 만들어 철로 된 것을 모두 끌어당겨요. 자석의 양쪽 끝은 가장 힘이 센 부분으로 '자석의 극'이라고 해요. 한쪽은 N극, 다른 한쪽은 S극이에요.

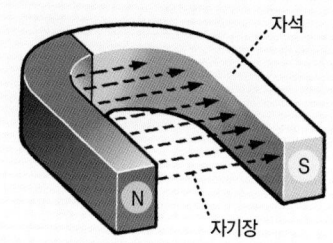

자외선

파장이 엑스선보다 길고, 가시광선보다 짧은 눈에 보이지 않는 광선으로 위조지폐 탐지기에 사용돼요.

자이로스코프 작용

자이로스코프는 축이 어느 방향으로든지 놓일 수 있는 회전하는 바퀴예요. 팽이나 디아볼로(두 장대와 줄로 공중에서 돌리는 팽이), 요요나 프리스비(플라스틱으로 만든 원반)가 빠르게 회전할 때 균형을 잡을 수 있는 것은 자이로스코프 작용 때문이지요.

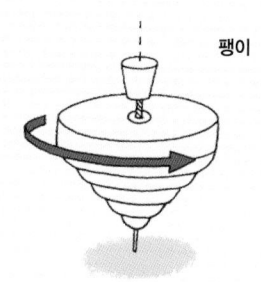

재생에너지

천연가스나 석유와 같이 매장량이 감소하는 화석 에너지와는 달리 재생에너지는 바람, 태양, 조석, 폭포, 대지, 지열과 같은 무한한 천연 에너지원을 사용해요. 이러한 에너지원은 환경 오염 폐기물이나 배기가스를 전혀 배출하지 않아요. 배출하더라도 매우 적은 양이지요. 생물체에서 얻어지는 바이오매스(바이오연료, 바이오가스)는 재생에너지원의 하나예요.

전열선

전열선은 전기에너지를 열에너지로 바꾸기 위해 쓰는 쇠붙이 줄이에요.

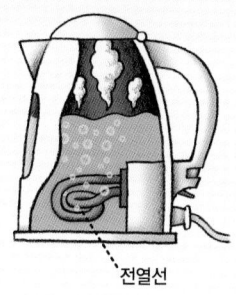

적외선

보이지 않는 비가시광선으로 광학 센서, 리모컨, 난방에 쓰여요.

전기 신호

전기 신호는 전류의 압력과 세기가 변하는 현상을 말해요. 계산기 키를 누르거나 마이크에 대고 말을 할 때도 전기 신호가 발생해요.

전기 회로

여러 개의 회로 소자들을 연결하여 전류가 흐르도록 만든 통로예요.

전도

열 또는 전기가 물체 속에 이동하는 것을 뜻해요. 기체, 액체, 고체 모두 열을 전도해요. 쇠막대의 한쪽을 가열하면 열이 점점 다른 쪽으로 이동하는데, 이것이 바로 전도 때문이에요.

전류

전자가 도체(열 또는 전기의 전도율이 큰 물체) 금속에서 혹은 이온이 용액에서 움직이는 것을 말해요. 예를 들어, 전자가 전선 속을 흐르는 것이 전류예요.

용어 설명

전자
원자를 구성하는 소립자(물질을 구성하는 가장 기본 단위)로 음전하를 띄고 있어요.

전자기 유도
회전하는 자석 혹은 전자석처럼 변화하는 자기장은 근접한 전도성 물질에 전류를 일으켜요. 이를 전자기 유도라고 하는데, 이런 작용에 따라 전원을 연결하지 않고도 전동 칫솔을 충전할 수 있어요.

전자석
금속 물질에 코일을 감아 전자석을 만들어요. 전류가 흐르면 자석이 되고, 전류를 끊으면 원래의 상태로 돌아가는 일시적인 자석이에요.

전자파
자연적으로 발생하거나 발진기를 통해 인위적으로 만드는 파동으로 다른 물질에 의지하지 않고 퍼져나가요.

전지
화학 에너지로 전기를 만드는 소형 장치예요.

전하
물체가 띠고 있는 정전기의 양으로, 전기적으로 중립인 원자가 전자를 얻거나 잃으면 음전하나 양전하로 변해요.

절연체
전기나 열을 잘 전달하지 않는 물질이에요. 전기의 절연체는 고무, 유리 등이 있고, 열의 절연체는 석면, 솜 등이 있어요.

주파수
전파나 음파가 1초 동안 진동하는 횟수를 말해요. 독일의 과학자 헤르쯔의 이름을 따서 Hz라는 단위를 사용해요.

중력
지구가 물체를 끌어당기는 힘이에요. 중력 때문에 사람이 지구 위에 서 있고 달이 지구 궤도를 돌며 지구가 태양 주위를 돌아요.

중성자
전하를 띄지 않은 소립자(더이상 나눌 수 없는 에너지의 최소량 단위)인 중성자는 양자와 함께 원자핵을 이뤄요.

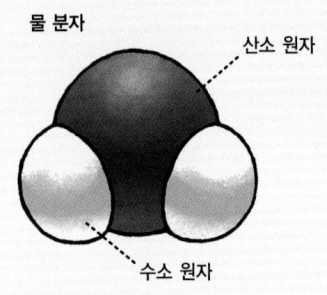

물 분자 / 산소 원자 / 수소 원자

증폭기
전자 공학에서 소리 같은 전기 신호의 세기를 높이는 장치예요.

지렛대
작은 힘으로 무거운 물체를 들어 올릴 때 사용하는 도구예요. 저항, 힘, 받침점의 위치에 따라 세 가지 유형의 지렛대가 있어요.

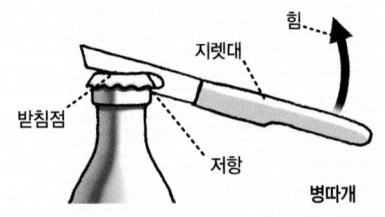

힘 / 지렛대 / 받침점 / 저항 / 병따개

집적 회로
초소형 전자 소자로 '칩' 이라고도 불러요. 매우 작은 면에 수천 개의 전자 부품들이 들어 있어요.

집적 회로

초음파
사람의 귀로는 들을 수 없는 소리로 사람 몸과 같이 습한 환경이나 물속에서 잘 퍼져요.

칩
여러 개의 단자를 가진 소형 전자 부품으로, 예를 들어 마이크로프로세서는 대규모 집적 회로로 이루어진 하나의 칩이에요.

컴퓨터 프로그램
데이터 처리를 위해 논리적으로 배열된 일련의 명령을 말해요.

크랭크축
두 개의 부품으로 구성된 크랭크축은 왕복 운동을 회전 운동으로 혹은 회전 운동을 왕복 운동으로 바꿔 줘요. 이러한 원리를 이용해 엔진의 피스톤 운동이 바퀴를 굴러가게 해요.

클럭
CPU가 일정한 속도로 작동하기 위해서는 일정한 간격으로 전기적 진동을 받아야 해요. 이런 장치를 클럭이라고 하고, 1초에 1번 작동하는 것을 1Hz라고 해요.

태양광 전지
태양의 빛에너지를 전기에너지로 바꾸어 전기를 생산하는 전자 기기예요. 인공위성이나 사람이 없는 등대의 전원으로 사용할 수 있어요.

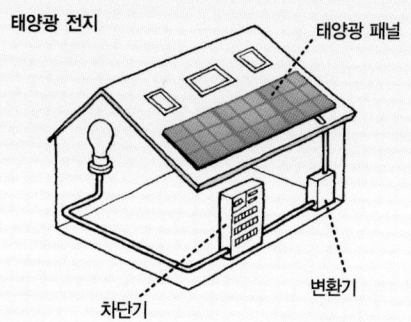

하이브리드 엔진
모터는 전기에너지를 운동에너지로 바꿔요. 엔진은 휘발유나 경유 같은 연료가 연소하여 발생된 열에너지를 운동에너지로 바꿔 줘요.

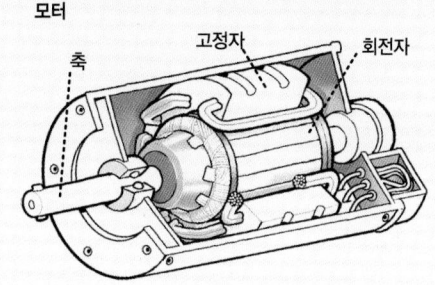

터빈
물, 수증기, 연소 가스 등이 터빈의 날개를 돌리면 터빈 축이 발전기를 가동시켜요.

트랜지스터
전기 신호를 증폭시키는 반도체 소자로, 디지털 전자 공학과 컴퓨터 공학의 기본을 이루는 핵심 전자 부품이에요.

프리즘
프리즘은 흰 빛을 무지개의 빛으로 분해해요. 프리즘은 빛의 방향을 바꿔 돌려보내요.

피니언
맞물리는 한 쌍의 크고 작은 톱니바퀴 가운데 작은 톱니바퀴, 또는 그냥 작은 톱니바퀴를 말해요.

피스톤
실린더 안에서 움직이는 금속 부품이에요. 원동기의 주요 부분으로 유압기기나 압축기 등에도 사용돼요. 피스톤의 길이는 보통 실린더 안지름의 1.2배 정도이며, 기능상 세 부분으로 나뉘어요.

합금
성질이 다른 둘 이상의 금속 혹은 비금속 물질을 혼합해서 만든 금속이에요. 예를 들어, 황동은 구리와 아연의 합금이에요.

항력
공기나 물과 같은 유체 속을 운동할 때 마찰로 생기는 저항력을 말해요.

형광
물질이 자외선과 같은 보이지 않는 빛을 쬐면 빛을 발하는데 그것을 형광이라고 해요.

화소
디지털 영상의 가장 작은 단위로 빨강, 파랑, 녹색으로 구성되어 빛의 한 점에 해당돼요.

회전자
모터에서 고정자와 맞물려 회전하는 부분을 말해요. 회전자는 헬리콥터의 날개를 말하기도 해요.

용어 설명

일러스트레이션 저작권

디디에 발리세빅 인물 디자인 (척척 박사님, 똑똑 박사님, 여자아이, 남자아이)
1, 8, 13, 15, 16, 17, 22, 23, 38, 39, 46, 47, 48, 49, 50, 51, 52, 62, 63, 64, 65, 68, 71, 80, 81, 82, 83, 84, 87, 88, 90, 91, 92, 93, 98, 99, 100, 102, 108, 109.
그레고리 블로 7, 14, 21, 25, 30, 36, 37, 44, 45, 56, 57, 60, 61, 62, 94, 95, 103, 104, 112, 113.
뷔스테르 본 27, 55, 66, 69, 70, 75, 77, 96, 97, 105, 106.
자지 2, 3, 6, 9, 10, 18, 26, 28, 29, 31, 67, 72, 73, 74, 78, 79, 89, 101, 107, 110, 111.
브뤼노 리앙스 4, 5, 11, 12, 19, 20, 24, 32, 33, 34, 35, 40, 41, 42, 43, 53, 54, 58, 59, 76, 85, 86.
티오 아이콘 디자인

감사드립니다!

진공청소기(사이클론)에 도움을 준 다이슨
컴퓨터에 도움을 준 HP 프랑스(터치스크린 노트북 '터치스마트')
전자 칠판에 도움을 준 프로메테앙
기차에 도움을 준 알스톰
자료 조사와 감수에 도움을 준 트리스탕 리봄

이 책의 정확한 번역을 위해 노력해 주신 권지현, 조은미 선생님
즐겁게 감수를 맡아 주신 유정열 교수님께 감사드립니다.